《反杜林论》

"哲学编"阐释

王宏波 郑冬芳 周永红 著

中国社会科学出版社

图书在版编目（CIP）数据

《反杜林论》"哲学编"阐释/王宏波，郑冬芳，周永红著. —
北京：中国社会科学出版社，2019.7（2020.12 重印）
ISBN 978 - 7 - 5203 - 2832 - 6

Ⅰ.①反… Ⅱ.①王… ②郑… ③周… Ⅲ.①《反杜林论》—
恩格斯著作研究 Ⅳ.①A811.24

中国版本图书馆 CIP 数据核字（2018）第 160970 号

出 版 人	赵剑英	
责任编辑	卢小生	
责任校对	周晓东	
责任印制	王 超	

出　　版　中国社会科学出版社
社　　址　北京鼓楼西大街甲 158 号
邮　　编　100720
网　　址　http://www.csspw.cn
发 行 部　010 - 84083685
门 市 部　010 - 84029450
经　　销　新华书店及其他书店

印　　刷　北京明恒达印务有限公司
装　　订　廊坊市广阳区广增装订厂
版　　次　2019 年 7 月第 1 版
印　　次　2020 年 12 月第 2 次印刷

开　　本　710×1000　1/16
印　　张　16.25
插　　页　2
字　　数　266 千字
定　　价　88.00 元

序言：马克思主义的生命力

在第二个千禧年来临前夕，英国广播公司举行了全球范围的"千年最伟大的思想家"评选，马克思被评为"千年最伟大的思想家"。无独有偶，据 2005 年 7 月 14 日英国《卫报》报道，英国广播四台《我们的时代》节目主持人梅尔文·布拉格（Melvin Brag）做了一个"谁是我们时代最伟大的哲学家"的民意测验，马克思以 27.9% 的得票率击败了《经济学家周刊》推荐的英国 18 世纪哲学家大卫·休谟。与此类似，在德国《图片报》和国家第二电视台联合主办的评选中，马克思又以"德国最伟大的人物"胜出。

马克思主义的诞生，即使从 1846 年《德意志意识形态》一书完成算起，至今也不过 170 多年的历史，而在以往千年的历史星空，哥白尼、伽利略、牛顿、爱因斯坦、笛卡儿、康德、黑格尔等灿若繁星的科学巨匠、光照人类思想史的思想大家不在少数，与这些人物相比，马克思对人类社会产生的影响历时并不算长，但何以能够赢得不同国别民众的推崇，获得如此崇高的殊荣？对此，《卡尔·马克思传》的作者弗朗西斯·惠恩（Francis Wheen）曾说："我喜欢这样的选举，不过我还是有点吃惊，如果换了 50 年前我也不会这么吃惊，因为 20 世纪 50 年代，马克思的影响是无可争议的。随着柏林墙的倒塌，马克思主义也被埋没在废墟中，大家不屑于再去阅读和思考马克思。大约是在 10 年前，马克思重新回到了我们身边，而且速度让人吃惊。我想，很多人开始认识到，马克思在 20 世纪的大部分时间里是一个被掩埋的偶像。现在是返回去看看马克思当年所言、所思和所行的时候了，而不是听那些马克思主义的经理人以马克思的名义所宣扬的道理。"[①] 的确，我们只要回顾

---

① 上海市社会科学规划办公室、上海社会科学院信息研究所编：《国外社会科学前沿》第 9 辑，上海人民出版社 2006 年版，第 59 页。

一下马克思在东西方社会及学界的影响，就会更加理解惠恩的说法了。

一 马克思主义的世界影响力

（一）马克思主义的影响具有广泛性①

从影响的空间范围来说，马克思主义不仅对社会主义国家有重要影响，而且对发达资本主义国家，以及第三世界发展中国家都产生了重要影响，其影响遍及世界各个角落。一个半世纪以来，它的影响早已超越了思想理论层面，在社会实践中改变了世界格局。马克思主义的问世使劳动人民在历史上第一次有了自己的科学理论和政党组织，尤其是继俄国"十月革命"之后，一大批社会主义国家纷纷涌现，打破了资本主义一统天下的世界格局，为人类进一步走向理想社会开先河、探路径。尽管这条道路崎岖曲折，但是，随着历史的发展、社会主义道路的探索，这条路必将拥有更加广阔的前景。今天，我们看到，不仅社会主义国家的人们深受马克思主义的影响，全球其他国家的无数共产党人、左翼政党和进步人士也深受马克思主义的影响。俞可平教授在《马克思主义对西方社会科学的巨大影响》一文中指出，马克思主义的影响绝不仅仅限于像我们这样的社会主义国家，对西方世界的影响也相当大。在西方发达国家的社会科学中，马克思主义始终是最有影响的思潮之一，主要体现在以下三个方面："一是促成了新的学术流派的诞生；二是开拓了新的社会科学分支学科；三是造就了一批声誉卓著的国际著名学者。"② 回顾 20 世纪西方学术发展，许多思想大师都在不同程度上受到马克思的影响。如"西方马克思主义"早期代表人物卢卡奇和葛兰西、存在主义哲学家萨特、结构主义代表人物阿尔都塞、解构主义和后现代主义大师德里达、批评学派拉比卡、英国历史学派汤普森、分析哲学家科恩、法兰克福学派的霍克海默、马尔库塞、哈贝马斯、美国学院马克思主义代表奥尔曼、人本主义大师弗罗姆、后马克思主义代表人物

---

① 王宏波、陈建兵：《马克思主义的世界影响和社会主义的生命力》，《山西大学学报》（哲学社会科学版）2008 年第 4 期，第 16 页。

② 俞可平：《马克思主义对西方社会科学的巨大影响》，《学习时报》1999 年 10 月 11 日。

詹姆逊、世界体系理论大师沃勒斯坦、埃及"依附理论"大师阿明、日本经济学家伊滕诚，等等。他们都从马克思那里汲取了丰富的思想营养，成为 20 世纪人类思想的探索者，有的还成为坚定的马克思主义者。安东尼·吉登斯尽管不接受"马克思主义者的标签"，但是，他在东欧共产主义阵营解体后也在思考"马克思的著作是否还有何种意义"①，完成了《历史唯物主义的当代批判：权利、财产与国家》。艾伦·梅克辛斯·伍德与约翰·贝拉米·福斯特主编了《保卫历史：马克思主义与后现代主义》一书，他们在后现代的背景下坚持从事"复兴马克思主义评论"的研究工作，认为"历史唯物主义能以比当今思想理论和政治潮流更为有效、更具说服力、更不受传统思想束缚的方式论及不同倾向的理论"②。在现代西方社会科学众多领域，马克思学说的原创性地位无可替代。在哲学领域，马克思主义哲学终结了以德国古典哲学为代表的西方传统的形而上学，开创了以实践为首要观点的辩证唯物主义和历史唯物主义哲学；在社会学领域，马克思被尊为现代西方三大社会学家之首；在政治社会学方面，马克思被称为"政治社会学之父"；在经济学方面，马克思开创了政治经济学研究的方向，并指出，经济学研究的不是物，而是人和人之间的关系，而这种关系，在马克思时代，"归根到底是阶级与阶级之间的关系"③。今天，我们研究社会主义市场经济，就必须研究当代市场经济条件下人与人之间的关系。从改革开放初期的以经济建设为中心、解放和发展生产力，到今天强调经济的引领作用，兼顾公平公正，对这些政策中的微调，我们如果不从政治经济学的视角进行解释，仅仅从西方经济学视角，是解释不清楚的。政治经济学研究的是人与人之间的关系，这是马克思的研究方法给我们留下的解题思路，怎么破解当代中国社会发展过程中的经济学难题？怎么书写社会主义市场经济条件下的资本论？从理论与实践上给予回应，就是要坚持马克思主义的立场、观点和方法。

除此之外，马克思主义对西方社会普通公众的影响也是巨大的。

---

① ［英］吉登斯：《历史唯物主义的当代批判：权利、财产与国家》，郭忠华译，上海译文出版社 2010 年版，第 3 页。

② ［美］艾伦·梅克辛斯·伍德、约翰·贝拉米·福斯特：《保卫历史：马克思主义与后现代主义》，郝名玮译，社会科学文献出版社 2009 年版，第 18 页。

③ 《马克思恩格斯文集》第 2 卷，人民出版社 2009 年版，第 604 页。

《共产党宣言》被列为许多西方发达国家大学生的必读书之一。1998 年《共产党宣言》发表 150 周年，国际学术界召开了数次纪念大会，仅参加巴黎国际纪念大会的就达 1600 人之多。同时，西方报纸报道：150 年来，在人类所有的社会历史文献中，《共产党宣言》的发行量最大。从产生影响的内容领域而言，马克思主义的影响不仅体现在政治、经济、社会等方面，而且在文化、科技、生态、妇女等领域也产生了深远的影响。

（二）马克思主义的影响具有深刻性

在社会领域，马克思主义的影响广泛而深刻。唯物史观为人们解开社会发展之谜提供了钥匙，以社会发展规律为引领，以人民为本的价值目标，探索合乎国情的社会主义道路，在建构人类理想社会模式的历史考验中日益辉煌。唯物史观和剩余价值理论，如恩格斯所言："正像达尔文发现有机界的发展规律一样，马克思发现了人类历史的发展规律，即历来为繁芜丛杂的意识形态所掩盖着的一个简单事实：人们首先必须吃、喝、住、穿，然后才能从事政治、科学、艺术、宗教等等；所以，直接的物质的生活资料的生产，从而一个民族或一个时代的一定的经济发展阶段，便构成基础，人们的国家设施、法的观点、艺术以至宗教观念，就是从这个基础上发展起来的，因而，也必须由这个基础来解释，而不是像过去那样做得相反。不仅如此。马克思还发现了现代资本主义生产方式和它所产生的资产阶级社会的特殊的运动规律。由于剩余价值的发现，这里就豁然开朗了，而先前无论资产阶级经济学家或者社会主义批评家所做的一切研究都只是在黑暗中摸索。"① 这两大发现，前者发现了社会发展的规律，后者找到了变革社会依据的社会力量，既是马克思主义得以改变世界格局的关键所在，也是今天我们沿着中国特色社会主义道路继续前进不可动摇的基点。

（三）马克思主义的影响具有持久性

从产生影响的时间维度而言，马克思主义不仅在 19 世纪和 20 世纪对世界社会主义运动和世界格局产生了重要影响，而且在 21 世纪以及未来也将继续产生深远的影响。回顾西方学术思想史，自费尔巴哈、黑格尔以后的现代西方学术界虽然流派纷呈，新说众多，但很多学派都如

---

① 《马克思恩格斯选集》第 3 卷，人民出版社 1995 年版，第 776 页。

走马灯似的，或各领风骚几十年，或昙花一现，唯有马克思主义长盛不衰。马克思主义"在不断呈现出它所特有的理论魅力和实践吸引力。在《共产党宣言》发表 150 年的纪念活动中，马克思的学说不仅被许多西方思想家认为是'对人类社会产生了最伟大影响的思想'，而且这个影响还被断言将在 21 世纪经久地存在"。① 而且随着社会的发展，新的分支学派日益增多。特别是 20 世纪下半叶，新马克思主义学派不断发展，成为在西方世界影响最大的流派。比如在法国，有存在主义的马克思主义、结构主义和解构主义的马克思主义、马克思主义的批评学派；在英国，有分析马克思主义、老历史学派和新历史学派的马克思主义；在德国，有法兰克福学派；在美国，有学院马克思主义、后现代主义的马克思主义和世界体系的马克思主义等。此外，还有许多跨国学派，如后马克思主义、生态马克思主义、女权主义的马克思主义、市场社会主义的马克思主义等。可以说，几乎西方所有的左翼学派和社会进步运动都跟马克思主义有一定的联系。正如戴维·麦克莱伦所说："要是回顾一下过去数十年来马克思主义的影响，不难看出，几乎没有一派思想（从最广泛的意义来理解）活动不受惠于它。"② 并且"自上一世纪 80 年代初，在中国学界露面以来，除去少数较难翻译的文本，西方马克思主义的主要论著都已与国人见面"。③ 西方马克思主义的研究也成为我国学界马克思主义研究的一支重要方向。复旦大学还出版了国外马克思主义研究报告，旨在促使关注前沿问题，更新研究活动的内涵，"并对国内哲学社会科学研究，特别是马克思主义理论的研究及其创新产生积极的影响和推动作用"。④

今天，虽然人类解放的任务还远未完成，但是，马克思所开创的这一伟业已经取得丰硕成果。不仅现存的社会主义国家在发展，现存的资本主义国家在人民的不断斗争中也在逐渐地得到改造。完全可以说，马

---

① 万斌、张应杭：《马克思主义视域下的当代西方思潮》，浙江大学出版社 2006 年版，第 3 页。

② ［英］戴维·麦克莱伦：《马克思以后的马克思主义》，李智译，中国人民大学出版社 2004 年版，第 377 页。

③ 张一兵、胡大平：《西方马克思主义哲学的历史逻辑》，南京大学出版社 2003 年版，第 2 页。

④ 复旦大学哲学院编：《国外马克思主义研究报》（2007），人民出版社 2007 年版，第 2 页。

克思所追求的共产主义价值目标仍然代表着人类的良心和对美好社会的向往，仍然激励着人们为之奋斗，这应当说是马克思能赢得人们尊重和敬仰的深层根源。在国际风云变幻的21世纪，"马克思主义的基本观点是我们洞悉国际风云的望远镜和剖析复杂现象的显微镜。西方经济危机的爆发和我们对发生危机的预警只不过再次证明了这个事实：马克思主义没有过时，它仍然是分析当今资本主义最锐利的思想武器"。①

马克思主义对人类现代史影响是深远的，但是，由于历史原因，它曾被当作至高无上的真理被教条化了。所以，今天我们作为马克思主义理论的传播者和研究者，要实现马克思主义理论创新，就要首先学好马克思主义理论，特别是原著。正如惠恩所说："现在是返回去看看马克思当年所言、所思和所行的时候了，而不是听那些马克思主义的经理人以马克思的名义所宣扬的道理。"② 而这一切都需要回到原著中去仔细研读。

从学理上看，我们要学习人类思想史，就不能跳过对马克思主义理论经典作家思想的研究，如果跳过对这一块的研究，学习人类思想史就会漏掉一块重要的思想资源。

从中国现实来看，懂马克思主义才能理解中国，不懂马克思主义的过去，就不懂中国的现在。马克思主义传入中国百余年，在这百余年的历史长河中，中华民族由屈辱而奋起，由奋起而独立，由独立而富强，一路走来，都与马克思主义引领下的中国模式的探索密不可分。马克思主义是无数革命前辈历经磨难从众多西方思想中选择出来的，历史证明这种选择是正确的，西方人"千年最伟大的思想家""最伟大的哲学家"评选也证明我们没有选错。可遗憾的是，我们有很多人并不知道马克思主义及其在世界上的地位，甚至相当多的人不知道《共产党宣言》的作者。还有少数自称是马克思主义理论创新的人也忘了本，企图用别的"主义"取代马克思主义；更有许多对马克思主义一知半解的门外汉，肆无忌惮地对马克思主义进行随意解读、妄加评论。在深化改革的新时代及未来的岁月，中华民族究竟应当以什么"主义"为精

① 李慎明主编：《美元霸权与经济危机》（下册），社会科学文献出版社 2009 年版，第 3 页。

② 上海市社会科学规划办公室、上海社会科学院信息研究所编：《国外社会科学前沿》第 9 辑，上海人民出版社 2006 年版，第 59 页。

神支柱立于世界之林，实在应当引起我们的重视和深思。马克思主义理论要发展、要创新，就必须重视读原著，要回到马克思主义的原典，认真阅读原初文本。我们认为，不关注现实的变化，就提不出新的哲学命题，而要有哲学的创新，就必须起步于坚实的理论基础，而忠实地研读经典是必不可少的基本功。

2013 年 12 月 3 日，中共中央政治局就历史唯物主义基本原理和方法论进行第十一次集体学习。中共中央总书记习近平在主持学习时强调，要推动全党学习历史唯物主义基本原理和方法论，更好认识国情，更好认识党和国家事业发展大势，更好认识历史发展规律，更加能动地推进各项工作。他要求："党的各级领导干部特别是高级干部，要原原本本学习和研读经典著作，努力把马克思主义哲学作为自己的看家本领，坚定理想信念，坚持正确政治方向，提高战略思维能力、综合决策能力、驾驭全局能力。"① 领导干部要想拥有坚实的理论基础，就必须认真研读原著。

二　马克思和恩格斯的思想关系

作为马克思主义创始人，马克思和恩格斯的思想具有怎样的关系？目前，在这个问题上，主要有三种不同的观点：第一种观点强调两人思想的一致性；第二种观点强调两人思想的差异性；第三种观点强调两人思想的对立性。目前，在学术界，第二种或第三种观点似乎更具有"前沿性"。

有这样的说法，说恩格斯和马克思的哲学思想不同，马克思是实践唯物主义，或者马克思强调实践辩证法，而恩格斯强调自然辩证法，甚至还有的学者认为，恩格斯是机械唯物论者。认为马克思和恩格斯思想不一致，甚至对立的一个重要根据，就是《反杜林论》体现的思想是"恩格斯主义"而非"马克思主义"。这样的看法是站不住脚的。恩格斯和马克思同为马克思主义哲学的创始人，他们都是现代哲学的变革

① 《习近平在中央中央政治局第 11 次集体学习中的讲话》，党建网，http://www.dangjian.cn，2017 年 1 月 18 日。

者，两位导师的哲学思想是基本一致的。要理解恩格斯的哲学思想，理解他与马克思的一致性，既要从两人合作为之奋斗的事业中来看，又必须认真研读原著，研读恩格斯的哲学著作《反杜林论》。文本是思想轨迹的记录，而马克思和恩格斯合作的事业引领着他们思想的方向和实践中的具体分工。因而回到恩格斯撰写《反杜林论》的语境中，认真研究其思想的脉络，对于理解马克思和恩格斯思想的关系、理解马克思主义哲学理论都具有重要的理论意义。

三 《反杜林论》在马克思主义理论中的历史地位

《反杜林论》是恩格斯受马克思委托而写作的，这部书是与德国小资产阶级社会主义者杜林论战的著作，完成于 1876 年 9 月到 1878 年 6 月。文章最初发表是从 1876 年 9 月开始，以系列论文的形式陆续发表在德国社会民主党的机关报——《前进报》上。恩格斯曾为第一版写了一个较长的序言，但出版时没有采用，后人把它收录在恩格斯的《自然辩证法》一书中，题为《〈反杜林论〉旧序。论辩证法》。1878 年 7 月出版了第一版单行本《欧根·杜林先生在科学中实行的变革》，书名意在讽刺地套用了杜林的著作《凯里在国民经济学说和社会科学中实行的变革》的书名，对杜林的错误观点进行了批判。1886 年第二版在苏黎世出版。经过修订的第三版于 1894 年在斯图加特出版，这是恩格斯生前出版的最后一版。

1880 年，恩格斯应保·拉法格的请求，把第三章（《引论》的第一章以及第三编的第一章和第二章）改写成一篇独立的通俗著作，著作最初以《空想社会主义和科学社会主义》为书名，后来又以《社会主义从空想到科学的发展》为书名出版。1895 年，列宁在《弗里德里希·恩格斯》一文中把这部书称为《反杜林论》，以后这个书名被广泛沿用至今。

《反杜林论》和《资本论》一同被称为马克思主义百科全书式的著作。后人常说的马克思主义三个组成部分的说法也与这本书有关。从理论上讲，马克思主义理论三大组成部分的划分是理论宣传进程中形成的划分，今天进行马克思主义理论研究，应该认识其形成的渊源，正确对待三大块的划分。自 1913 年列宁的《马克思主义的三个来源和三个组成部分》发表之后，在苏联版本及其影响下几乎所有的马克思主义教科书都把马克思主义理论概括为三个组成部分，即哲学、政治经济学和科学社会主义。例如，在我国学术界影响较大的艾思奇主编的《辩证唯物主义和历史唯物主义》开宗明义地指出："在马克思主义的完整的学说中，包括三个组成部分：哲学、政治经济学、科学社会主义。"[1]马克思主义作为一个完整的科学体系，后来被划分为三个组成部分，采取了三个部分的论述，可以追溯到恩格斯的《反杜林论》。这本书和《资本论》一同被称为马克思主义百科全书式的著作。在梁赞若夫首创的 MEGA1 书目中，"1935 年为纪念恩格斯逝世 40 周年，特别将《反杜林论》与《自然辩证法》合为一卷出版"。[2] 恩格斯通过对杜林的批判："消极的批判成了积极的批判；论战转变成对马克思和我所主张的辩证方法和共产主义世界观的比较连贯的阐述。"[3] 1919 年，卢卡奇在《什么是正统马克思主义》一文中指出："恩格斯在《反杜林论》中的论述对于后来理论的作用具有决定性的影响。"[4] 这本书"不仅对三个组成部分做了整体的综合研究和论述，而且从理论形式上、逻辑构架上予以明显地表示出来，以更有力地击溃杜林向马克思进攻的三路论证大军"。[5]《反杜林论》在这种情况下被视为马克思主义百科全书式的著作。马克思主义作为一个完整的科学体系，怎样被划分为三个组成部分，在什么情况下采取了三个部分的论述，不研究《反杜林论》，对以上问题是说不清楚的。2005 年，马克思主义一级学科成立，从整体的视角研究马克思主义理论，就必须理解马克思主义哲学、政治经济学和科学社会主义的划分是怎么来的而研读《反杜林论》就成为必然的选择，本书仅涉及《反杜林论》"哲学编"。

---

① 艾思奇主编：《辩证唯物主义和历史唯物主义》，人民出版社 1978 年版，第 1 页。

② 王东：《马克思学新奠基——马克思哲学新解读的方法论导言》，北京大学出版社 2006 年版，第 270 页。

③ ［德］恩格斯：《反杜林论》，人民出版社 1999 年版，第 6 页。

④ ［匈牙利］捷尔吉·卢卡奇：《卢卡奇文选》，李鹏程编，人民出版社 2008 年版，第 3 页。

⑤ 朱传启：《对百科全书式的科学巨著〈反杜林论〉的新研究——评〈反杜林论〉研究》，《武汉大学学报》1996 年第 3 期，第 124 页。

四 《反杜林论》哲学编的主要内容与结构特点

杜林的所谓社会主义理论是以某种新哲学体系的实际成果的形式出现的,因此,恩格斯首先批判了杜林的理论的哲学基础。在批判杜林的哲学谬论时,恩格斯系统地阐述了马克思主义哲学的一系列基本原理。

杜林哲学思想的代表作是 1875 年出版的《哲学教程——严密科学的世界观和人生观》(以下简称《哲学教程》)。杜林这样评价自己的著作:本书是阐述全部哲学命题的,"我在本书里对〔哲学〕体系的一切本质方面分别作了阐述"。杜林的哲学体系包括三个部分:关于存在的基本形式、关于自然原则的学说和关于人的学说。"存在的基本形式"就是杜林用来构造世界的原则或模式,它不是从外部世界抽象出来的,而是早在世界之前和世界之外就已经在某个地方神秘地存在了,故称为"一般的世界模式论"。自然原则的学说和人的学说,是关于运用原则的对象的领域学说。三个部分内在的逻辑次序是:原则走在前面,而应当运用这些原则的对象性领域则按其从属次序跟在后面。

哲学编分为五部分,第一部分批判杜林哲学的总论即先验主义的"分类",提出了"原则不是研究的出发点,而是它的最终结果"的著名论断,深刻地阐明了辩证唯物主义关于思维的本质和起源的基本原理;第二部分批判杜林哲学体系的"世界模式论",驳斥了所谓世界统一于存在的谬论,提出了世界的统一性在于物质性的著名原理;第三部分是自然哲学,批判杜林的自然哲学、形而上学谬论,阐明了辩证唯物主义自然观;第四部分批判杜林关于人的学说,批判其先验主义方法和形而上学的终极真理论,以及抹杀道德和法的阶级性、历史性的唯心主义观点,阐述了马克思主义的一系列基本观点;第五部分是辩证法,驳斥了杜林对于马克思主义辩证法的攻击,精辟地论述了矛盾规律、质量互变规律及否定之否定规律的客观性和普遍性。

哲学编各章都具有双层结构。例如,第三章:"分类。先验主义";第五章:"自然哲学。时间和空间";第九章:"道德和法。永恒真理"。各章标题的这个特点,是由《反杜林论》这部著作的论战性质和哲学编的批判对象——杜林的《哲学教程》的内容决定的。

杜林的《哲学教程》由八编组成，此外，还有一个导言和跋。"导言"的内容是杜林的哲学概论，杜林在这里讲了哲学的意义、内容和体系。《哲学教程》八编的内容是：

第一编：存在的基本形态

第二编：自然知识原理

第三编：意识的元素

第四编：伦理、正义和高尚的人性

第五编：公社和历史

第六编：生活的个人化和生活价值的提高

第七编：全部活动的社会化

第八编：新旧社会中的科学和哲学

"跋"是杜林对自然哲学的简要概述和自我吹嘘。

《反杜林论》哲学编各章的标题，是针对《哲学教程》的内容设置的。第三章的标题："分类。先验主义"是针对《哲学教程》的导言部分，批判杜林在分类问题上先验主义错误。第五章"自然哲学。时间和空间"，第六章"自然哲学。天体演化学，物理学，化学"等章的标题，是针对《哲学教程》第二编自然哲学的部分，分别批判杜林在时间、空间、天体演化、物理学、化学、生物学等方面的错误观点。第九章、第十章、第十一章，则是针对《哲学教程》第四篇、第五篇、第六篇中道德和法部分，分别批判杜林在真理、平等、自由和必然等问题上的错误观点。第十二章、第十三章，则是针对杜林在《哲学教程》第一篇第二章和其他文章及著作中谈论辩证法的部分，批判杜林对矛盾、量和质、否定之否定等规律的歪曲和攻击。

目　　录

第一章　三个版本的序言

一　第一版序言

第一版序言写于 1878 年 6 月 11 日，恩格斯主要阐述了写作《反杜林论》的动机目的、写作方式等。

（一）恩格斯厘清了写《反杜林论》的原因

欧根·杜林（Eugen Dühring，1833 - 1921），1853—1856 年在柏林大学学习法律，后做过见习法官。1861 年，因严重眼疾，退出法律界。同年，他获得柏林大学哲学博士学位，不久便双目失明。1863 年起任柏林大学编外讲师，于 1863—1877 年在该校任教。杜林从 1872 年开始在著作中抨击普鲁士的大学制度。1877 年 7 月，根据哲学系的要求，他被剥夺了在大学执教的权利。[1] 1889 年，他创办《人格主义者和解放者》刊物，主张反犹太主义。

大约在 1875 年，杜林"宣布他改信社会主义，不仅向德国公众提出一套详尽的社会主义理论，而且还提出了一个改造社会的完备的实际计划"[2]，他相继出版了《国民经济学和社会经济学教程》《国民经济学和社会主义批判史——兼论财政政策的基本问题》（以下简称《国民经济学和社会主义批判学》）和《哲学教程》三本书，自称构成了"社会主义理论体系"，并说要在哲学、政治经济学和社会主义理论方面进行"全面改革"，形成了恩格斯所讲的"三路论证大军"，突然"向当代挑战"。并且"他竭力攻击他的前辈，首先选中了马克思，把满腔怒火发

---

[1] 《马克思恩格斯选集》第 3 卷，人民出版社 1995 年版，第 832 页注 239。
[2] 《马克思恩格斯文集》第三卷，人民出版社 2009 年版，第 499 页。

泄在他的身上"。① 在《国民经济学和社会主义批判史》和《哲学教程》中,杜林将德国以前的哲学家说得一无是处,对其同时代的马克思,他说:"集中化和系统化的能力的薄弱……思想和文体不成体统,语言上的下流习气……英国化的虚荣心……中国人式的博学……哲学的和科学的落后。"② 所以,当时在德国无产阶级政党内部,对于恩格斯批判杜林有两种看法:一是拥护杜林的人有意歪曲恩格斯的写作动机,把恩格斯写《反杜林论》说成是为维护马克思而针对杜林的"内心冲动"的产物;二是把恩格斯对杜林的批判看成是一种纯学术的争论。针对这两种看法,恩格斯在《序言》开篇一语中的地指出:"这部著作决不是什么'内心冲动'的结果。恰恰相反。"③ 恩格斯在《序言》中开宗明义地澄清了这一点。他说:"三年前,当杜林先生作为社会主义的行家兼改革家突然向当代挑战的时候,我在德国的友人再三向我请求,要我在当时的社会民主党中央机关报《人民国家报》上批判性地阐明这一新的社会主义理论。他们认为,为了不在如此年轻的、不久才最终统一起来的党内造成派别分裂和混乱局面的新的可能,这样做是完全必要的。他们比我能更好地判断德国的情况,所以我理应相信他们。"④ 马克思和恩格斯最初注意到杜林的著作是 1867 年 12 月,杜林在《现代知识补充材料》杂志第 3 卷第 3 期上发表了对《资本论》第一卷的评论。从马克思和恩格斯的许多书信中可以看出,他们当时已经确定了对杜林所持的批判态度。李卜克内西在 1875 年 2 月 1 日和 4 月 21 日的信中,建议恩格斯在《人民国家报》上反击杜林。后来,恩格斯在马克思的支持下,暂时中断《自然辩证法》的写作,耗时两年多,写了一系列文章,陆续发表在德国社会主义工人民主党中内机关报《前进报》⑤ 上,批判杜林。

事实上,马克思曾说,写这本书,对恩格斯来说,"是一个巨大的牺牲,因为他不得不为此而停写更加重要得多的著作"。⑥ 恩格斯放下

① 《马克思恩格斯文集》第三卷,人民出版社 2009 年版,第 499 页。
② [德] 恩格斯:《反杜林论》,人民出版社 1999 年版,第 31—32 页。
③ 同上书,第 3 页。
④ 同上。
⑤ 1875 年,《社会民主党人报》和《人民国家报》合并,改名为《前进报》,成为德国社会主义工人党中央机关报。
⑥ [德] 恩格斯:《自然辩证法》,人民出版社 1984 年版,第 333 页。

了当时正在写的《自然辩证法》，着手批判杜林。恩格斯为什么甘愿做出巨大的牺牲去批判名不见经传的杜林呢？这一选择是他和马克思共同缔造的事业，即当时工人运动实践的需要。

首先，《反杜林论》是回应德国社会民主党内思想斗争的需要。

1870—1871 年，德国在普法战争之后实现了统一。统一后的德国，资本主义迅速发展，剥削的加深，导致工人阶级与资产阶级、封建贵族之间的矛盾日益尖锐，工人运动此起彼伏。随着工人运动的蓬勃发展，马克思主义也广泛地传播起来。1875 年 5 月，在哥达召开的联合代表大会上，德国两个工人政党即德国社会民主工党（爱森纳赫派）和德国工人协会联合会（拉萨尔派）实现了统一。党虽然统一了，但对拉萨尔派的机会主义做了让步。在大会通过的《哥达纲领》中充满了拉萨尔机会主义观点。因此，尽管党在组织上实现了统一，但由于思想上容纳了机会主义，理论上的分歧埋藏着引起分裂的隐患。马克思和恩格斯当时曾坚决反对《哥达纲领》。马克思写了《哥达纲领批判》，批判拉萨尔的机会主义观点，但考虑到两个工人政党刚刚实现统一，为了避免激化矛盾而造成党内分裂，故没有发表。而这时，党内对机会主义的妥协情绪却更加上升，机会主义的、反马克思主义的思想流行起来。一些小资产阶级知识分子虽然接近社会主义，却反对阶级斗争，主张调和阶级矛盾。他们构造种种"体系"，打着最新的科学的旗号同马克思主义对抗。杜林就是这些人中最有代表性的一个。

其次，杜林的"社会主义"学说已经渗入到方方面面，必须澄清它的真面目。恩格斯讲："这个新改宗者受到了一部分社会主义出版物的热忱欢迎，诚然，这种热忱只是对杜林先生的善良愿望所作的表示，但同时也使人看出这一部分党的出版物的善良愿望：它们正是估计到杜林的善良愿望，才不加考虑地接受了杜林的学说。还有些人已经打算以通俗的形式在工人中散布这种学说。"① 杜林没有资产，以大学讲师的身份常年在讲坛上宣讲社会主义，对统治阶级毫不让步，引起工人的同情。更由于他的理论打着"社会主义"旗号，并以"科学"的面目出现，在德国工人、学生以及无产阶级政党内部都有很深的影响。社会民主党领导人倍倍儿在 1874 年写了一篇《一个新的"共产党人"》的文

---

① ［德］恩格斯：《反杜林论》，人民出版社 1999 年版，第 3 页。

章，发表在《人民国家报》上，公开讲杜林在国家的价值、议会制度的本质、巴黎公社等问题上，"同我们的看法完全一致"。① 还说："他的基本观点是出色的，我们完全赞同。因此，我们毫不犹豫地宣布，继马克思的《资本论》之后，杜林的最新著作属于经济学领域最新出现的优秀著作之列。"② 而事实上，1867 年，马克思的《资本论》第一卷出版后，杜林就写文章"批判"《资本论》。杜林所谓的"新的社会主义理论"到底是什么，是当时工人运动的发展需要澄清的理论问题。

19 世纪 70 年代，国际工人运动历经巴黎公社的失败，进入到一个和平发展时期。总结失败的原因，思索未来工人运动的策略和道路是马克思和恩格斯极为关注的问题。他们认为，无产阶级在反对资产阶级的斗争中要建立自己独立的政党，才能取得革命的胜利。当时，国际工人运动，一方面，在马克思和恩格斯指导及帮助下走出巴黎公社失败的阴霾，正积极重聚革命力量，为未来的斗争备战；另一方面，和平发展时期，由于各种思潮泛起，党内思想并不统一。其中，利用资产阶级合法性策略被有的人变成盲目崇拜这种合法性；在工人中间形成了为数不多的官僚和贵族阶层，无产阶级政党内部吸纳了许多非无产阶级同路人。在这样复杂的环境下，系统地阐发马克思主义基本理论成为无产阶级革命的迫切需要。当时，在德国无产阶级政党面前，提出了一个十分严肃的问题：是以杜林主义作为党的理论基础，还是以马克思主义作为党的指导思想？这不仅是关系党能否作为一个真正的无产阶级政党而存在的根本问题，也是关系到整个国际共产主义运动沿着什么方向前进的根本问题。为了捍卫科学社会主义的学说，使刚刚统一起来的德国社会主义工人党沿着正确道路前进，必须批驳杜林主义。因为"杜林先生及其小宗派采用各种大吹大擂和阴谋的手法，迫使《人民国家报》对这种如此野心勃勃的新学说明确表态"。③ 杜林在当时的影响已经渗透到党内外、普通民众之中，不澄清它的真面目，不厘清理论上的混乱就会影响工人运动的发展。

---

① 曹玉文、曹林、马云鹏：《〈反杜林论〉哲学编讲义》，黑龙江人民出版社 1985 年版，第 3 页。
② 同上。
③ 同上。

（二）关于论战式的写作方式

恩格斯讲，杜林继承了当时德国学术界喜好"创造体系"的立言习气，他所宣传的"这种新的社会主义理论是以某种新哲学体系的最终实际成果的形式出现的"①，而且创立了一个庞大的体系。他的理论体系是涵盖哲学、政治经济学、科学社会主义的庞大系统。为此，恩格斯把杜林的理论体系比作一枚酸果，把对它的批判比作啃酸果。批判他吧，他只是柏林大学的名不见经传的讲师、一个小人物，与之理论费力且不值。在思想史上，批判大人物、与伟人对话，就意味着对前人的超越。马克思批判黑格尔，扬弃了其唯心主义的外壳，理论境界向前推进了一大步，创立了辩证唯物主义。在学术领域，敢于和前辈先哲对话、较量，从而使自己在人类思想史上为人所铭记的例子比比皆是。科学哲学的代表人物之一波普尔，以自己独特的方式参与了自然科学方法对历史学的适用性问题的探讨。他把历史思想方法论和自然科学方法论加以考察，区分了两者的区别，认为两者有各自独特的领域、目标和作业方式。他既讨论了各种各样的现代科学与哲学的理论方法，又大胆地批判包括柏拉图、黑格尔以及马克思的历史主义思想方式，在现代科学的光环下，他的理论凸显出与众不同的特色，从而使他坐享现代西方哲学大家的盛誉。杜林虽然只是柏林大学的一名讲师，同时还是一名社会民主主义者，他创立了一个庞大的理论体系宣传社会主义。不批判杜林，任其思想传播，对工人运动有负面影响，革命形势的发展迫切需要正本清源。因此，恩格斯毅然放下《自然辩证法》的写作，着手来啃这一个酸果。"虽然如此，我还是在过了一年才下决心放下其他工作，着手来啃这一个酸果。这是一只一上口就不得不把它啃完的果子；它不仅很酸，而且很大。这种新的社会主义理论是以某种新哲学体系的最终实际成果的形式出现的。因此，必须联系这个体系来研究这一理论，同时研究这一体系本身；必须跟着杜林先生进入一个广阔的领域，在这个领域中，他谈到了所有可能涉及的东西，而且还不止这些东西。这样就产生了一系列的论文，它们从 1877 年初开始陆续发表在《人民国家报》的续刊——莱比锡的《前进报》上，现汇集成书。"②

---

① ［德］恩格斯：《反杜林论》，人民出版社 1999 年版，第 3 页。

② 同上书，第 3—4 页。

恩格斯的《反杜林论》采取详尽的论战式写作方式，内容涉及哲学、政治经济学、科学社会主义等方方面面，这主要是由于论战对象本身的性质决定的。鉴于杜林的理论体系庞大，所涉及的面也很宽泛，恩格斯逐一批驳与之论战，在批判的同时形成了对马克思主义理论的正面阐述。由此可见，对象本身的性质，迫使批判必须详尽。这样的详尽尽管"同这一对象的学术内容即同杜林著作的学术内容极不相称的"①，但是，正如恩格斯所说，还有另外两种情况可作为理由。"一方面，这样做使我在这本书所涉及到的很不相同的领域中，有可能正面阐发我对这些在现时具有较为普遍的科学意义或实践意义的争论问题的见解。这在每一章里都可以看到，而且这本书的目的并不是以另一个体系去同杜林先生的'体系'相对立，可是希望读者也不要忽略我所提出的各种见解之间的内在联系。我现在已有充分的证据，表明我在这方面的工作不是完全没有成效的。"② 另一方面，如恩格斯所说，"创造体系"的杜林先生在当时德国并不是个别现象。"近来，天体演化学、一般自然哲学、政治学、经济学等等的体系如雨后春笋出现在德国。最不起眼的哲学博士，甚至大学生，动辄就要创造一个完整的'体系'。正如在现代国家里假定每一个公民对于他所要表决的一切问题都具有判断能力一样，正如在经济学中假定每一个消费者对于他要买来供日用的所有商品都是真正的内行一样，——现今在科学上据说也要作这样的假定。所谓科学自由，就是人们可以撰写他们所没有学过的一切，而且这被冒充为惟一的严格科学的方法。杜林先生正是这种放肆的伪科学的最典型的代表之一，这种伪科学现在在德国到处流行，并把一切淹没在它的高超的胡说的喧嚷声中。诗歌、哲学、政治学、经济学、历史学等中有这种高超的胡说；讲台和论坛上有这种高超的胡说；到处都有这种高超的胡说；这种高超的胡说妄想出人头地并成为深刻思想，以别于其他民族的单纯平庸的胡说；这种高超的胡说是德国智力工业最具特色和最大量的产品，它们价廉质劣，完全和德国其他的制品一样，只可惜它们没有和这些制品一起在费城陈列出来。甚至德国的社会主义，特别是自从有了杜林先生的范例以后，近来也十分热中于高超的胡说，造就出以'科

---

① ［德］恩格斯：《反杜林论》，人民出版社1999年版，第4页。
② 同上。

学'自炫但对这种科学又'确实什么也没有学到'的各色人物。这是一种幼稚病，它表明德国大学生开始向社会民主主义转变，而且是和这一转变分不开的，可是我们的工人因有非常健康的本性，一定会克服这种幼稚病。"①

恩格斯相信，有着"健康的本性"的工人阶级，一定会在实践中克服德国当时学界动辄创造体系、以高超胡说冒充深刻思想的幼稚病，在革命实践中，鉴别、建构属于自己的理论。

二　第二版序言

第二版序言写于 1885 年 9 月 23 日，其主要内容是说明《反杜林论》再版的原因和修订的情况。

（一）对于出版 7 年后再版的说明

恩格斯讲："本书要出新版，是出乎我意料的。本书所批判的对象现在几乎已被遗忘了；这部著作不仅在 1877 年至 1878 年间分编登载于莱比锡的《前进报》上，以飨成千上万的读者，而且还编汇成单行本大量发行。我在几年前对杜林先生的评论，现在怎么还能使人发生兴趣呢？"② 恩格斯讲，这是因为，帝国的查封令成了著作的宣传单。在《反社会党人非常法》颁布之后，这部著作在德意志帝国遭到查禁。"谁只要不是死抱住神圣同盟各国传统的官僚偏见不放，谁就一定会明白这种措施带来的效果：被禁的书两倍、三倍的畅销。"③

新的世界观的影响超出欧洲，受到各界人士的重视和拥护。"不过还有另一种情况。本书所批判的杜林先生的'体系'涉及非常广泛的理论领域，这使我不能不跟着他到处跑，并以自己的见解去反驳他的见解。因此消极的批判成了积极的批判；论战转变成对马克思和我所主张的辩证方法和共产主义世界观的比较连贯的阐述，而这一阐述包括了相当多的领域。我们的这一世界观，首先在马克思的《哲学的贫困》和

---

① ［德］恩格斯：《反杜林论》，人民出版社 1999 年版，第 4—5 页。
② 同上书，第 6 页。
③ 同上。

《共产党宣言》中问世,经过足足 20 年的潜伏期,到《资本论》出版以后,越来越迅速地为日益广泛的各界人士所接受。"① 对于马克思和恩格斯创立的唯物主义世界观,他说:"本书所阐述的世界观,绝大部分是由马克思确立和阐发的,而只有极小的部分是属于我的,所以,我的这部著作不可能在他不了解的情况下完成,这在我们之间是不言而喻的。"② 这明确指出了他们在世界观上的一致性以及理论上的分工合作关系。马克思不仅听恩格斯念过《反杜林论》的全稿,还亲自为该书撰写了政治经济学编中的第十章(《〈批判史〉论述》一章)。"在专业上互相帮助,这早已成了我们的习惯。"③

(二) 书稿的修订情况

恩格斯讲到在《反杜林论》第二版中"除了一章,其余都按第一版翻印,未作修改"的原因。一是当时他还肩负着编印马克思遗稿的责任,"这比其他一切事情都远为重要"④,尽管也想修改某些叙述,但是没有时间做彻底的修改;二是作为一部论战性的著作,"既然我的对手不能作什么修改,那我这方也理应不作什么修改"⑤。杜林被柏林大学开除了,"我对他更应当遵守文字论战的道义准则",表现出高尚的人品和文品。恩格斯只改了一章,增补了第三编第二章《理论》,对自己主张的核心观点只做了通俗、连贯的表述。又因《引论》的第一章,第三编的第一、第二两章已经出了单行本,单行本对这一章做了增补,如果第二版《反杜林论》重印而无视前面的增补和修改就是一种"迂腐行为"。

(三) 论述辩证唯物主义自然观的创立及唯物辩证法对科学自然观的意义

第二版序言中,恩格斯着重论述辩证唯物主义自然观的创立及其自然科学基础,进一步阐明唯物辩证法对建立科学自然观的意义,号召无产阶级及科学家应树立辩证唯物主义的自然观,抛弃形而上学的思维方法。17—18 世纪,在自然科学领域,形而上学自然观占据统治地位,

---

① [德] 恩格斯:《反杜林论》,人民出版社 1999 年版,第 6 页。
② 同上书,第 7 页。
③ 同上。
④ 同上。
⑤ 同上。

这与当时自然科学的发展状况密不可分。19世纪初，黑格尔第一个自觉地表述了辩证法的基本特征，但他的辩证法淹没在唯心主义体系中。在他看来，辩证发展的只是"精神"，而自然界则是不变的，因而，他的自然观还没有完全摆脱形而上学的束缚。马克思和恩格斯剥去了黑格尔辩证法的神秘外壳，吸收其合理的内核，"把自觉的辩证法从德国唯心主义哲学中拯救出来并用于唯物主义的自然观和历史观"。① 要确立辩证的同时又是唯物主义的自然观和历史观，必须具有数学和自然科学知识。马克思和恩格斯曾花费巨大的精力研究各门自然科学，探索自然界的辩证规律。马克思精通数学，恩格斯的《自然辩证法》研究就是基于此因。

由此，辩证唯物主义自然观建立在深厚的自然科学基础之上。恩格斯概括了19世纪自然科学的最新成就，指出自然科学的许多新发现，如能量转化定律、生物进化论、细胞学说、热运动的计量和气体的液化，等等，从不同方面揭示了自然过程的辩证性质。自然界中的一切事物都处在永恒的运动变化之中，事物之间的对立和统一，在一定条件下可以相互转化，因而只具有相对的意义。辩证唯物主义自然观正是对于这种客观规律的自觉反映。那种赋予事物之间的区别、分类以固定性质和绝对意义的见解，"只不过是由我们的反思带进自然界的"②，这种认识构成辩证自然观的核心。辩证唯物主义自然观的创立是自然观上的革命性变革。理论自然科学的革命性变革，单靠自然科学本身越来越多的发现，当然也可以自发地实现，不过这需要经历一个漫长而艰苦的过程。如果自然科学家掌握了辩证法，自觉地去研究事物的辩证性质，就比较容易达到对自然过程的辩证认识，从而大大缩短这个过程。因此，恩格斯指出："正是由于自然科学正在学会掌握2500年来哲学发展的成果，它才一方面可以摆脱任何与它分离的、处在它之外和之上的自然科学，另方面也可以摆脱它本身的、从英国经验主义沿袭下来的、狭隘的思维方法。"③ 即掌握唯物辩证法，自然科学就会较快地摆脱凌驾于其上的自然哲学，摆脱从17世纪英国培根和洛克等那里承袭下来的形而

---

① [德]恩格斯：《反杜林论》，人民出版社1999年版，第9页。
② 同上书，第12页。
③ 同上书，第13页。

上学思维方法。

三　第三版序言

　　第三版序言写于 1894 年 5 月 23 日，主要说明第三版的修订情况及其原因。"这一新版，除了几处无足轻重的文字上的修改，都是照前一版翻印的。只有一章，即第二编第十章《〈批判史〉论述》，我作了重要的增补。"① 一是增补了马克思说明配第、诺斯、洛克、休谟等在古典经济学产生过程中应占的地位；二是马克思对魁奈的《经济表》所做的解释。

　　恩格斯对《反杜林论》发行第二版之后的社会影响感到满意。他说："本书所主张的观点已经深入科学界和工人阶级的公众意识中，——而且这种情况出现在世界上一切文明国家里。"② 《反杜林论》第二版发行后，马克思主义得到了广泛的传播。

---

① ［德］恩格斯：《反杜林论》，人民出版社 1999 年版，第 13 页。
② 同上书，第 14 页。

第二章　"引论"

　　"引论"是《反杜林论》一书的引言，"是全书的总论"，概述了马克思主义的基本思想。把握其丰富而深刻的内容，是理解和掌握全书的基础。① 这部分由"概论"和"杜林先生许下了什么诺言"两章组成。在"概论"一章，恩格斯正面阐述了马克思主义在哲学、政治经济学、科学社会主义理论方面实现的新变革。而"杜林先生许下了什么诺言"一章从反面揭露杜林哲学的狂妄自大和自相矛盾。

一　概论

　　"概论"部分的核心内容是回答社会主义是怎样由空想变为科学的。它围绕"科学社会主义"这一中心，简要地考察了马克思主义产生以前的哲学、政治经济学和科学社会主义的历史发展，阐明了马克思主义的唯物辩证法、唯物史观和剩余价值理论的发现以及它们在科学社会主义理论创立过程中的重要作用，从而深刻地揭示了哲学、政治经济学和科学社会主义之间的内在联系。

　　"概论"主要涉及四个问题：马克思主义科学社会主义的思想来源；唯物辩证法是创立科学社会主义的方法论；唯物史观和剩余价值学说的创立，使社会主义从空想变成了科学；杜林向当代（马克思和恩格斯所处的时代）挑战的背景。

（一）马克思主义科学社会主义的思想来源

　　"现代社会主义"是指 19 世纪以来的社会主义学说。马克思和恩

---

① 梅荣正、姚锡长：《每个觉醒工人必读的书籍（上）——恩格斯〈反杜林论〉对唯物历史观的科学论述》，《高校理论战线》2011 年第 4 期，第 16 页。

格斯常在自己的著作中使用"现代社会主义"一词，但在不同场合，其所指内容不尽相同。本书中所讲的现代社会主义，包括 19 世纪批判的空想社会主义和科学社会主义。在"引论"草稿中，恩格斯写道："现代社会主义，虽然实质上是由于对现存社会中有财产者和无财产者之间、工人和剥削者之间的阶级对立进行考察而产生的，但是，就其理论形式来说，起初却表现为 18 世纪法国伟大的启蒙学者们所提出的各种原则的更彻底的、进一步的发展，因为它的最初代表摩莱里和马布利也是属于启蒙学者之列的。"① 明确地指出了现代社会主义在《反杜林论》一文中的所指。

1. 恩格斯考察研究了现代社会主义的指导思想

恩格斯认为："现代社会主义，就其内容来说，首先是对现代社会中普遍存在的有财产者和无财产者之间、资本家和雇佣工人之间的阶级对立以及生产中普遍存在的无政府状态这两个方面进行考察的结果。"② 即现代社会主义是在考察和认识资本主义生产方式基本矛盾的基础上产生的。生产的社会化和生产资料私人占有这个基本矛盾造成了无产阶级和资产阶级的对立和斗争，也造成了资本主义生产的无政府状态。对这一矛盾及其运动考察的结果在理论上的表现就是现代社会主义理论。恩格斯不仅指出了现代社会主义产生的社会根源，而且指出了它的思想渊源。"就其理论形式来说，它起初表现为 18 世纪法国伟大的启蒙学者们所提出的各种原则的进一步的、似乎更彻底的发展。"③ 在此基础上，恩格斯阐明了马克思主义研究理论问题的指导思想，在这些指导思想中渗透着历史唯物主义的基本观点：社会存在决定社会意识，社会意识又有一定的相对独立性。更具体地说，社会根源对思想的产生和发展起着最终的决定作用，而思想、理论的发展又具有一定的相对独立性。总之，恩格斯在考察现代社会主义时，首先对它的社会根源做了总括的叙述，然后着重阐述了它的思想来源，这是第一段的中心意思，它表述了考察和研究现代社会主义的指导思想。

2. 18 世纪启蒙学者的理论是 19 世纪空想社会主义的理论前导

恩格斯分析了启蒙学者和他们的学说的特点及其阶级局限性。

---

① ［德］恩格斯：《反杜林论》，人民出版社 1999 年版，第 15 页。
② 同上。
③ 同上。

产生于 19 世纪的空想社会主义理论并非是空穴来风，它秉承了 18 世纪启蒙思想家的理论，并进一步发展了他们的学说。书中所说的"在法国为行将到来的革命启发过人们头脑的那些伟大人物"① 是指法国的启蒙学者。恩格斯曾经称："法国大革命是资产阶级的第三次起义，然而这是完全抛开宗教外衣、在毫不掩饰的政治战线上作战的首次起义；这也是真正把斗争进行到底，直到交战的一方即贵族被彻底消灭而另一方即资产阶级完全胜利的首次起义。"② 而为这次起义做舆论准备的资产阶级思想家以哲学、科学和文学艺术为理论武器，著书立说；以理性启迪人们心智，扫除愚昧，形成了反封建制度和宗教思想、宣传资产阶级民主革命的理论，历史上称为启蒙学说。其中的主要代表人物有伏尔泰、孟德斯鸠、卢梭、拉美特利、狄德罗、爱尔维修、霍尔巴赫等。恩格斯所说的"伟大人物"指的就是这些启蒙思想家，他们的理论是 19 世纪空想社会主义理论的前导。

同时，恩格斯指出了启蒙学者及其学说的特点。

在恩格斯看来，启蒙学者的学说有着强烈的革命性和批判性。"他们不承认任何外界的权威，不管这种权威是什么样的。宗教、自然观、社会、国家制度，一切都受到了最无情的批判。"③ 在启蒙学者看来，"一切都必须在理性的法庭面前为自己的存在作辩护或者放弃存在的权利"④，这里所说的理性的法庭即理性原则。理性原则是启蒙学者为反对封建君权和教权而提出的自由、平等、博爱、正义和人权等原则的统称。"思维着的知性"就是指理性，它是发现世界的规则、逻辑思维的能力，也就是人对本质的认识能力。启蒙学者从理性出发，衡量一切，在他们那里，"思维着的知性成了衡量一切的惟一尺度"。⑤ 他们把理性原则作为社会的基础和衡量一切的尺度，认为符合理性原则的事物才能存在下去，不符合理性原则的事物就应当被淘汰。

恩格斯借用黑格尔评论法国启蒙学者的学说，形象地解析启蒙学说的理性原则。黑格尔对法国革命抱有同情和欢迎的态度，但他把启蒙学

① ［德］恩格斯：《反杜林论》，人民出版社 1999 年版，第 15 页。
② 《马克思恩格斯文集》第三卷，人民出版社 2009 年版，第 514 页。
③ ［德］恩格斯：《反杜林论》，人民出版社 1999 年版，第 15 页。
④ 同上。
⑤ 同上。

者所处的时代比作一个"人用头立地的时代"。黑格尔所说的"人用头立地"是说人们是用思想立地,并按照思想去建构现实。"用头立地"最初这句话的意思是:"人的头脑以及通过头脑的思维发现的原理,要求成为人类的一切活动和社会结合的基础。"① 也就是说,启蒙学者认为,事物有其内在的客观规律,人的头脑可以发现、认识这些规律;人包括人类社会组织都要遵循客观规律办事。在自然领域,机械唯物主义正是这种观点,杜林也是这种观点。后来,当法国革命深入时,这句话又有了更广泛的含义,也就是"同这些原理相矛盾的现实,实际上从上到下都被颠倒了"。② 也就是说,当时法国的封建制度并不符合理性原则,应当按照理性原则把它重新颠倒过来。在社会历史领域,机械唯物主义的错误就在于,他们把关于自然规律的观点引申到了社会历史领域,在历史观上,陷入了唯心主义。由此,启蒙学者所说的理性原则即认为理性支配世界、规律左右着世界。

恩格斯指出,启蒙学者认为,凡是不合理的东西应该扔掉。因而,他们就把以往的一切社会形式、一切传统观念等都视为不合理的东西扔到了垃圾堆里。在他们看来,以往那些充斥着偏见、迷信、偏执、黑暗的理论和观念对于现实社会的改造是没有价值的。只有在发现了理性原则后,才如拨开乌云见太阳,从此,永恒的真理、永恒的正义、生而平等和不可剥夺的人权将代替迷信,非正义、特权和压迫,受苦的人类才有了光明的前途。

恩格斯肯定了法国启蒙学者理论的进步意义,即它"为行将到来的革命启发过人们头脑"③,为资产阶级反对封建统治、夺取政权做了舆论准备。正如哲学革命是社会革命的理论先导、舆论准备,启蒙学者的理论成为资产阶级的思想旗帜和行动纲领,并对西方各国产生了巨大的影响。三权分立、自由、平等、博爱等思想对西方各国政治、经济、文化产生了巨大的影响。同时,恩格斯指出了启蒙学者理论的阶级局限性,即他们主张的理性王国是资产阶级理想化的王国;他们向往的永恒的正义,是在资产阶级司法中得到实现的正义;他们说的平等是法律面

---

① ［德］恩格斯:《反杜林论》,人民出版社 1999 年版,第 15—16 页。
② 同上书,第 16 页。
③ 同上书,第 15 页。

前资产阶级的平等；他们讲的理性的国家也只是资产阶级的民主共和国。可见，启蒙学者在实现理性的具体内容上，深深地打上了资产阶级的烙印。所以，恩格斯说："18世纪伟大的思想家们，也同他们的一切先驱者一样，没有能够超出他们自己的时代使他们受到的限制。"①

3. 19世纪的空想社会主义是科学社会主义的思想来源

首先，恩格斯分析了资产阶级革命时期的社会阶级状况。在资产阶级革命时期，社会中存在两种对立：一是封建贵族与资产阶级的对立；二是剥削者与被剥削者、游手好闲的富人与从事劳动的穷人之间的普遍的对立。前者是剥削阶级之间的对立，这种对立不是普遍的对立；后者是存在于当时社会中的普遍的对立，由于这种普遍的对立的存在，劳动者反对剥削阶级的斗争就产生了。封建贵族是当时社会中最大的剥削阶级，资产阶级虽然也是剥削阶级，但在反封建问题上，他们与劳动者的诉求是一致的，所以，反封建的共同诉求使资产阶级能够将自己装扮成是整个受苦人类的代表，从而标榜是全人类的代表，而不是某一个阶级的代表。除封建贵族与资产阶级的对立、穷人和富人的一般对立之外，伴随着资产阶级的产生，无产者也产生了。无产者的出现是资本主义生产方式的产物。在封建时代，城市手工业者为了避免相互间的竞争和阻止外地手工业者的流入，为了对抗封建主的盘剥和压榨，不同的行业都成立了行会组织，行会成为当时手工业的封建组织形式。在行会里，一般有师傅、帮工和学徒三个等级，并制定有生产、管理和技术等方面的严格的规章制度。在创立之初，行会有效地保障了会员的生存和经营，促进了城市手工业者的发展。但是，随着商品生产的发展，市场的扩大，行会制度后来成为生产力发展的桎梏，而最终趋于瓦解，行会瓦解的过程中产生了资产者和无产者。

其次，在反对共同的压迫者即封建贵族的斗争中，无产阶级也发动了反对资产阶级的运动。对此，恩格斯讲："在每一个大的资产阶级运动中，都爆发过作为现代无产阶级的发展程度不同的先驱者的那个阶级的独立运动。"② 比如德国的宗教改革、农民战争时期的托马斯·闵采尔派、英国大革命时期的平等派、法国大革命时期的巴贝夫等领导的各

---

① ［德］恩格斯：《反杜林论》，人民出版社1999年版，第16页。
② 同上。

类反封建运动。德国的宗教改革，是 16 世纪初马丁·路德领导的"资产阶级反对封建制度的长期斗争，在三次大决战中达到了顶点。"① "路德提出的反对教会的战斗口号，唤起了两次政治性的起义。"② 闵采尔是德国宗教改革的激进代表、农民战争的著名领袖，他坚决反对路德派的改良主义，积极鼓励用暴力推翻封建制度，并组织和领导了 1524 年的农民战争。闵采尔提出了要建立没有阶级差别、没有私有财产、没有高高在上和社会成员作对的国家政权的一种社会，他的思想当时已远远超出了宗教改革范围，也超越了一般的反对封建制度的主张，而表现出现代无产阶级先驱对于未来社会的朦胧预见。英国大革命时期的"平等派"被恩格斯称为"真正平等派"或"掘地派"，他们是 17 世纪英国资产阶级革命时期城乡贫民阶层的利益的代表，要求消灭土地私有制，宣传原始的平均共产主义思想，并试图用集体开垦公社土地来实现这种理想。巴贝夫是 18 世纪法国资产阶级革命时期的革命家、空想社会主义的著名代表人物。他曾主张平均分配土地和消灭贫富差别，后来还主张消灭私有制，并组织"平等会"，密谋组织贫民武装起义。他的著作被称为是表达过无产阶级要求的文献。

最后，有了革命的运动，便产生了革命的理论。"伴随着一个还没有成熟的阶级的这些革命发动，产生了相应的理论表现。"③ 不成熟的无产阶级不仅进行了武装斗争，而且也提出了相应的不成熟的理论，这就是空想社会主义学说。比如：16 世纪英国人莫尔（1478—1535）写的《乌托邦》，17 世纪意大利人康帕内拉（1568—1629）写的《太阳城》都描写了对理想社会制度的想象。到了 18 世纪，还产生了直接共产主义理论，如摩莱里、马布利的理论。摩莱里是法国启蒙运动中民主思想的代表，他的身世已失传，主要著作有《自然法典》和《巴齐里阿达》。马布利（1709—1785）是法国历史学家，主要著作有《论公民的权利和义务》《论法制和法律的原则》等。

18 世纪的空想社会主义虽然已经有了直接的共产主义理论，但是，由于那时无产阶级解放的物质条件还不具备，对未来社会仍是一种想象

---

① 《马克思恩格斯文集》第三卷，人民出版社 2009 年版，第 510 页。
② 同上。
③ ［德］恩格斯：《反杜林论》，人民出版社 1999 年版，第 17 页。

和憧憬。在这些著作中，只是提倡普遍的禁欲主义和粗陋的平均主义，恩格斯称为"苦修苦练的、斯巴达式的共产主义"①，这是空想社会主义学说的第一个表现形式。摩莱里和马布利等，把斯巴达人的"平等人公社"当成他们理想的共产主义社会的蓝图，因此，恩格斯称这种共产主义为"斯巴达式的共产主义"。19世纪30年代，出现了以圣西门、傅立叶和欧文为代表的空想社会主义者，他们代表了社会主义思想史中的一个重要阶段。特别是欧文，他系统地阐述了消除阶级差别的方案，因而，他较之仍存资产阶级倾向影响的圣西门的理论更彻底。关于这三个伟大的空想社会主义者的功绩，在第三编中有较详细的评述，恩格斯还着重指出了它的局限性。

恩格斯指出了19世纪空想社会主义者的共同特点：他们都不是作为当时已经产生了的、无产阶级的利益的代表出现的。尽管他们看到了资本主义社会的阶级和阶级对立，但是，他们都没有看到无产阶级的历史地位与使命，因而找不到创造新社会、推翻旧社会的阶级力量。空想社会主义者都接受了启蒙学者关于理性支配世界的唯心史观，推崇理性，把理性看作社会发展的动力和建立理想社会的基础，因而把未来的社会主义社会看作对绝对真理、理性和永恒正义的体现。他们和启蒙学者一样，都想建立理性的和永恒正义的王国。尽管如此，他们的王国和启蒙学者的王国有天壤之别。这种区别在于：启蒙学者企图建立资产阶级王国，认为它是合乎理性的；而空想社会主义者认为，资产阶级王国是不合理性的，也应该被抛弃。但是，他们都认为，体现现实理性和正义的王国还没有出现，是因为没有出现天才人物认识到真理。即认为人类历史发展不是必然的，而是偶然现象，是天才创造的，只有天才人物，才能发现理性，认识真理；只有依靠天才，人物才能实现理想社

---

① 斯巴达是古希腊一个奴隶制国家，位于希腊半岛南部。在这个国家里，斯巴达人是奴隶主，被征服的希洛人和庇里阿西人全是奴隶。斯巴达人内部是平等的，奴隶是它们的公有财产，土地平均分配，并禁止买卖；为了不让私人积蓄财富，并用极其笨重的铁币代替银币，使其储存困难。斯巴达人不参加劳动，长期进行严格的军事训练，以镇压奴隶反抗；成年人都是战士，住在军营里，禁绝一切生活享受，苦练军事技术；他们集体食宿，武器和服装都是一个样式，组成一种异族人无权参加的军事性质的所谓"平等人公社"。

会。"这种见解本质上是英国和法国的一切社会主义者以及包括魏特林①在内的第一批德国社会主义者的见解。"②

恩格斯通过对空想社会主义的剖析，得到这样的结论：这种社会主义是一种"极为复杂混合物"，它还占据着"法国和英国大多数社会主义工人的头脑"。所以，"为了使社会主义变为科学，就必须首先把它置于现实的基础之上"。③ 也就是说，不能再像空想社会主义者那样，把人类社会看成是由理性决定的，而必须从现实出发，考察资本主义生产方式，通过分析资本主义经济关系、阶级矛盾，从而揭示资本主义社会运行的规律，才能说明资本主义产生、发展和灭亡的必然性；才能找到消灭资本主义制度，建立社会主义制度的物质条件和力量；才能使社会主义变为科学。要做到这一点，就需要有科学的世界观和方法论的指导。

（二）唯物辩证法是创立科学社会主义的方法论

在这一部分，恩格斯阐述了三个问题：从古代辩证法向形而上学的过渡；黑格尔辩证法的历史地位与作用；唯物辩证法的创立及其意义。

1. 从古代辩证法向形而上学的过渡

在社会主义思想发展史上，当空想社会主义发展到第三个阶段时，哲学也发展到黑格尔阶段，恩格斯指出了黑格尔哲学的历史功绩。他概述了从古希腊哲学，经18世纪法国哲学，到黑格尔哲学的历史发展过程中，辩证法和形而上学两种世界观相互交替的复杂过程。

在德国近代哲学中，黑格尔的历史功绩在于他恢复了辩证法这一最高的思维形式。为了说明这种思维方式的主要特点，恩格斯简要地论述了人类思维方式发展的历史过程、辩证法和形而上学思维方式的实质、古代朴素辩证法到形而上学的思维发展历程。

恩格斯回顾了从希腊人，经阿拉伯人，再到15世纪的自然科学研

---

① 魏特林（1809—1871）裁缝，德国最早的"正义同盟"领导人之一。著有《和谐与自由的保证》，该书抨击了资本主义制度，描写了新社会的轮廓。在他设想的新社会中，财产公有、共同劳动、待遇平等、平均领取生活用品等可以使整个社会"和谐和自由"，反映了不成熟的无产阶级的诉求，他的理论对德国初期工人运动起过一定的积极作用。

② ［德］恩格斯：《反杜林论》，人民出版社1999年版，第18页。

③ 同上。

究的历史。通过这段历史，恩格斯讲：古希腊哲学家赫拉克利特最早揭示了世界是运动的这一总特征，但对这一总特征的把握却不足以说明世界的各个细节；为了认识世界总图景的细节，首先，在自然科学和历史研究中出现了收集材料、分类研究。到了3—7世纪，即亚历山大里亚时期，希腊学者集中在亚历山大里亚城的图书馆和博物馆，开始了精确的自然研究工作。以后，由中世纪的阿拉伯人继续了这种研究。在这一漫长的历史时期内，虽然也有一些重要的发现，但总的说来，零散的，并且大部分是无结果的。在整个中世纪，由于教会和封建制度的束缚，对自然的研究处于停滞状态。真正的自然科学研究从15世纪下半叶才开始。中世纪后期，生产技术的进步推动了自然科学的研究。1543年，哥白尼提出的太阳中心说，标志着自然科学冲破神学的束缚，获得了解放，从此，以实验为基础的自然科学得到了迅速发展。科学发展简史说明，从古代朴素的辩证法到近代形而上学思维方式是人类思维方式的必然趋势，它是由自然科学发展的基本条件决定的，是思维方式的一个进步。

恩格斯指出，赫拉克利特首先清楚地表述了古代朴素辩证法。赫拉克利特万事皆流、无物常驻的思想在"一切都存在而又不存在，因为一切都在流动，都在不断地变化，不断地生成和消逝"①等片语中就表现出用发展的观点看世界。恩格斯讲，这种观点，总体上说，把握了世界总画面的一般性质，对世界总图景的认识是正确的，但对世界的认识有局限性，即它不足以说明构成世界的总图景的各个细节。如果人们对细节认识不清，就谈不上看清世界的总图景。正因为如此，从15世纪以后，自然科学研究中才有了分门别类的研究，这种研究方式的出场弥补了古代朴素辩证法立足整体把握世界，但精确不足的局限，把认识推向对事物细节的认识。从15世纪下半叶开始，在自然科学研究中，开始"把自然界分解为各个部分，把各种自然过程和自然对象分成一定的门类，对有机体的内部按其多种多样的解剖形态进行研究"。②但是，这种研究方法在发展过程中也显现了它的局限性，因为它给人们留下了一种习惯："把自然界中的各种事物和各种过程孤立起来，撇开宏大的

---

① ［德］恩格斯：《反杜林论》，人民出版社1999年版，第19页。
② 同上书，第19—20页。

总的联系去进行考察,因此,就不是从运动的状态,而是从静止的状态去考察;不是把它们看作本质上变化的东西,而是看作永恒不变的东西;不是从活的状态,而是从死的状态去考察。"① 这就是形而上学的思维方式的局限性。

自然科学发展的基本条件决定了研究方法发展的水平,形而上学思维方式自有其存在的必然性,是人类思维方式发展的必经阶段。它在自然科学研究中是有效的,但把它从特殊研究方法提升到哲学层面,作为一种哲学方法,这种思维方式是有局限性的。形而上学思维方式的基本特征是在绝对不相容的对立中思维。"在形而上学者看来,事物及其在思想上的反映即概念,是孤立的、应当逐个地和分别地加以考察的、固定的、僵硬的、一成不变的研究对象。"② 他们在绝对不相容的对立中思维,体现为《新约全书·马太福音》中的说法:"是就是,不是就不是;除此以外,都是鬼话。"③ 这种思维方式承认认识对象的特殊性和相对静止性,就人们认识的具体性和直观性来说,有它相对合理的一面;但是,对理解自然界和社会生活的过程来说远远不够。因为"它每一次迟早都要达到一个界限,一超过这个界限,它就会变成片面的、狭隘的、抽象的,并且陷入无法解决的矛盾,因为它看到一个一个的事物,忘记它们相互间的联系;看到它们的存在,忘记它们的生成和消逝;看到它们的静止,忘记它们的运动;因为它只见树木,不见森林"。④ 所以,孤立、静止、片面是这种思维方式的弊端。恩格斯举例说明,在日常生活中,人们可以肯定地指出某一动物存在与否,但在进行精确的研究时,形而上学的思维方式就行不通了。如法学中断定人死亡的界限、数学中的正极与负极,等等。通过这些例子,恩格斯论述了原因和结果的辩证法。原因和结果这对范畴是揭示事物之间引起被引起的必然关系的一对概念,但是,两者严格的界限只是在个别场合才是正确的,一旦把考察的场域放到它与宇宙的总的联系中去,这两个概念之间严格的界限就消融了。"原因和结果经常交换位置;在此时或此地是

---

① [德]恩格斯:《反杜林论》,人民出版社 1999 年版,第 20 页。
② 同上。
③ 同上。
④ 同上。

结果，在彼时或彼地就成了原因，反之亦然。"①

所有这些过程和思维方法都是形而上学思维的框子所容纳不下的。然而，辩证法考察事物及其在观念上的反映时，从联系、联结、运动、产生、消逝等方面去考察，恰恰证明这种方法是正确的。"自然界是检验辩证法的试金石。"② 可是，当时掌握辩证思维的自然科学家并不多，许多人并不理解辩证思维。

恩格斯阐明了他对形而上学思维方式的分析和评价：形而上学思维方式是人类认识发展历史过程中的必经阶段。首先，人类认识的发展经历了一个漫长的曲折过程，而人类认识发展的每一个历史阶段，又都有它占主导地位的思维方式。在古代，直观、朴素的思维方式占主导地位；在近代，分门别类的研究方式又造就了形而上学思维方式；从19世纪后，现代自然科学的发展证明了"自然界的一切归根到底是辩证地而不是形而上学地运行的"。③ 其次，形而上学思维方式是社会生产力发展和科学进步的产物，有历史必然性。它有深厚的历史根据，是同一定阶段生产与自然科学中分门别类的研究方式相适应、与人类认识的历史发展相联系的一种思维方式。这种思维方式的本质特点是静止、片面，它的历史局限性是把事物及其相应的概念看成是一成不变的。就认识对象的特殊性、相对静止性与认识的直观性和具体性来说，这种思维方式有其适用性的一面，但就其研究过程来说是不适用的。总之，恩格斯对形而上学思维方式的考察是辩证的、历史的，既肯定了形而上学思维方式的作用和意义，又指出了它的历史局限性与阶级局限性。此外，还说明了自然科学的发展要求与它相适应的辩证思维方式产生的必然性。

2. 黑格尔辩证法的历史地位与作用

从康德到黑格尔是辩证法发展的第二个形态。形而上学思维方式不能揭示自然和社会的过程，"要精确地描绘宇宙、宇宙的发展和人类的发展，以及这种发展在人们头脑中的反映，就只有用辩证的方法，只有不断地注视生成和消逝之间、前进的变化和后退的变化之间的普遍相互作用才能做到"。④ 因此，产生了辩证法的第二个形态。康德的星云假

---

① ［德］恩格斯：《反杜林论》，人民出版社1999年版，第21页。

② 同上书，第21—22页。

③ 同上书，第22页。

④ 同上。

说，否定了牛顿的永恒不变太阳系的观点。康德在他的著作《自然通史与天体理论》中，提出了近代第一个有科学根据的关于宇宙形成的学说，推翻了牛顿力学描绘的世界图景。按照牛顿力学的解释，宇宙中的每一个天体都是同时产生的，并且处在固定的位置上，是上帝给了它们"第一次推动"才使其运动起来，并且沿着固定的轨道循环往复地运转着，永恒不变。康德的星云假说认为，太阳和一切行星都是由旋转的星云团产生的，把"永恒不变的太阳系变成了历史的过程"。① 说明太阳系也是一个产生和发展的过程，因此，也必然有灭亡之日。星云假说从发展的观点出发，从事物本身的运动说明天体的形成，否定了牛顿的"永恒不变的太阳系"的唯心主义观点。

辩证法在黑格尔哲学中得到了完备的体现。恩格斯把黑格尔的辩证法称为他的巨大功绩："这种近代德国哲学在黑格尔的体系中完成了，在这个体系中，黑格尔第一次——这是他的伟大功绩——把整个自然的、历史的和精神的世界描写为一个过程，即把它描写为处在不断的运动、变化、转变和发展中，并企图揭示这种运动和发展的内在联系。"② 从黑格尔关于整个世界辩证法发展的观点看世界，人类的历史就不是没有规律可循的无意义的暴力行为了，而是人类本身的发展过程。而人类思维的任务就是透过事物发展的一切表面的偶然性，揭示事物发展的内在规律性。

恩格斯认为，黑格尔提出了思维的任务是透过事物发展的一切表面的偶然性，揭示事物发展的内在规律性，但是，他却没有完成这一任务，原因在于：一是自身知识有限；二是所处时代的知识和见解的有限；三是唯心主义世界观，把世界的现实关系完全颠倒。所以，虽然他天才地把握了一些个别的联系，但由于他受到的上述限制，在细节上对事物之间的联系就被歪曲了。黑格尔的辩证法是唯心主义辩证法，它存在致命的弱点和局限性，即其体系"包含着一个不可救药的内在矛盾：一方面，它以历史的观点作为基本前提，即把人类的历史看作一个发展过程，这个过程按其本性来说在认识上是不能由于所谓绝对真理的发现

---

① ［德］恩格斯：《反杜林论》，人民出版社 1999 年版，第 22 页。

② 同上。

而结束的；但是另一方面，它又硬说它自己就是这种绝对真理的全部内容。"① 按照黑格尔的辩证法，人类历史是一个永无止境的发展过程，不可能存在绝对真理；但他又把自己的哲学体系看成是关于自然和历史的无所不包的最终完成的哲学体系。这种自相矛盾注定了他的哲学体系的流产。恩格斯指出："黑格尔的体系作为体系来说，是一次巨大的流产。"② 它宣告包罗万象的、凌驾于一切科学之上的旧哲学在黑格尔体系中达到了最完备的形式，这个完备形式的体系流产，说明了完成绝对真理的体系是不可能的，标志着旧哲学的没落，是旧哲学中最大的也是最后一次流产。

3. 唯物辩证法的创立及其意义

唯物辩证法的创立是历史的必然。"一旦了解到以往的德国唯心主义是完全荒谬的，那就必然导致唯物主义，但是要注意，并不是导致18世纪的纯粹形而上学的、完全机械的唯物主义。"③ 所以，辩证法与唯物主义相结合是历史的必然。

恩格斯所讲的完全荒谬是指唯心主义出发点，并不包括唯心主义辩证法。否定19世纪德国哲学中的唯心主义，不能回到19世纪法国唯物主义那里去。因为德国哲学中有丰富的辩证法思想，如果只是用19世纪机械的、形而上学唯物主义反对德国哲学中的唯心主义出发点，是超越不了这种哲学的。辩证法与唯物主义的结合是历史的必然。费尔巴哈在自然观上也是唯物主义，他也反对唯心主义。他认为，纯粹自然科学的唯物主义虽然"是人类知识大厦的基础，但不是大厦本身"④，他没有摆脱传统的唯心主义的束缚，这一点他自己也是承认的。"向后退时，我同唯物主义者是一致的；但是往前进时就不一致了。"⑤ 在社会领域内，费尔巴哈没有前进，在社会观上回到了唯心主义。黑格尔虽然是一位辩证法大师，但他的辩证法却是从辩证法走到了形而上学，它在自己的体系中走向了自己的反面。恩格斯在1878年写的《路德维希·费尔巴哈和德国古典哲学的终结》一文中讲："黑格尔体系的全部教条

① ［德］恩格斯：《反杜林论》，人民出版社1999年版，第23页。
② 同上书，24页。
③ 同上。
④ 《马克思恩格斯选集》第4卷，人民出版社1995年版，第230页。
⑤ 同上书，第231页。

内容就被宣布为绝对真理，这同他消除一切教条东西的辩证法是矛盾的；这样一来，革命的方面就被过分茂密的保守的方面所窒息。"① 辩证法的方法被过分茂密的体系所闷死。所以，辩证法与唯物主义相结合是历史的必然。

阐明了辩证唯物主义的对象。黑格尔与法国人的自然观是一致的，都是形而上学的自然观。"无论在 18 世纪的法国人那里，还是在黑格尔那里，占统治地位的自然观都认为，自然界是一个沿着狭小的圆圈循环运动的、永远不变的整体，牛顿所说的永恒的天体和林耐所说的不变的有机物种也包含在其中。同这种自然观相反，现代唯物主义概括了自然科学的新近的进步，从这些进步看来，自然界同样也有自己的时间上的历史，天体和在适宜条件下生存在天体上的有机物种一样是有生有灭的；至于循环，即使能够存在，其规模也要大得无比。"②

在《反杜林论》中，恩格斯对黑格尔的自然观有多处点评，而且表述并不完全相同，这是否意味着恩格斯对黑格尔自然观的态度是自相矛盾的？

其中一处，恩格斯写道："旧的自然哲学特别是在黑格尔的形式中，具有这样的缺陷：他不承认自然界有时间上的发展，不承认'先后'，只承认'并列'"；在另一处，恩格斯又说："黑格尔第一次——这是他的伟大功绩——把整个自然的、历史的和精神的世界描写为一个过程，即把它描写为处在不断的运动、变化、转变和发展中，并企图揭示这种运动和发展的内在联系"。③ 从字面上看，恩格斯对黑格尔自然观的态度确实似乎是自相矛盾的。但事实上，只要分析一下黑格尔对自然观的实际观点，可以看出恩格斯是从黑格尔自然观的实际情况出发的，是从不同角度对黑格尔自然观的描述，并不是恩格斯对黑格尔自然观态度的自相矛盾。

黑格尔认为，绝对精神是能动的、发展的。绝对精神发展经过三个大的阶段，即逻辑阶段、自然阶段和精神阶段。这三个阶段都是绝对精神自我发展的表现。在绝对精神支配下的自然、历史和思维都是按照绝

---

① 《马克思恩格斯选集》第 4 卷，人民出版社 1995 年版，第 218 页。
② ［德］恩格斯：《反杜林论》，人民出版社 1999 年版，第 24 页。
③ 同上书，第 22 页。

对精神的发展规律发展的。黑格尔认为，在绝对精神支配下的自然界，也是一个从低级到高级的发展过程。在这个过程中，整个自然界又分为机械阶段、物理阶段和有机阶段，而每个阶段又可分为若干小阶段。这些大小阶段之间是互相联系、互相过渡的。拿有机阶段来说，它又分为地质有机体、植物有机体和动物有机体三个小的阶段，在动物有机体阶段的最后出现了人。人的出现表明绝对精神的发展开始超出自然阶段而进入精神阶段。黑格尔在《自然哲学》中认为："自然必须看作是一种由各个阶段组成的体系，其中一个阶段是从另一阶段必然产生的。"①所以，从黑格尔讲的在绝对精神支配下的自然界的角度看，恩格斯说，黑格尔把自然界看成是一个发展过程，是符合黑格尔的思想实际的。

在黑格尔看来，自然界离开了绝对精神，就失去了主动性，它只能在狭小的范围内做重复的循环运动。因而只能在空间中展现自己的多样性，而没有时间上的发展顺序。黑格尔认为，自然界是以绝对精神的统一性作为自己的追求理想的，自然界各个阶段、各个现象之间的联系和统一性是由绝对精神在背后操纵和暗中指挥的。所以，自然界的机械性、物理性和有机性这三个阶段之间的联系及其发展动力并不在自然界本身。自然界的各个阶段只不过是绝对精神自身发展过程中的外在表现而已。这些阶段只能"一个挨一个地展示出来"，"只是在空间中展示自己的多样性"。这些阶段好像是绝对精神在旅行中由于自己的外在作用，建立起来的旅社，这些旅社随着绝对精神发展阶段的不同表现出各种不同的形式来。但这并不是作为旅社的自然界本身是变化发展的。因此，在黑格尔看来，自然界本身只能永远重复旧的东西，而不是产生新的东西。比如，在有机阶段，当绝对精神离开地质有机体进入植物有机体后，地质有机体就变得死气沉沉，只能重复旧的东西；当绝对精神离开植物有机体进入动物有机体，以后又离开动物有机体进入人的阶段时，情况也是如此。当绝对精神离开整个自然界进入人类社会之后，整个自然界也变得死气沉沉，只能永远重复旧的东西了。所以，黑格尔认为，自然界在太阳下是没有新的东西。

综上所述，恩格斯从不同角度讲黑格尔的自然观，没有自相矛盾的问题。它反映了黑格尔对自然界的实际看法，即自然界本身是不发展

---

① ［德］黑格尔：《自然哲学》，商务印书馆 1980 年版，第 28 页。

的，但它在绝对精神支配下又体现了绝对精神在其自然阶段的发展。"至于循环，即使能够存在，其规模也要大得无比"。① 这里的循环，是针对形而上学循环论提出来的，并以假定的口气指出，即使能够存在，也具有无限加大的规模。我们不一定要拘泥于文字，一定要证明循环是怎样无限加大规模，它所要强调的是反对形而上学的循环论。应该肯定，天体是永恒发展、变化的，它有生，也有灭，既然是发展中的生灭，必然不会是简单的重复、完全的复归。辩证自然观所讲的天体循环，是以能量守恒和转化定律为依据的，能量转化必须守恒，但起点和终点并不完全等同，也不是绝对封闭的圆圈。因为运动的转化是个开放的体系，它是要和其他系统相互作用、相互转化的，这种转化引起系统状态的变化是不可逆的，故循环的完全重复是根本不可能的。辩证自然观讲的循环，是以有限和无限、偶然和必然的辩证统一为特征的，在这种循环中，物质任何有限的存在形式都是暂时的，但物质在这个循环中却永恒地运动着、变化、发展着，以偶然与必然统一为基础的循环，绝不会是简单重复。天体循环、遵循否定之否定规律，是辩证的循环。就其趋势而言，既有上升的分支，也有下降的分支；既有加大的规模，也有缩小的规模。但就其总趋势而言，上升的分支是主要的，加大的规模是主要的，但并不排除在某一局部，向下的分支占优势、缩小规模占主导。也可以这样认为，天体毁灭后，又必然在宇宙的某个地方重生，参与到更大规模的运动过程中。

总之，天体的循环不是绝对封闭和完全重复的，而是重复中有发展，循环中有前进，前进中有循环，规模有大有小，而总的趋向是以无限加大的规模进行的。恩格斯在这一段论述了辩证唯物主义的产生是哲学发展史上的一次变革。恩格斯分别论述了在历史观和自然观方面的情况，并做了总结性论述："在这两种情况下，现代唯物主义本质上都是辩证的，而且不再需要任何凌驾于其他科学之上的哲学了。一旦对每一门科学都提出要求，要它们弄清它们自己在事物以及关于事物的知识的总联系中的地位，关于总联系的任何特殊科学就是多余的了。于是，在以往的全部哲学中仍然独立存在的，就只有关于思维及其规律的学说——形式逻辑和辩证法。其他一切都归到关于自然和历史的实证科学

---

① ［德］恩格斯：《反杜林论》，人民出版社 1999 年版，第 24 页。

中去了。"①

为什么历史观和自然观创立后就结束了旧哲学呢？回顾一下旧哲学的特征我们可以看到：古希腊哲学表现为一切知识的总汇。当时，人们对于数学、天文、物理等方面虽已有一定知识的积累，但还不可能也没有形成独立的学科，哲学和科学是浑然一体的，哲学和科学并没有分家。所以，古代哲学的研究领域是十分广泛的、它的研究对象也是包罗万象的，哲学家往往是百科全书式的人物。在中世纪，哲学不是作为独立的学科而存在，它与其他科学一样都是神学的一个部分，依附于神学，是神学的奴仆和婢女。经院哲学研究上帝，这阶段哲学研究的贡献是把以往对上帝的信仰，变成了思维的对象，把人从绝对的、盲目的信仰的领域过渡到要研究和论证的领域。从培根开始，哲学逐渐摆脱了神学，提出"双重真理论"，主张知识和信仰的分离，哲学把自己的研究立足点指向世俗世界，而把神圣的彼岸世界留给神学。随着封建社会向资本主义社会的发展，各门具体科学在生产力的推动下，冲破了宗教的罗网，并且从"哲学"母体中分化出去。这一分化过程，虽然远在古希腊时代就已开始，但主要发生在15世纪后半叶。从天文学、力学、数学开始，到物理学、化学、生物学先后独立以后，关于研究人类现象的科学（从修辞学、语言学、文字学、考古学、经济学、政治学、伦理学等）都分别成为独立的学科。但是，在15—18世纪末的三百年中，从哲学中分化出来的各门专门科学，特别是自然科学，主要还停留在分门别类的收集材料的阶段，还不能阐明自己所研究的对象在整个世界的总联系中所占的地位，它们是作为实证科学而存在。在这种历史条件下，哲学就以思辨科学的身份与实证科学相对立，哲学是"科学的科学"，是凌驾于一切科学之上的，说明世界总联系的特殊科学。于是在当时，不仅有说明自然界总联系的自然哲学，还有说明人类社会历史、精神现象等总联系的历史哲学、精神哲学；而在自然哲学和历史哲学等上面还有关于整个世界的最一般联系的第一哲学（有的称形而上学，有的叫逻辑学，有的称存在原则或世界模式论）以论述最一般范畴、原则、公理、模式，等等；而对于这些范畴、原则、公理、模式等，哲学家、思想家、科学家认为，是由此推导出一切知识的依据和前提。因而，

---

① ［德］恩格斯：《反杜林论》，人民出版社1999年版，第24页。

在这一历史阶段，哲学是以庞大的、包罗万象的、百科全书式的终极真理体系的形式存在的。这种哲学体系在黑格尔的著作中达到了顶峰。

在黑格尔时代，哲学和科学的分工开始明朗化了，两者开始有了各自的研究对象。各门实证科学都是以感性世界特殊的部分作为自己的研究领域和研究对象，这样，哲学研究领域就缩小了，研究的对象更明确了、更精确了。它实际上不再把感性世界作为研究的对象，而把说明世界的总联系作为自己的任务。于是哲学家虽然也力图利用实证科学的成果来说明总联系，但实际上却不得不凭借主观的猜测或逻辑的推导来完成他们的哲学体系（因为在实证科学还没有揭示的联系的方面，哲学要借助猜测和推导来弥补）。这样做的结果，使他们不仅承袭了古希腊时代的哲学研究对象——直观的感性世界；也承袭了经院哲学的研究对象——彼岸世界。（因为它要说明的是总联系：一切东西的联系，当然包括彼岸世界和此岸世界）这就自觉不自觉地使哲学的对象仍是包罗万象的。

这个包罗万象的哲学体系，把哲学和具体科学的关系处理成整体和部分的关系。而现代唯物主义的历史观和自然观是从具体科学中抽象出来的，它们是一般和个别的关系，因而本质上是辩证的。这里的本质上是辩证的，主要是指其方法的本质是辩证法，它是在哲学研究过程中辩证地处理一般和个别的关系，通过具体科学总结出一般规律，而不是代替具体学科的研究，以感性世界为对象，把实证科学的对象作为哲学的对象；也不是利用猜测和推导去填补实证科学的空白。所以，现代唯物主义产生以后，首先在研究方法上，已经不再需要包罗万象的、凌驾于其他科学之上的旧哲学了。由于实证科学自身的发展，使关于以总联系为对象的旧哲学成为多余的了。因为"一旦对每一门科学都提出要求，要它们弄清它们自己在事物以及关于事物的知识的总联系中的地位"①，这是实证科学自身的任务。

恩格斯在概述了哲学与科学的发展历史之后，总结性地指出："于是，在以往的全部哲学中仍然独立存在的，就只有关于思维及其规律的学说——形式逻辑和辩证法。其他一切都归到关于自然和历史的实证科学中去了。"② 由此可见，恩格斯从哲学史的角度概括了哲学研究对象

① ［德］恩格斯：《反杜林论》，人民出版社 1999 年版，第 24 页。
② 同上。

的变革。这个概括告诉我们,哲学的直接研究对象是人类思维。在《自然辩证法》的"《反杜林论》旧序。论辩证法"中,恩格斯直接把哲学称为"关于思维的科学"。

(三) 唯物史观和剩余价值学说的创立,使社会主义从空想变成了科学

1. 唯物史观创立的历史条件

19世纪40年代,正当实现自然观的革命性变革时,在历史观上引起决定性转变的历史事实也早已发生了。19世纪三四十年代发生的三大工人运动,即1831—1831年法国里昂工人武装起义、1838—1842年英国宪章运动和1844年德国西里西亚纺织工人起义,标志着工人阶级作为独立的力量登上了历史舞台。这些阶段斗争表明:第一,三大工人运动都是发生在欧洲资本主义发展较快的国家,无产阶级斗争在欧洲先进国家已上升到首位。第二,以往资产阶级宣扬的关于资本家与劳动人民的利益一致性学说是骗人的,工人阶级和资产阶级之间的利益矛盾已经逐渐激化。第三,必须重新考虑作为这些事实的理论表现即英法空想社会主义学说。空想社会主义学说是当时阶级斗争事实在理论上的不完备的表现。这个学说并没有排除传统的唯心主义历史观的束缚。这种唯心史观根本不知道以物质利益为基础的阶级斗争,甚至不知道什么是物质利益,不知道人们之间最基本的关系是经济关系。在唯心主义者看来,作为人类社会存在的基础的生产活动及人们之间的经济关系,完全是一个从属于文化史的无足轻重的因素,因而不能科学地说明阶级和阶级斗争的事实。所以,新的历史事实就迫使人们进一步反思以往的全部历史。

2. 马克思创立的唯物史观的伟大意义

马克思一生有两大发现——唯物史观和剩余价值理论。对于这两大发现,恩格斯给予了极高的评价。1877年,恩格斯在《卡尔·马克思》一文中,叙述了这两大发现,从而使马克思的名字永垂于科学史册;在《反杜林论》中又明确指出,由于这些发现,社会主义已经变成了科学。1883年恩格斯在《在马克思墓前的讲话》中说:"正像达尔文发现有机界的发展规律一样,马克思发现了人类历史的发展规律,即历来为繁芜丛杂的意识形态所掩盖着的一个简单事实:人们首先必须吃、喝、住、穿,然后才能从事政治、科学、艺术、宗教等等;所以,直接的物质的生活资料的生产,从而一个民族或一个时代的一定的经济发展阶段，便构成基础，人们的国家设施、法的观点、艺术以至宗教观念，就是从这个基础上发展起来的，因而，也必须由这个基础来解释，而不是像过去那样做得相反。"① "不仅如此。马克思还发现了现代资本主义生产方式和它所产生的资产阶级社会的特殊的运动规律。由于剩余价值的发现，这里就豁然开朗了，而先前无论资产阶级经济学家或者社会主义批评家所做的一切研究都只是在黑暗中摸索。"② 马克思主义唯物史观的创立具有划时代的伟大意义：第一，唯物史观的发现使人类整个历史观发生革命性的变革。它宣告了唯心史观的破产，推翻了历史唯心主义在社会历史领域长期的统治地位，"唯心主义从它的最后的避难所即历史观中被驱逐出去了，一种唯物主义的历史观被提出来了，用人们的存在说明他们的意识，而不是像以往那样用人们的意识说明他们的存在这样一条道路已经找到了"。③ 第二，唯物史观的创立克服了空想社会主义的两个主要缺陷。这两个缺点是：① "以往的社会主义固然批判了现存的资本主义生产方式及其后果，但是，它不能说明这个生产方式，因而也就不能对付这个生产方式；它只能简单地把它当做坏东西抛弃掉。"④ "它越是激烈地反对同这种生产关系密不可分的对工人阶级的剥削，就越是不能明白指出，这种剥削是怎么回事，它是怎么产生的。"⑤ "但是，问题在于：一方面应当说明资本主义生产方式的历史联系和它在一定历史时期存在的必然性，从而说明它灭亡的必然性；另一方面应当揭露这种生产方式的一直还隐藏着的内在性质。"⑥ 以往的空想社会主义理论，至多是考察了人类历史活动的思想动机，而没有考察产生这些动机的原因，没有找到社会关系体系发展的客观规律性，没有看出物质生产发展程度是这种关系的根源。②空想社会主义理论没有说明人民群众的活动及其在历史中的作用。

剩余价值学说的创立及其意义。剩余价值学说揭露了资本主义生产的秘密，它一方面说明了资本主义生产方式的历史联系，和它在一定历

---

① 《马克思恩格斯选集》第 3 卷，人民出版社 1995 年版，第 776 页。
② 同上。
③ ［德］恩格斯：《反杜林论》，人民出版社 1999 年版，第 25 页。
④ 同上书，第 26 页。
⑤ 《马克思恩格斯文集》第三卷，人民出版社 2009 年版，第 545 页。
⑥ 同上书，第 545 页。

史时期存在的历史必然性及其终将灭亡的必然性；另一方面揭露了资本主义生产方式"隐藏着的内在性质"。① 剩余价值理论证明："无偿劳动的占有是资本主义生产方式和通过这种生产方式对工人进行的剥削的基本形式；即使资本家按照劳动力作为商品在商品市场上所具有的全部价值来购买他的工人的劳动力，他从这种劳动力榨取的价值仍然比他为这种劳动力付出的多；这种剩余价值归根到底构成了有产阶级手中日益增加的资本量由以积累起来的价值量。这样就说明了资本主义生产和资本生产的过程。"②

唯物史观指出了变革资本主义社会所依据的主体力量；剩余价值学说揭示了资本主义社会两大阶级对立的经济根源。这两大发现，在理论上回答了资本主义生产方式必然被取代的内在必然性，使社会主义从空想到科学；在实践中，把人们对美好社会的憧憬凝聚为变革现存不合理社会的运动，从而改变了一个时代。

（四）杜林向当代（马克思和恩格斯所处的时代）挑战的背景

恩格斯在结束了正面论述之后，接着点出了杜林向马克思主义展开全面进攻的背景：当杜林大吵大嚷地跳上舞台，宣布他在哲学、政治经济学和社会主义中实行了全面变革的时候，科学社会主义的理论已经创立，旧的哲学已为马克思主义哲学所代替而宣告终结。在这样的背景下，杜林实行的"全面变革"究竟意味着什么呢？这就是向马克思主义发动全面进攻。

二 杜林先生许下了什么诺言

在本书的结构安排上，这一章是与"哲学编"第十四章"结论"相呼应的。本章主要通过摘引杜林在哲学、政治经济学和社会主义等领域的狂妄无知、目空一切、抬高自己、贬低前人，否定一切历史遗产，妄图把自己打扮成天才的胡言乱语，揭露他许下了什么诺言，是怎样向当代挑战的。揭露杜林的自我吹嘘和狂妄自大，揭露他对先驱者及其学

---

① 《马克思恩格斯文集》第三卷，人民出版社 2009 年版，第 544—545 页。
② ［德］恩格斯：《反杜林论》，人民出版社 1999 年版，第 26 页。

说的攻击和谩骂。

（一）杜林的狂妄自大

恩格斯在前文中提出："现在我们来看看，杜林先生对我们许下了什么诺言，他又是怎样履行他的诺言的。"① 杜林大言不惭地自称是"当代和'可以预见的'未来的惟一真正的哲学家"②，他的哲学超越了"个人的主观局限性"，他所说的真理是"最后的终极真理"。在政治经济学领域，他实现了"创造性的转变"；在社会领域，他提出了关于未来社会的社会主义规划。杜林的见解涵盖德国古典哲学、进化论、19 世纪的三大空想社会主义者、马克思主义理论，他对前人、同时代的人的评论，丝毫没有体现出他所说的超越了"个人的主观性"，而恰恰相反。

对于德国古典哲学代表人物莱布尼茨、康德、费希特、谢林、黑格尔，他没有从思想的辩证发展中客观地定位其思想史上的地位，不去分析他们的思想前承后启，而只是极尽贬损和谩骂；认为达尔文的进化论"只是一种与人性对抗的兽性"；19 世纪三大空想社会主义者是"社会炼金术士"；至于他同时代的拉萨尔，是"学究气的、咬文嚼字的通俗化尝试……人生观和世界观的内在不坚定性"；而马克思则是"思想和文体不成体统，语言上的下流习气……中国人式的博学……哲学和科学上的落后"③ 等诸如此类。

（二）恩格斯反击杜林的切入点

恩格斯讲，对于杜林的以上承诺，我们该做的，一是举例说明杜林先生所谓"讲究措辞的谨慎而又谦虚的表达方法"④，指出，写《反杜林论》绝不是针对杜林个人的"内心冲动"的结果，而是针对其研究、思维方法的批驳；二是前人的一无是处与杜林的毫无谬误如果为真，"我们就得在这位一切时代最伟大的天才面前诚惶诚恐，毕恭毕敬"⑤，讽刺杜林的狂妄自大。

---

① ［德］恩格斯：《反杜林论》，人民出版社 1999 年版，第 26 页。
② 同上书，第 27 页。
③ 同上书，第 31—32 页。
④ 同上书，第 32 页。
⑤ 同上。

第三章 "分类。先验主义"

在"分类。先验主义"一章中，恩格斯在批判杜林的先验主义哲学观时，深刻地表述了马克思主义的哲学观，集中地表达了哲学是什么？什么是哲学研究对象？哲学与实证科学的边界是什么？马克思主义哲学与旧形而上学唯物主义哲学的区别在哪里？遗憾的是，不少人在学习和研读这一章时，把重点仅仅放在恩格斯对杜林"原则在先"的唯心主义思想的批判上，而对于恩格斯批判其原则在先的哲学思想根源，即对杜林的形而上学的批判注意不够，从而既影响人们深刻地理解恩格斯关于哲学变革的思想，也低估了恩格斯在与马克思一起创立马克思主义哲学中的作用，甚至误解了恩格斯。所以，我们读这一章，不仅要掌握恩格斯批判杜林"原则在先"唯心主义方法论思想，更要理解、掌握和学习他在哲学观问题上的见解，以利于我们在新的历史条件下正确认识马克思主义哲学实现的伟大变革。

一　关于标题的阐释

恩格斯以"分类。先验主义"为题，着重批判杜林在哲学研究对象的分类上所暴露出来的先验主义错误。这里，首先要理解这个标题。标题中间用了句号，显然，句号两边表示两个独立的意思。"分类"是一个独立的含义；"先验主义"也是一个独立的含义。两个独立的含义放在一个标题里面，恩格斯借此表明这两者之间具有某种联系。"分类"是逻辑学的一种方法。"先验主义"是标志某种哲学性质的名词。恩格斯把作为逻辑方法的"分类"和作为某种哲学性质的"先验主义"联系起来，目的就是要揭示这两者之间的联系。

"先验主义"一词来源于康德哲学。康德对人的认识能力的批判是

要确定它在一切经验之前所固有的知识的形式或原理，如时间、空间等
范畴是人的感知形式，它们先天地存在于人的心中，是用来整理和安排
现象等质料的纯粹直观的形式。人们用这种纯粹直观的形式整理杂乱无
章的质料，使之具有一定的关系和秩序。时空作为感性直观的纯粹形
式，不是客观事物的特性在人脑中的反映，而是人类感性先于经验、独
立于经验而固有的先天直观形式，是经验、现象成为可能的主观条件。
时空、因果性、必然性等范畴，都是人先天就有的，即先于经验的。人
们把这些范畴赋予自然界之后，自然界才有了这些特性。人们把这种建
立在先验的认识原则基础上的哲学叫作"先验哲学"或"先验唯心主
义"，一般也称"先验主义"。

　　本章标题所说的"分类"，是指杜林对哲学研究对象的分类；先验
主义是恩格斯对杜林哲学本质的揭示。杜林在哲学研究对象分类上，简
单地采用了形而上学的分类方法，结果导致了他的哲学的先验主义性
质。其形而上学的分类方法，集中地体现为对思维现象和存在现象做了
完全自然主义分类，将两者理解为独立并存的客观现象，并在此基础上
建构哲学体系。由此分类，必然导致他的哲学是先验主义哲学。阅读本
章，如果不理解本章标题的含义，就抓不住本章的基本线索。本章 21
个自然段，分为两大部分：一是批判杜林在哲学上的先验主义；二是批
判杜林的数学先验主义，阐明思维对现实世界的依赖性和意识、思维的
相对独立性原理。恩格斯正是在对这两个问题的分析、批判和阐释的基
础上，表达了自己的哲学观。

二　揭示和批判杜林在哲学上的先验主义本质

（一）杜林先验主义哲学观的特征

　　恩格斯首先引述了杜林的一段话，即杜林《哲学教程》一书的
"导言"部分的基本观点。杜林认为，他的哲学实现了哲学史上根本性
的变革，只有他的哲学才能真正揭示"哲学是什么"，并且对哲学问题
进行了简明扼要的界定，基本上表达了他的哲学观。所谓哲学观，就是
关于哲学的对象、任务、内容、地位、作用、体系及方法等问题的基本
观点。为了批判杜林在哲学观上的先验主义错误，恩格斯先引用了杜林

自己对"哲学是什么的"说明。要理解恩格斯的批判,首先要理解杜林的基本观点。

1. 杜林的基本观点

恩格斯引用了杜林对哲学定义和基本内容的规定,概括了杜林的基本观点:

(1)哲学研究的对象是研究世界上万事万物、千差万别的事物,还包括知识和意志的最根本的原则。

(2)这些万事万物的根本原则是终极的元素,是构成世界上各种事物,包括知识和意志的终极的、不可再分的简单成分。

(3)发现了这些终极成分,对于我们所接触、所认识的事物以及对于那些我们所不认识的事物也是有意义的。人们可以通过这些终极成分去理解那些自己所不曾接触过的事物。

(4)哲学由于发现了这些支配世界的终极原则,对于那些科学还不曾解释的自然界和人类生活,就可以通过哲学所发现的原则来解释和说明,所以,"哲学原则就成了科学要成为对自然界和人类生活进行解释的统一体系所需要的最后补充"。① 也就是说,在科学不能达到的地方,要通过哲学去说明。

(5)由于哲学揭示的是世界的终极原则,通过这种终极原则所构造的世界图景是一般的世界模式,这种世界模式涵盖了自然界和人类社会。所以,关于哲学的内容就分为三个组成部分:一般世界模式论、关于自然原则的学说和关于人的学说。而且,一般世界模式论是终极原则的学说,自然原则的学说和人的学说是终极学说的原则的运用。因此,先有适用于一切存在形式的原则,再有这些原则的运用。因而哲学内容的逻辑次序是:一般模式论安排在前面,自然界的原则的学说、人类生活以及人的原则的学说,则依次随后。

2. 杜林的哲学观是先验主义的

弄清楚了杜林关于哲学的研究对象、内容的分类和逻辑结构安排,就可以明白杜林的哲学观,实际上表达了一个先验主义的哲学观。杜林是用哲学原则去说明世界,而自然界和人类社会的发展是这种哲学原则的运用,而不是相反!

---

① 〔德〕恩格斯:《反杜林论》,人民出版社 1999 年版,第 33 页。

为什么说杜林关于哲学研究对象的规定及其内容展开的逻辑次序表现了先验主义的性质？

杜林把哲学的研究对象规定为"一切存在形式的原则"，而且这个"原则"是终极原则，阐释了这些终极原则就揭示了世界的所有存在。并且自然界和人类社会的性质及发展也只是这些一般的、终极原则的具体运用。也就是说，先有"一切存在形式的原则"，再有关于自然界和人的原则。杜林用一切存在形式的终极原则来说明世界的统一性。自然界和人类社会的发展不是"一切存在形式的原则"的基础，而是终极原则的运用结果。也就是说，杜林的原则不是从自然界和人类社会的性质和状态中抽象概括出来的，而是哲学思维自身产生的结果。所以，离开了自然界和人类社会生活，从纯哲学的思维中得出的原则，就是先于经验世界的原则。因此，杜林的哲学就必然地具有先验主义的性质。

（二）杜林先验主义哲学思想的主要表现

1. 杜林哲学理念和方法必然导致在思维和现实关系方面的先验唯心主义

（1）杜林哲学研究的对象是整个世界一切领域的终极原则的体系。杜林认为："哲学是对世界和生活的意识的最高形式的阐发，在更广的意义上说，还包括一切知识和意愿的原则。"① 即哲学研究的任务是揭示包括自然、社会和精神领域的各种事物存在和发展形式的一切原则。杜林还认为，无论在哪里，只要人对某一事物或对某一类存在形式，产生了需要认识的问题，那么，这些存在形式的原则就是哲学研究的对象。在这里，杜林不区分哲学研究和科学研究的对象，认为世界上所有存在的事物都是哲学研究的对象。也就是说，杜林企图摆脱和越过科学直接把握世界的本质。回顾哲学史，本体论哲学就是这样规定哲学研究的对象的。古希腊早期的哲学就是对事物发展的原因进行追根溯源式的研究，以至于哲学成为一切知识的总汇，乃至出现哲学原子论，就是基于这种哲学理念。实际上，杜林对哲学任务的规定是重蹈古代哲学的覆辙。他要研究世界的终极原则，说明一切的原则，这种终极原则也是终极原因。事实上，人们对世界上任何具体事物间因果性认识，并不是仅

---

① ［德］恩格斯：《反杜林论》，人民出版社 1999 年版，第 33 页。

仅由哲学来回答，而更多的是由各门科学对具体事物加以研究而得到的。杜林要用哲学的方式来回答具体科学的问题，首先就在哲学研究的对象上搞错了。杜林虽然承认自然界和人类社会是统一的，但是，他不是通过自然科学、社会科学以及思维科学的研究，而是僭越了具体科学的研究，用哲学去直接面对各种具体事物，去寻找"存在的基本形式"，并把这种存在的基本形式作为世界统一性的基础，从而说明世界的统一性。如果按照杜林这种研究方式，直接越过各门具体科学，以哲学之思直接把握世界的本质，那除了臆想和假设别无他途。

（2）杜林认为，哲学原则是一切知识和意志的终极成分。杜林把存在形式的原则看作构成各种知识和意志的简单成分，就好像物体都是由化学元素构成的一样，人们对事物的认识也可以分解为一些简单的、终极的成分或基本原则。只要发现了这些原则，就可以获得对一切事物的解释。这些原则适用于一切事物，包括人们未接触过的和根本不知道的事物在内。正因为这样，杜林进一步断定，有了这些基本原则，哲学就成为科学说明世界的统一体系所需要的最后补充，也就是在科学所不能达到的地方，要靠哲学的"原则"来做补充性说明。这样，哲学就成为无所不包的学问。

（3）杜林哲学体系的内在逻辑体系是原则在先。杜林认为，这种排列法包含"某种内在的逻辑次序的"。因为一般的世界模式论是揭示适用于一切存在的基本原则，必须走在前面，而应当运用这些原则的自然界和人类社会，只能按照从属关系跟在后面。这种逻辑顺序也表达了杜林构成这种体系的逻辑方法。杜林认为，关于整个世界的逻辑模式，即关于世界终极原则的逻辑模式是世界的本源性的东西，是哲学思维所揭示的世界的本质，而自然界的原则和人类社会的原则，只是这个本源性存在形式的展开和运用。所以，形成哲学原则的方法也就是哲学体系展开的方法。由于在先形成和出现了世界的总原则及终极原则以后，才有了自然界的原则和人类社会的原则，所以，在他的哲学体系的排列次序上，关于世界的终极原则的一般的世界模式论，由于它是适用于一切存在的基本原则，必须摆在前面，而应当运用这些原则的自然界和人类社会，只能按照从属关系摆在后面。

恩格斯在这一章中批判的就是杜林关于哲学对象的界定和哲学体系的先验性质，从而阐明了在这两个问题上的马克思主义哲学观点。恩格斯引用杜林的话，概括出他关于哲学研究的对象、内容及体系的基本思想，就是以此为靶子进行论战，进而揭示杜林先验主义哲学的性质和特点。

2. 恩格斯对杜林“原则在先”观点的批判

杜林主张用哲学思维直接研究世界，并得出其存在的基本形式以及这些形式的最根本的原则，然后再用这些原则来说明自然界和人类社会。进一步说，杜林的原则不是通过各门具体科学的发展和知识的积累总结概括和抽象出来的，而是越过科学直接从哲学思维得出来的。所以，恩格斯一开始就指出，杜林的所谓的“原则”不是从外部世界来的。他说：“他所谓的原则，就是从思维而不是从外部世界得来的那些形式的原则，这些原则应当被运用于自然界和人类，因而自然界和人类都应当适应这些原则。”① 接着，恩格斯追问：思维从什么地方获得这些原则呢？然后逐层予以批驳，层层递进地批驳了杜林原则在先的先验的唯心主义观点。

（1）原则不是思维自身得来的。首先，恩格斯反问：思维得到的这些原则是“从自身中”来的吗？即是“从思维自身得来的吗”？恩格斯用“不”这个词，否定了从思维自身能够得出关于世界基本原则的解释。因为按照杜林自己的解说，纯粹观念的领域只适用于逻辑模式（形式逻辑）和数学形式。这里，纯粹观念的领域也就是纯思维的领域，所以，从思维自身，也就是从纯粹思维领域得来的原则，按照杜林的观点也只能是逻辑的原则和数学的原则。换句话说，按照杜林的观点，从思维自身只能得到关于逻辑和数学的原则，得不出外部世界的原则。可是，杜林在这里讨论的恰恰是外部世界的原则。因此，第一，如若按杜林所认为的，可以从思维自身得出关于外部世界的原则，这与杜林自己的观点相矛盾；第二，假如我们忽略杜林的自相矛盾的话，承认思维是从自身得出的关于外部世界的终极的一般原则，那么，这就是一个根本的错误。因为关于外部世界的形式及其原则，“思维永远不能从自身中，而只能从外部世界中汲取和引出这些形式”。②

（2）马克思主义哲学关于原则的观点。恩格斯做了以上分析、批

---

① ［德］恩格斯：《反杜林论》，人民出版社 1999 年版，第 33 页。

② 同上书，第 34 页。

判之后，进一步阐明并得出了马克思主义哲学关于原则的观点。恩格斯说："原则不是研究的出发点，而是它的最终结果；这些原则不是被应用于自然界和人类历史，而是从它们中抽象出来的；不是自然界和人类去适应原则，而是原则只有在符合自然界和历史的情况下才是正确的。"① 在本章开头的引文中，杜林所认为的存在形式的原则是脱离外部世界，是直接从思维自身中得到的，显然，从根本上背叛了唯物主义。并且，恩格斯指出了杜林哲学方法的唯心主义性质和根源。恩格斯说："从思想中，从世界形成之前就久远地存在于某个地方的模式、方案或范畴中，来构造现实世界，这完全像一个叫作黑格尔的人的做法"。请注意，恩格斯用了一个"像"字，而不是说"就是"。用词之区别也说明，尽管杜林还是想用唯物主义的立场解释世界和研究哲学，但在哲学观念和哲学方法上的错误，使他陷入了先验论的唯心主义，是黑格尔唯心主义哲学的翻版，客观上成了黑格尔的哲学体系的抄袭者和模仿者，完全陷入了唯心主义。恩格斯在揭露了杜林哲学本质之后，又对杜林的哲学体系结构和黑格尔哲学体系的结构做了比较，说明杜林的哲学是对黑格尔哲学的忠实抄袭！

3. 杜林在哲学上陷入唯心主义的原因

杜林为什么自称是坚持唯物主义立场，而实际上却又陷入唯心主义，搞出一个先验主义的哲学思想体系呢？

（1）杜林是完全自然主义地看待思维与存在的关系问题。什么是自然主义？按照恩格斯行文中的理解，所谓自然主义，就是从事物自身的存在状态去理解事物，而不考虑事物的生成、变化和发展。所以，恩格斯说："如果完全自然主义地把'意识'、'思维'当作某种现成的东西，当作一开始就和存在、自然界相对立的东西，那么结果总是如此。"② 恩格斯说得很清楚，如果没有辩证法的思想，把思维和意识现象看作一开始就存在，看成开天辟地以来就独立存在的现象，看成是和世界上其他事物并行的、独立的、对立着的存在，看不到它的生成、变化和发展，就一定会得出唯心主义的结论。

完全自然主义地看待思维和存在的关系，这是所有旧唯物主义或者

① ［德］恩格斯：《反杜林论》，人民出版社1999年版，第34页。
② 同上。

形而上学唯物主义的一般特点。关于这个特点，恩格斯在《〈反杜林论〉准备材料》中做了深刻说明。恩格斯说："迄今为止所有的唯物主义也都陷入过这种玄想，因为它们对于自然界方面的思维和存在的关系无疑在一定程度上是清楚的，而对于历史方面的二者关系是不清楚的，它们不理解任何思维对历史的物质条件的依赖性。"① 同时，恩格斯在同期写作的《自然辩证法》中又做了同样深刻的分析："我们的主观思维和客观世界遵循同一些规律，因而两者的结果最终不能相互矛盾，而必须彼此一致，这个事实绝对地支配着我们的整个理论思维。这个事实是我们理论思维的不以意识为转移的和无条件的前提。18 世纪的唯物主义，由于它的本质上形而上学的性质，只是从内容方面研究这个前提，它只限于证明一切思维和知识的内容都应当来源于感性的经验，并且重新提出下面这个命题：感觉中未曾有过的东西，理智中也不存在。"② 正像恩格斯指出的，旧唯物主义者只研究思维的内容与外部世界的一致性关系，而不研究思维的形式和规律与世界的一致性。他们只能解释思维的内容来源于外部世界，而且做了绝对化的理解，感觉中所没有的，理智中也不会出现。但是，对于思维的形式和规律如何与外部世界一致，旧唯物主义并没有解决这个问题。而这个问题不解决，唯物主义是不能贯彻到底的。

当我们阅读了恩格斯在《自然辩证法》中的有关思想，理解了他在写作《〈反杜林论〉准备材料》中的有关思想，结合旧唯物主义的哲学特征，我们再来阅读恩格斯所说过的这一句话，就会有深刻的体会。这句话就是："如果完全自然主义地把'意识'、'思维'当作某种现成的东西，当作一开始就和存在、自然界相对立的东西，那么结果总是如此。如果这样，那么意识和自然，思维和存在，思维规律和自然规律如此密切地相适合，就非常奇怪了。"③ 如果理解了这句话，就能理解杜林为什么自称是唯物主义者却制造了一个先验主义的唯心论哲学。因为他的哲学思想停留在形而上学的唯物主义水平上。

杜林自然主义地看待思维和存在的对立，不能辩证理解其对立统一

---

① ［德］恩格斯：《反杜林论》，人民出版社 1999 年版，第 350 页。
② 《马克思恩格斯文集》第九卷，人民出版社 2009 年版，第 538—539 页。
③ ［德］恩格斯：《反杜林论》，人民出版社 1999 年版，第 34 页。

关系。相反，和马克思一样，恩格斯从人类社会实践的角度研究和解决思维与存在的关系，不仅从内容方面，而且从形式方面说明了两者的一致性，指出了意识和自然、思维和存在、思维规律和自然规律如此密切地相适合的现实基础是人类社会实践。在这里，恩格斯简要地阐述了马克思主义哲学基本观点。这些基本观点包括：思维和意识是人脑的产物。人本身是自然界的产物，而人的意识和思维不言而喻也是自然界产物的人脑的产物；人作为自然界的产物，也是在自己所处的环境中并和这种环境一起发展起来的，人的思维和意识也是人的实践和人类社会发展的产物；思维与存在有同一性，不仅表现为思维的内容是存在的反映，而且思维的规律和存在规律也是一致的。请注意，恩格斯在这里没有充分地展开论证，只是指出了杜林哲学的要害是什么。对此，学术界有人说，恩格斯的哲学思想是机械唯物主义，马克思的哲学是实践唯物主义，其根据是恩格斯没有实践观点。这是完全没有根据的。恩格斯批判杜林哲学的基本立场就是马克思在《关于费尔巴哈的提纲》中所提出的实践观点。

杜林自称是唯物主义者，但却是一个形而上学的旧唯物主义者。他承认意识和理性的各种表现，都是动物机体的分泌物、机能、高级产物、总效果等。他认为，意识现象只有借助物质的和机械的过程才能存在。杜林和18世纪的唯物主义一样，由于在本质上形而上学的性质，只就内容方面去研究思维和存在的同一性，只限于证明，一切思维和知识的内容都应当起源于感性的经验，他没有从思维规律和逻辑形式方面去研究思维和存在的统一性。把思维的规律、思维的形式当作某种现成的东西，当作开天辟地以来就独立存在的东西，好像是无源之水、无本之木。这就决定他由形而上学唯物主义的认识论走向了先验主义。这是杜林陷入唯心主义的第一个原因。

（2）杜林要建立说明整个世界的哲学体系只能陷入唯心主义。由于杜林要建立说明整个世界的哲学，要建立关于无限发展的物质世界的终极真理的哲学体系，他所理解的思维已经不是人类的思维，而是超出了人类的思维。他要"以一切天体上的有意识的和能思维的生物的名义来思维"①，因而，杜林不仅要代表整个人类来思维，还要代表所有

① ［德］恩格斯：《反杜林论》，人民出版社1999年版，第35页。

能思维的生物来思维，不然就不能发现世界的最基本形式的终极的原则。所以，他对"思维"的界定超出了人类思维的界限，他不是在谈论"人间的"哲学，而是在谈论"生物"的哲学。

由于杜林的"思维"不是特指人类的思维，就"不能把思维称作人的思维"，所以，思维就脱离了唯一的真实的基础，即脱离人和自然界及其相互作用所构成的实践，也就不能说明思维产生和发展的规律。把思维看成独立自存的现象，必然要掉入先验唯心主义的泥坑。

由于杜林妄想使自己的哲学体系不仅适用于人类，而且也适用整个宇宙，于是就把思维说成是不仅存在于现实世界，而且是存在于一切天体上的东西。所以，妄想建立包罗万象、说明一切的哲学企图，就使他背离了唯物主义，把思维变成了脱离现实世界而独立存在的东西，把思维、意识当作一开始就是与存在、自然界相对立的东西，是先天地存在于世界某处的东西。正是这一从思维出发，说明包罗万象的世界的企图使他陷入先验主义。包罗万象的哲学体系正是旧哲学最显明的特征。恩格斯认为，在这样的哲学观念的基础上，"是不可能建立任何唯物主义学说的"。① 这是杜林陷入唯心主义的第二个原因。

（3）杜林关于探寻"存在的基本形式的原则"的哲学实质。杜林关于探寻"存在的基本形式的原则"的哲学是旧哲学的复制，不可能建立起真正唯物主义的哲学。杜林的哲学是要说明整个世界的，他要构建一般的世界模式、寻找世界存在的形式原则。要实现这一目的，无外乎两条路径。第一条路径是"通过人们的头脑"从现实世界中得来，从实际存在的事物中得来。从这条路径得来的东西就不是哲学知识，而是"关于世界和世界中所发生的事情的实证知识"②，由此产生的不是哲学，而是实证科学。第二条路径是从头脑出发，构造出世界的体系来。这样就造成了把哲学的全部现实的基础，从现实世界搬到思想世界，单纯地从人们的思想出发构造一般的世界模式。杜林的路径是第二条路径，从这条路径是不能建立真正的唯物主义哲学的，只能陷入唯心主义的泥坑！

从根本上说，杜林的哲学是旧本体论哲学。他是要给整个世界建立

---

① ［德］恩格斯：《反杜林论》，人民出版社 1999 年版，第 35 页。
② 同上书，第 36 页。

一个一般的、终极原则，从而说明和解释这个世界。从这种哲学出发，他只能把他的哲学基础从现实世界搬到思想世界。正如恩格斯所说："不言而喻，在这样的意识形态的基础上是不可能建立任何唯物主义学说的。我们以后会看到，杜林先生不得不一再把有意识的行动方式，即把普通话中叫作上帝的东西，硬塞给自然界。"① 因此，杜林哲学的结局必然是倒向唯心主义，投入上帝的怀抱。

恩格斯在这里提出了哲学和实证科学的区别，说明了哲学的研究对象问题。恩格斯首先批判了杜林从"思维自身"出发的哲学研究；又指出哲学不能直接以现实世界为对象，因为这是实证科学做的事情。哲学研究的对象，既不是世界，也不是存在。哲学既不能从思维出发，又不能直接以现实为对象，那么哲学研究什么？恩格斯认为，哲学研究当然包括思维、思维规律，但哲学研究的内容是思维和存在的关系问题。18 世纪的旧唯物主义者在思维和存在的关系上，只限于承认思维的内容来源于经验，是现实的反映；却不能说明思维形式与存在形式的同一性，于是也就不能唯物主义地说明思维形式（逻辑、范畴）也是起源于经验，也是现实的反映，因而不能真正地解决思维与存在的关系。所以，要科学地说明世界的统一性、物质第一性、意识第二性，不仅要说明无机界与生命的统一、自然界与人类社会的统一（这是自然科学和社会科学的任务），还要说明思维与存在的统一，但是，要彻底说明思维与存在的统一，不仅要说明思维是大脑的机能，思维的内容是存在的反映，还必须说明思维形式与存在形式的统一。如果不能说明思维形式与存在形式的统一，就不能说明范畴、逻辑是来源于经验的，就不能彻底说明思维与存在的统一，就不能彻底说明物质第一性、意识第二性、世界的真正统一性。对于旧唯物主义，康德正是从这一点上提出了责难（考察人的认识能力即形式从何而来），从而否认了思维与存在的统一性，依据不可知论提出二元论的。康德的功绩也在这里：以尖锐的形式提出了思维形式与存在形式的矛盾问题，迫使哲学自觉地认识自己研究的对象与内容。康德的问题是从逻辑上提出的。因为要说明思维形式与存在形式的统一性，从逻辑推理来说，不允许先回答存在的形式是怎样的，因为如果先回答存在的形式是怎样的，答案本身就是

---

① ［德］恩格斯：《反杜林论》，人民出版社 1999 年版，第 35 页。

思维的产物，那么这一答案是不是可靠呢？又要回到思维的形式是怎样的。这一逻辑问题正是从古代本体论哲学时期延伸到康德的哲学时期，也正是康德提出了这个问题。旧哲学的本体论正是在寻找存在及其规律的，但本体论首先无法从理论上证明它们的理论，因为它们的理论本身就是思维的产物，而不是研究思维本身，所以，在旧本体论论域内，无法证明其理论的正确性，这是旧本体论的缺陷之一。其次，直接去研究存在形式的本体论，由于未先研究思维形式，也就不可能掌握正确的哲学方法——辩证法，只能采用未经哲学批判过的现成方法——形式逻辑的方法。最后，直接研究存在形式的是实证科学。综上所述，思维和存在的关系问题，既是本体论问题，又是认识论问题，如果要解决思维和存在的关系，就必须解决思维形式和存在形式的统一问题，而首先要研究的是思维形式和思维规律的本质问题，因为存在的形式是实证科学对象而不是哲学对象。所以，哲学研究的对象是思维及其规律和存在的规律之间的关系问题。总之，哲学是关于思维的历史发展的科学，它要阐明思维与存在是怎样达到统一的。

（三）从认识的矛盾性质出发批判杜林建立世界总体系的哲学不可能性

杜林的哲学，是旧哲学的翻版，他要说明世界的总联系，建立世界体系的总说明，而且是终极说明。这是根本不可能的。恩格斯从认识论上批判了杜林企图直接说明现实世界一切现象和联系的旧的本体论哲学的不可能性，阐述了人类认识过程中有限和无限的辩证关系。

恩格斯批判了杜林妄图建立"终极真理"体系的形而上学，指出，这种想法是荒唐的。

1. 凌驾于科学之上的哲学体系已不再需要

自从科学与哲学的界限越来越清晰之后，旧的本体论哲学已经退出历史舞台，哲学研究的对象和问题已经明确与科学不同。哲学的基本问题是思维和存在的关系问题，即人与世界的关系问题，主观与客观、主体与客体的关系问题，这些问题构成了哲学研究的专有领域。哲学已不再需要替代科学去揭示物质世界自身的联系，而是要揭示思维与存在的关系，揭示思维及其发展的规律。科学的研究对象是自然界与人类社会。自然科学自身的发展已经形成"关于自然界所有过程都处在一种系统联系中的认识，推动科学从个别部分和整体上到处去证明这种系统联系"①，各门具体科学都有了自己的研究对象和研究任务，如果谁还妄图用一种包罗万象的哲学体系来取代具体科学，那就阻碍了科学的发展。

2. 要建立穷尽一切联系的"终极真理"体系是不可能的

世界的发展是无限的，事物的联系是极其错综复杂的，要对这种联系做恰如原状的、毫无遗漏的、科学的陈述，对我们所处的世界体系形成确切的思想映像，这无论是对于我们还是对于所有时代来说都是不可能的。

3. 建立最后完成的"终极真理"体系的想法是反科学、反历史的

这一企图取消了人类认识和科学的任务，封闭了科学发展的道路，中断了认识史和社会史。如果在人类发展的某一时期，比如在杜林所处的那个时期，有一种包括世界所有联系的、最后完成的体系建立起来了，那么人类的认识就从此完结了，一切科学走向未来的道路也就被封闭了。如果社会历史发展按照这种体系安排的话，未来历史的进展也就中断了。这是荒唐的想法。马克思主义并不一概反对理论的体系，而是反对最后的、终极真理的体系。任何科学都有自己的理论体系，但都不是包罗万象的、最后完成的体系。马克思主义哲学也有自己的体系，它是人类经验和科学知识的总结，它没有结束真理，而是在实践中不断地开辟认识真理的道路，与时俱进是马克思主义的理论品质。

4. 人类认识过程中有限和无限的辩证法

杜林追求"终极真理"体系的形而上学错误，从认识根源上讲，是因为他不懂得人类的认识是一个基于实践基础上的充满矛盾的辩证过程。为了进一步批判杜林形而上学错误，恩格斯着重论述了人类认识过程中有限和无限的辩证法。

（1）人的认识过程包含着有限和无限的矛盾。恩格斯指出："一方面，要毫无遗漏地从所有的联系中去认识世界体系，另一方面，无论是从人们的本性或世界体系的本性来说，这个任务是永远不能完全解决

---

① ［德］恩格斯：《反杜林论》，人民出版社 1999 年版，第 36 页。

的。"① 这是人认识过程中必然遭遇的矛盾。这样，人们的认识就处于有限和无限的矛盾之中。这种矛盾是由世界体系的本性和人的认识能力所决定的。从世界体系的本性来说，整个世界的发展是无限的，客观事物的联系是无限的，并且是错综复杂的，这就限制着人们对世界体系做毫无遗漏的认识程度。从人们的本性来说，整个人类的认识能力是无限的，可以认识无限发展着的客观世界；但是，整个人类的认识是通过各个历史阶段的人类和个人的认识来实现的，而一定阶段的人类和个人的认识又是有限的，总是受主客观条件的限制。这些客观条件包括科学条件的水平，实践的广度、深度和客观过程的发展及本质的暴露程度等；作为认识的主观条件来自诸如人的经验、知识、立场、世界观、思想修养、感官与肉体状况以及个人的寿命等。这些主客观条件都具有历史性特点，不会毫无遗漏地提供，也不会超历史地提供。所以，认识本身包含着有限和无限的矛盾。

（2）认识过程的无限和有限的矛盾，是"所有智力进步"的主要杠杆。人在认识过程中有限和无限的矛盾推动着人们去不断实践，不断认识，是人类认识发展的推动力量。假若没有这个矛盾，人类可以达到对终极真理的认识，那实际上就意味着取消了认识的任务，认识也就停止了。在认识过程中，人的认识中的有限和无限之间的矛盾不断解决，又不断产生，构成了人类认识运动发展和深化的动力源泉及展开过程。

（3）认识过程中无限和有限的矛盾只能在人类无限前进中不断得到解决。人类认识的发展是世代延续、不断前进的，每一代人的认识都为把握世界体系复杂联系提供了一定的成果。世代的延续，不断地解决无限、有限的矛盾，才使人类认识不断深化，逐渐接近于对客观世界的完全的认识。这就说明，人类认识中有限和无限的矛盾，只有在人类无限延续过程中才能解决。矛盾正是在人类认识的无限前进发展过程中不断地得到解决，同时又不断产生。这种情况"正像某些数学课题在无穷级数或连分数中得到解答一样"。②

---

① ［德］恩格斯：《反杜林论》，人民出版社 1999 年版，第 36 页。
② 同上。

三 批判杜林在数学逻辑上的先验主义 思想，进一步阐明思维与现实的关系

杜林的哲学先验主义和数学先验主义是相联系的，杜林的数学先验主义是其哲学先验主义的一个理论支柱。为了进一步批判杜林的哲学先验主义，恩格斯批判了杜林的数学先验主义。揭露杜林的数学先验主义观点，论述数学对现实世界的依赖关系和意识的相对独立性，批判杜林的数学先验主义。

杜林认为，纯粹数学和逻辑是纯粹观念的领域，是与现实世界无关的。这里，我们还要重温恩格斯说过的一个思想，即"如果完全自然主义地把'意识'、'思维'当成某种现成的东西，当作一开始就和存在、自然界相对立的东西，那么结果总是如此"。① 这就是杜林的分类思想。这种分类就是把思维和存在看成是两个独立的存在，其结果是无法说明思维和存在的统一，必然导致不是唯心主义就是二元论或者折中主义。这种分类思想是先验主义的一个方法论根源。杜林就是认为存在和思维是两个并列和独立的领域，是一开始就各自存在的。杜林认为，这种分类能够成立的一个重要论据就是逻辑想象和数学现象。他认为，纯粹数学和逻辑是纯粹观念的领域，是与现实世界无关的。所以，恩格斯进一步批判杜林在数学和逻辑上的先验主义思想。

（一）数学思维具有现实世界的根据

杜林认为，在纯数学中，数学思维所处理的是它自己的自由创造物和想象物，数学具有脱离特殊经验和现实世界内容而独立的意义。也就是说，至少数学思维是独立于存在、与物质存在并列的现象，通过说明逻辑模式和数学思维的独立性，从而进一步说明思维是与存在独立并列的、具有独立存在意义的现象，进而表明思维只能从思维自身得到解释和说明。

恩格斯的批判应用了辩证思维逻辑。恩格斯承认数学规律是具有脱离个人的特殊经验而独立的意义，但是，他强调，脱离个人经验并不等

---

① ［德］恩格斯：《反杜林论》，人民出版社 1999 年版，第 34 页。

于脱离人类经验，也绝不等于数学思维只处理自己的创造物与想象物，它是来源于现实世界并按照自己的特殊规律发展的。首先，数和形的概念是来源于现实世界和人类实践的。其次，纯数学的研究对象是现实世界的空间关系和数量关系；数学思维所处理的材料是来自现实世界的现实的材料，只不过是这些现实的材料是以高度抽象的形式出现，在表面上掩盖了它起源于现实世界的事实。最后，分析了数学思维的特点。恩格斯指出，为了能够从最纯粹的状态中研究事物的形式和数量，必须使它们完全脱离自己的内容，把内容当作无关重要的东西放在一边，这是经过数学抽象的结果。在数学抽象思维的过程中，只以事物的数量和形式为对象，把它的内容放在一边，只研究数量和形式之间的合理的相互推演关系。这种思维过程并不说明数学思维的来源是先验的。

恩格斯进一步指出，数学理论的这种抽象思维特点，正是人类思维的一般特点。恩格斯说："正像在其他一切思维领域中一样，从现实世界抽象出来的规律，在一定的发展阶段上就和现实世界脱离，并且作为某种独立的东西，作为世界必须遵循的外来的规律而同现实世界相对立。"① 在这里，恩格斯揭示了人类思维的一般特点，即都具有抽象形态的相对独立性，这既说明了思维的现实来源，又说明了思维规律的相对独立性。杜林的错误是把思维规律的相对独立性当成了绝对独立性，充分表现了杜林哲学形而上学的基本性质。

（二）数学公理的本质

杜林为了说明思维，特别是数学思维具有"不依赖于特殊经验和世界现实内容的意义"②，他抓住数学公理作为证据，以为它是一个无法辩驳的证据事实，其实是把数学上的先验主义谬论当作哲学上先验主义观点的例证。因此，为了批判杜林哲学上的先验主义，就必须批判杜林数学上的先验主义谬论。而为了批判其数学先验主义，就必须批判数学公理问题上的先验主义。

恩格斯评论道："杜林先生以为，他不需要任何经验的填加料，就可以从那些'按照纯粹逻辑的观点既不可能也不需要论证'的数学公理中推导出全部纯数学，然后把它应用于世界，同样，他以为，他可以

---

① ［德］恩格斯：《反杜林论》，人民出版社 1999 年版，第 38 页。
② 同上书，第 37 页。

先从头脑中制造出存在的基本形式、一切知识的简单的成分、哲学的公理，再从它们中导出全部哲学或世界模式论，并把自己的这一部宪法钦定赐给自然界和人类世界。"① 在这里，恩格斯揭露了杜林提出数学公理的意图，他是要想借用数学公理的地位和作用，引申论证哲学公理的存在和意义。既然数学可以从公理出发导出全部数学体系，那么哲学也可以从它自己的公理导出全部体系，然后应用于整个世界。恩格斯所说的杜林的哲学公理就是杜林所谓的"世界基本形式的原则"。

批判杜林的哲学公理，就需要批判他对数学公理的错误理解。

首先，什么是公理？所谓公理，是某一理论体系的初始概念，是体系内不证自明的。因为它是这个理论体系的逻辑起点，从这个起点推导出全部体系。所以，某个理论体系赖以成立的公理，是无法用这个理论体系的定理来证明的，也不需要用这个理论体系自身来证明。因此，我们必须清楚，某一公理的无须证明或无法证明，只是相对于它所推导出的理论体系而言的，并不是说公理不能证明。例如，数学公理是全部数学定理的起点，是不能通过数学理论来证明的。

恩格斯指出了数学公理的来源和性质："数学公理是数学不得不从逻辑学那里借用的极其贫乏的思想内容的表现。"② 恩格斯的这句话揭示了数学公理的实质，即作为全部数学推论的最初始的所谓公理，其实是数学为了建立自己的推论前提，从逻辑领域借来的逻辑规定或者逻辑命题。

为了分析数学公理的逻辑特征，恩格斯选择了两个数学公理进行分析。

第一，整体大于部分。恩格斯指出，这个命题是同义反复，即在宾语中重复主语中已经包含的东西。"整体大于部分"这个命题断定了整体和部分之间在数量上的关系。但是，从数量关系上分析，这个命题是同义反复。因为宾语所指已在主语之中，是在宾语中重复主语中已经说过的东西。因为整体本身就包含部分，整体是由部分组成的，所以，整体大于部分。正因为是同义反复，这一命题还可以反过来表述：部分小于整体。因为整体是由几个部分构成的，部分是构成整体的东西，所

---

① ［德］恩格斯：《反杜林论》，人民出版社 1999 年版，第 38 页。
② 同上。

以，部分小于整体。由于整体本身就包含着它与部分的关系，而命题本身除断定这个最简单、最基本的关系之外，没有提供任何新的内容，所以，它的内容是非常贫乏的。不仅内容是贫乏的，而且贫乏到极致，只保留了逻辑关系，因此是逻辑命题，不是数学命题。所以，数学公理是逻辑命题。

另外，虽然数学公理在数学上表现为不能证明和无法证明，却绝不是从天上掉下来的思维的"自由创造物"即"天赋观念"，也不是人头脑中固有的"先验知识"。由于数学公理的本质是逻辑关系，这种逻辑关系是可以证明，并且能够证明的。因此，数学公理作为逻辑表现，本质上还是人类实践的结晶。列宁对此有深刻的见解：人的实践经过千百万次的重复，它在人的意识中以逻辑的格固定下来。这些格正是（而且只是）由于千百万次的重复才有着先入之见的巩固性和公理的性质。① 公理之所以成为数学不证自明的概念而被用作数学推理的出发点，正是因为它是从人类长期亿万次的实践中产生，也已被实践所证明的。

第二，如果两个量各等于第三个量，那么他们彼此相等。恩格斯指出，这个数学公理是一个逻辑命题，黑格尔已经在逻辑上证明了它的正确性。至于在数学上和这个公理有关的其他关于相等与不相等的公理，也无非是这个公理的合乎逻辑的扩展，因而同样可以在逻辑上加以证明。这就说明了数学公理的正确性是由逻辑论证和保证的，在数学体系内是无能为力的。由于数学公理的正确性是由逻辑论证的，而逻辑是实践的产物，这就进一步说明公理不是与现实世界无关的、人的悟性的自由创造物，不是不可证明的、先验的东西，而是在人类千百万次的实践中得到正确性证明的逻辑表现。

第三，无论是数学或者其他科学体系的进一步展开，都不能停止在公理上，而必须从现实世界的现实事物中汲取真实的关系和形式。恩格斯指出，不论在数学或在其他领域，光靠这样内容贫乏的命题、公理，是不能解决复杂的问题的。为了有所前进，人们必须汲取来自现实的那些数量关系和空间形式。所以，数学进展、数学体系的展开，归根结底，不能脱离现实。恩格斯进一步指出：数学中的一些基本观念，例

---

① ［苏联］列宁：《哲学笔记》，人民出版社 1974 年版，第 233 页。

如，线、面、角、多角形、立方体、球体等观念，也是从现实中来的。恩格斯还指出："只有思想上极其幼稚的人，才会相信数学家的话：第一条线是由点在空间的运动产生的，第一个面是由线的运动产生的，第一个立体是由面的运动产生的，如此等等。"① 那么，我们要问：恩格斯所指出的思想幼稚到底是什么意思？这种幼稚性的表现是什么？原来数学家在表述"面"和"体"的图形特征时是这样说的，但他绝不是说真实的"面"和真实的"体"，或者说现实世界的"面"和现实世界的"体"就是这样形成的。只有思想幼稚的人，才会把数学家的图形表述当作图形产生的来源。

四 恩格斯批判杜林先验主义哲学观的意义

正像恩格斯在《反杜林论》第二版序言中所说，为了批判杜林，"并以自己的见解去反驳他的见解。因此消极的批判成了积极的批判；论战转变成对马克思和我所主张的辩证方法和共产主义世界观的比较连贯的阐述"。② 所谓消极的批判就是只指出对方的错误所在，而积极的批判则不仅要指出对方的错误，而且还要阐述正确的理论是什么。恩格斯在这一章阐述的哲学观主要有以下三点。

（一）关于哲学的研究对象

杜林的哲学以存在的基本形式为研究对象，其任务是探究存在的基本形式的原则，而且所发现的这些"原则"具有对存在的一般的解释力。杜林这里讲的存在是对世界范围内的各种存在的一般概括。所以，杜林的哲学以世界为研究对象。恩格斯认为，哲学的研究对象不是世界。恩格斯指出，以世界为研究对象，即以世界上的各种事物及其总体为研究对象，这是古代哲学的特征，因此，古代哲学也叫各种知识的"总汇"。然而，近代以来，由于科学的发展，各门科学逐渐从哲学中分化出来，哲学也发现，"世界、存在"等并不是哲学研究的对象。所以，恩格斯说："如果存在的基本原则是从实际存在的事物中得来的，

① ［德］恩格斯：《反杜林论》，人民出版社 1999 年版，第 39 页。
② 同上书，第 6—7 页。

那么为此我们所需要的就不是哲学,而是关于世界和世界中所发生的事情的实证知识;由此产生的也不是哲学,而是实证科学。"① 所以,客观世界不是哲学的研究对象。如果以客观世界作为哲学的研究对象,不是替代了实证科学,就必然是先验主义。

恩格斯在《反杜林论》的"引论"部分总结和分析哲学发展史的时候,对于哲学从古代到近现代的发展过程做了总结性分析之后指出,由于哲学和自然科学的发展,各门自然科学逐步从哲学中分离出去,哲学也发展到现代唯物主义的形态,这时,"不再需要任何凌驾于其他科学之上的哲学了。一旦对每一门科学都提出要求,要它们弄清楚它们自己在事物以及关于事物的知识的总联系中的地位,关于总联系的任何特殊科学就是多余的了。于是,在以往的全部哲学中仍然独立存在的,就只有关于思维及其规律的学说——形式逻辑和辩证法。其他一切都归到关于自然和历史的实证科学中去了"。②

由于哲学和科学的发展,哲学中还能够独立存在的只有形式逻辑和辩证法。那么,在这种情况下,哲学研究的对象又是什么呢?这一点恩格斯在《路德维希·费尔巴哈和德国古典哲学的终结》一文中做了明确的说明。他说:"全部哲学,特别是近代哲学的重大的基本问题,是思维和存在的关系问题。"③ 如果纯粹以思维为研究对象,研究思维的形式和规律,那是逻辑学的任务,不是哲学的任务;如果以存在、以客观世界及其各种事物为研究对象,那是具体科学的任务。哲学的研究对象是思维和存在的关系。这个关系可以扩展或者拓展为主体与客体、主观与客观、人与世界的关系等内容。

(二) 马克思主义哲学和一般唯物主义的基本区别

一般唯物主义也就是我们常说的旧唯物主义,即马克思主义哲学产生以前的唯物主义。它研究思维与存在的关系,只是就思维的内容和存在的关系来进行的。这一点我们在上文引用恩格斯在《自然辩证法》的论述中已经做过分析,这里不赘述。机械唯物主义者承认人的认识来源于感性经验,从认识内容的角度指出思维来自对外部事物的感知,坚

---

① [德] 恩格斯:《反杜林论》,人民出版社 1999 年版,第 36 页。
② 同上书,第 24 页。
③ 《马克思恩格斯选集》第 4 卷,人民出版社 1995 年版,第 223 页。

持了唯物主义的立场。但是，旧唯物主义者并没有研究思维的形式和规律方面的唯物主义性质，因此，它的唯物主义就无法贯彻到底。所以，恩格斯在批判杜林时提出了一个问题，即思维的规律和自然规律为什么能如此地相适合？这正是恩格斯研究的哲学问题。也就是说，思维和存在的关系问题，不仅要从内容方面进行研究，更要从形式方面进行研究，也就是思维形式和思维规律与存在的规律相统一的问题。这是马克思主义哲学的辩证唯物主义和历史唯物主义不同于旧唯物主义的地方。

　　研究思维规律和存在规律能不能一致，如何一致？这是马克思主义哲学在对待思维和存在关系问题上的重点问题。可是，我们常见的马克思主义哲学教科书在阐述思维和存在的关系时并没有突出这个重点，更多的地方倒是重复了恩格斯所批判的一般唯物主义者的哲学水平，至少是没有突出马克思主义哲学在思维与存在关系问题上所关注的重点与旧唯物主义者的不同。我们要推进对马克思主义哲学的研究，就应当遵循恩格斯的哲学逻辑，重点研究思维的规律如何与存在的规律相一致的问题。这也是马克思和恩格斯开创的现代哲学的实践论转向的必然要求。

（三）恩格斯的哲学思想与马克思的哲学思想在根本点上是一致的

　　曾经有过这样的说法，恩格斯的哲学思想与马克思的哲学思想不一致。马克思以实践的概念变革了旧哲学，他的辩证法是以实践为基础的辩证法，而恩格斯却是自然辩证法。持这种看法的人是不懂恩格斯的，或者没有读懂恩格斯的《反杜林论》。恩格斯与马克思的哲学思想是一致的。大家都知道，被恩格斯称为"包含着新世界观的天才萌芽的第一个文件"，即马克思的《关于费尔巴哈的提纲》是恩格斯于 1888 年第一次正式发表；被公认为马克思主义哲学思想的重要文献《德意志意识形态》也是由马克思和恩格斯共同撰写完成的。

　　马克思在《关于费尔巴哈的提纲》中提出了一条重要的哲学原理："人的思维是否具有客观的真理性，这不是一个理论的问题，而是一个实践的问题。人应该在实践中证明自己思维的真理性，即自己思维的现实性和力量，自己思维的此岸性。关于思维——离开实践的思维——的现实性或非现实性的争论，是一个纯粹经院哲学的问题。"① 马克思提出了思维的真理性是一个实践问题这一思想，恩格斯在这里进一步贯

---

① 《马克思恩格斯选集》第 1 卷，人民出版社 1995 年版，第 55 页。

彻。恩格斯不仅提出新哲学与旧哲学相比，其研究重点应当是思维规律和存在规律能否一致和如何一致的问题，而且还沿着马克思的思路，认为解决这个问题的基本思路是人类实践。恩格斯在本章中强调指出，思维规律和存在规律为什么能够相互适合。"如果进一步追问：究竟什么是思维和意识，它们是从哪里来的，那么就会发现，它们都是人脑的产物，而人本身是自然界的产物，是在自己所处的环境中并且是和这个环境一起发展起来的"。① 也就是说，思维、意识、人脑都是实践的产物。同时，马克思在《关于费尔巴哈的提纲》中对实践的定义指出："环境的改变和人的活动或自我改变的一致，只能被看作是并合理地解释为革命的实践。"② 可以看到，恩格斯在揭示思维规律和存在规律一致的现实基础是实践时，正是原原本本地遵循了马克思对实践的定义。

也正是在本章中恩格斯在论证人类认识的矛盾时，也指出了人类认识的矛盾是在实践中产生的。他说："这个矛盾不仅存在于世界和人这两个因素的本性中，而且还是所有智力进步的主要杠杆，它在人类的无限的前进发展中一天天不断得到解决，这正像某些数学课题在无穷级数或连分数中得到解答一样。"③ 这里所说的人类每天不断得到解决又不断发生的矛盾正是人类实践过程的基本特征。显然，恩格斯是和马克思一样，用实践的观点去研究和分析认识论问题的。

从本章所涉及的重要哲学问题分析看，恩格斯坚持并贯彻了实践的基本观点。既然如此，又怎么能说恩格斯是"自然辩证法"，而不是实践的辩证法呢？可见，理解恩格斯，弄懂、真懂恩格斯还是一个迫切需要解决的学术问题！

---

① 《马克思恩格斯选集》第 3 卷，人民出版社 1995 年版，第 374—375 页。
② 《马克思恩格斯选集》第 1 卷，人民出版社 1995 年版，第 55 页。
③ ［德］恩格斯：《反杜林论》，人民出版社 1999 年版，第 36 页。

第四章 "世界模式论"

"世界模式"，顾名思义，就是世界的模型。杜林的世界模式论，研究的是关于世界的模型，即研究世界如何构成问题。这一章批判的是杜林《哲学教程》的第一篇《存在的基本形态》。《存在的基本形态》由三章组成：第一章世界观的基本概念；第二章存在的逻辑特性；第三章存在和思维的关系。《存在的基本形态》是杜林哲学体系的第一部分，是关于存在的理论，也称本体论。主要论述了存在、质、量、变易、种和属等概念，杜林认为，这些概念都是一切存在的基本形式，是构成各种知识的终极成分，是世界一切现象的原始样式，故他把这部分内容叫作世界模式论。杜林的世界模式是先于现实世界存在的思维原则，是永恒、没有矛盾、绝对的原则，现实世界中一切都由世界模式的原则构成。杜林认为，这些原则一被人类发现，就可以用来说明一切，只要把它们套到自然界和人类社会去即可，自然界和人类社会应该和这些原则相适应。恩格斯以世界模式论为本章的标题，批判杜林"原则在先"的先验主义方法，指出运用这种方法所得出的结论不能同唯心主义划清界限，而且必将陷入唯心主义。

一 批判杜林在世界统一性问题上的谬论

（一）杜林在世界统一性上的观点和论证方法

世界统一性的逻辑前提和现实基础是世界的多样性。哲学家正是面对纷繁复杂、形式多样的世界，才思索它们是否统一，溯源其统一的本源。因此，世界的统一性问题可以分解为两个互相联系的问题：第一，世界是不是统一的？第二，世界统一于什么？杜林是如何回答这两个问题的呢？恩格斯摘录了杜林的一段原文，列举杜林在世界统一性问题上的基本观点。杜林的观点，概括起来，有两个：一是从思维的统一性中引出世界的统一性；二是世界统一于存在。

杜林从思维的统一性中引出世界的统一性，他是基于以下逻辑展开论证的。

1. 应当运用数学中的公理来解决哲学问题，包括世界统一性问题

杜林说："任何问题都应当从简单的基本形式上按照公理来解决，正如对待简单的……数学原则一样。"①

2. 提出了"包罗万象的存在是惟一的"的公理

"包罗万象的存在是惟一的。"② 这是杜林在解决世界统一性问题上的公理和出发点。他认为，存在是唯一的，是包罗万象的，因此，它是自给自足的，没有任何东西同它并列或位于其上。如果存在之外，还有另有存在与它相并列或位于其上，那么，这个存在就不是唯一的，而成为更广大的整体的一部分了。对于杜林的这一论述，我们加以分析就可以看到，这是杜林的根本错误所在。存在是一个逻辑范畴，不是一般的名词。在形式逻辑中，当我们对某一个名词下定义时，可以把这个名词放在更普遍的名词之下；但逻辑范畴之间的关系不能这样下定义，如存在只能对应思维来定义。杜林把存在当作一般名词，把范畴与一般名词混为一谈，把形式逻辑方法当成是哲学方法，就难免陷入矛盾。

3. 人的思想是统一的

杜林讲，我们的统一思想像框子一样，一旦把它扩展开来，包围存在，它就把世界纳入它的范围，任何东西都必须进入这个思想统一体内，都被它框进去了，不能有例外，不能避开它的包围而保持两重性。也就是说，任何进入了思想的东西都不能保持两重性。这是形式逻辑矛盾律要求的思想不能自相矛盾。

4. 唯一的存在被统一的思想思考就变成了统一的存在

杜林认为："一切思维的本质就在于把意识的要素联合为一个统一体。"③ 并且任何东西都要被装入思想中，世界这个概念就是思维通过综合产生了不可分割的世界概念，世界在思维面前就变成唯一的世界，

---

① ［德］恩格斯：《反杜林论》，人民出版社 1999 年版，第 41 页。
② 同上。
③ 同上。

整个宇宙就变成了万物联合的统一体。思维把意识的要素联合成为一个统一体，它能保证一个总的思想中的所有部分的统一，所以，可以从我们自身思维的统一性中认识存在的唯一性。存在是唯一的。由此，"彼岸性就再没有任何地位了"。总之，杜林是从"包罗万象的存在是唯一的"这个公理出发，通过思维综合，推论出世界的统一性。他以为，这样就可以驳倒唯心论，甚至消灭宗教。

总之，在杜林看来，既然包罗万象的存在是唯一的，因此，思维只能思考这唯一的存在；而一切思维的本质就在于把意识的要素联合为一个统一体。因此，一旦把我们仿佛框子般统一的思想扩展开来，去包围存在，唯一的存在就在思想中变成统一的存在。这样，"只要精神一学会从存在的同种的普遍性中去把握存在，彼岸性就再没有任何位置了"。① 杜林以公理为逻辑前提推出逻辑结论，就是世界是统一于存在。

（二）恩格斯对杜林错误观点和论证方法的批判

1. 杜林用来证明世界统一性的方法是先验主义方法

恩格斯在《〈反杜林论〉准备材料》中指出：杜林是先验地、根据思维公理加以证明的。列宁在《唯物主义与经验批判主义》中也指出，"杜林从思维的统一性推论出世界的统一性"。② 杜林讲："任何问题都应当从简单的基本形式上按照公理来解决，正如对待简单的……数学原则一样。"③ 恩格斯借用杜林的话，把他的方法叫作数学方法，其实质就是从抽象的概念出发，而不是从客观事实出发，这就是先验主义方法。

首先，恩格斯指出，杜林证明世界统一性的立论前提，即关于存在的公理，不过是同义反复。恩格斯讽刺杜林"多么了不起的""创造体系的思想"，这"创造体系的思想"中竟包含有同义反复的命题。

公理具有抽象的性质。在数学中，要进行推演，必须以抽象公理作为出发点，同时吸取真实的关系。但公理本身是从逻辑中推理出的，数学本身是无法证明的。

哲学本身就具有逻辑的性质，是人类认识史的总结，它是产生数学

---

① ［德］恩格斯：《反杜林论》，人民出版社1999年版，第41页。

② 《列宁全集》第18卷，人民出版社1988年版，第177页。

③ ［德］恩格斯：《反杜林论》，人民出版社1999年版，第41页。

公理的。哲学的逻辑证明了数学公理的真理性。按照杜林的观点，如果哲学论证也需要公理的话，这个公理必须来自哲学之外，并且哲学本身不能证明它的真理性。可是，哲学是概括性最广、层次最高的学科，在它之外没有凌驾于其上的学科。所以，哲学的出发点必须是现实世界的客观实际，它不能用公理加以解决。可是，杜林先生的哲学研究不是从现实出发的。恩格斯在《准备材料》中说，杜林是根据思维公理、先验地加以证明的。

不仅如此，恩格斯进一步批驳了杜林用公理推论的简单和草率：我们往下读不到六行，杜林就借助于"我们的统一思维"，轻而易举地"把存在的唯一性变为它的统一性了"。在他看来，一切思维的本质都在于把事物综合为一个统一体。当思维去思考存在时，存在就被思考为统一的了，所以，现实世界也是统一的。杜林认为，这是一个了不起的创举，认为只要把握住了万事万物都是单一的存在，那么世界统一性问题就解决了，所谓"彼岸性"，即上帝、天堂、地狱之类就没有存在的余地了。恩格斯反讥杜林，如果只要搬出一条同义反复的公理，用三言两语，就能轻而易举消灭彼岸世界，驳倒唯心论，结束哲学史上纷争不休的问题，那倒真似一个奇迹。拿破仑的奥斯特利茨和耶拿战役、俾斯麦的克尼格雷茨和色当战役和杜林的奇迹相比，也要显得"黯然失色"了。

其次，恩格斯批判杜林的思想方法——从存在的唯一性转到它的统一性。杜林在证明世界的统一性时，以包罗万象的存在是唯一的为前提，推论在这个唯一的存在被统一的思想所包围、容纳时，唯一的存在就变成统一的存在，这样，存在的唯一性就被他变为统一性。即包罗万象的存在是唯一的存在，唯一的存在由统一的思想所容纳。所以，存在是统一的。在逻辑论证中，一般的逻辑论证如下所示：

S 是 M　S：小前提

M 是 P　M：中项

所以，S 是 P　P：大前提

在一个三段论推理中，必须有三个名词。可是，在杜林的推论中，只有两个名词："包罗万象的存在"和"统一的思维"。因为"包罗万象的存在是唯一的存在"这个命题，公理是同义反复，说的是一个事情。杜林的推论中没有中项，没有中项就没有必然联系，就是没有小前提，所以，单从形式逻辑的角度分析就推不出结论来。

恩格斯先以杜林论证的小前提"包罗万象的存在是唯一的"这个公理（判断）为中心来分析批判，进而批判其论证中的大前提："思维的本质是统一和综合"，揭露了杜林从存在的唯一性推论出存在的统一性的论据，即其大前提："一切思维的本质就在于把意识的要素联合为一个统一体。"①

恩格斯指出，杜林对思维的本质的这种规定，是完全错误的，那么，基于错误规定基础上的推论也必然是错误的。

第一，思维在反映客观事物的过程中，既有综合，也有分析；既可以把相互联系的要素联合为一个统一体，也可以把意识对象分解为不同的要素。例如，可以把猪、牛、羊等的共同特点加以综合，统一在"动物"这个概念中；反过来，也可以根据各种动物的不同特点，区分出猪、马、牛、羊等不同概念。分析和综合是辩证的统一，没有分析，不弄清各个对象的情况，就不能有真正的综合。杜林对思维的本质的认识是片面的，只承认综合，而否认了分析。既然这个前提本身就是不真的，那么，推出的结论必然不真。因为，如果依据思维有综合能力推出存在是统一的话，那么依据思维有分析能力也可以推出存在是不统一的。同一前提推出截然相反的结论，这一论证就不能成立。究其根源，在于前提是错误的。杜林关于思维本质的观点并没有反映出思维的本质。

第二，思维是反映客观事物的，只有客观事物本身是统一的，思维才能把它综合起来，反映出它的统一性。如果对象本身并不统一，思维硬把它统一起来，那就是愚蠢的了。例如，鞋刷子和牛羊等哺乳动物，本来不属于一类，即使思维把它们统一起来，把鞋刷子归入哺乳动物中去，鞋刷子也不会因此变成哺乳动物。这里，恩格斯是撇开思维的分析能力，单就思维的综合能力来讲的。即使思维有综合能力，这种综合能力也必须以世界的统一性为前提。但是，杜林却把思维的综合能力作为世界统一性的前提。由于客观世界本身就具有统一性，思维才能把它们综合起来，但是，综合的正确与否，是否如实地反映了客观世界的统一性，思维的统一性是否真实地反映了客观世界的统一性，这还是需要加

---

① ［德］恩格斯：《反杜林论》，人民出版社 1999 年版，第 41 页。

以证明的问题。所以，恩格斯说："可见，存在的统一性，或者说把存在理解为一个统一体的根据，正是需要加以证明的。"① 按照恩格斯的这个观点，就杜林的论据本身来分析，论据即思维具有统一性，有综合能力，本身就是循环论证的产物，无法证明其真实性。因为，退一步来说，承认思维的综合能力，撇开思维的分析能力，单就思维的综合能力来说，如果用思维的统一性来证明存在的统一性的话，那么，思维的统一性又要由什么证明呢？思维的统一性又只能由存在的统一性为前提。也就是说，存在之所以是统一的，是因为思维是统一的，而思维之所以是统一的，又因为存在是统一的。循环论证，命题不能成立，因而论据不真。这就更进一步说明，即使承认以杜林对思维本质的规定作为出发点，那么，在推论的过程中出现了循环论证，从而使作为推论前提的论据丧失了真实性。因而，杜林关于世界统一性的推论也是不能成立的。到此为止，恩格斯批判了杜林论证世界统一性的两个前提和论证过程。

2. 杜林的唯心主义论证方法

恩格斯做了上述批驳后，进一步剖析了杜林的思维过程，揭露了他的推论方法的唯心主义实质。

杜林对世界统一性的推论用了两个前提：一是存在是唯一的；二是关于存在的思想是统一的或者说思想的统一性；结论是存在是统一的。恩格斯指出，推论过程中还隐含了一个更本质的前提：思维和存在必须统一、协调、重合。不然的话，怎么能从思维的统一性和存在的统一性推出世界的统一性。恩格斯接着对杜林论证方法进行深层分析，揭露了其方法的唯心主义实质。恩格斯分析了杜林的推论过程：我从存在开始。因此，我思考着存在。存在是被我思考着的一个概念、思想，而思维和存在必须互相协调、互相适应、互相一致，所以，存在和思维是统一的。由于思维和存在是统一的，因而现实中的存在也是统一的。这样，任何彼岸性就不存在了。在杜林的论证中，我们并没有看到"思维和存在是统一的"这些字眼，他把这样一个命题作为一个更基本的前提在推论中隐藏起来，而用一些极端玄妙的话摆在读者面前，以掩盖其论证方法的唯心主义实质。恩格斯揭露说："企图以思维和存在的同一性去证明任何思维产物的现实性，这正是一个叫做黑格尔的人所说的

---

① ［德］恩格斯：《反杜林论》，人民出版社 1999 年版，第 42 页。

最荒唐的热昏的胡话之一。"①"思维和存在的同一"有两种不同性质的同一。即唯物主义立场上的"同一"和唯心主义立场上的"同一"。

黑格尔的唯心主义辩证法，也承认思维和存在具有同一性，认为一切事物都是思维和存在的同一，但思维是存在的本质、根据，而存在不过是思维的外化和体现。思维和存在的同一是一个发展过程，这个过程乃是思维把握存在的过程。在这个过程中，存在从思维那里越来越获得它的真理性和根据，而思维则越来越展开自己的丰富内容。在他看来，一切存在都是由思维构成的，因而存在都是思维，没有思维以外的客观存在。黑格尔正是在肯定一切存在都是思维的前提下，亦即在唯心主义的基础上，才承认作为思维产物的存在的现实性，思维和存在是同一的。

杜林从思维的统一性推论出存在的统一性。论证背后所隐藏的正是在唯心主义基础上的存在与思维的同一性。因为，只有有了这种同一性，才能从思维的统一推论出存在的统一。也就是说，杜林所说的存在的统一是建立在思维的统一的基础之上，而不是思维的统一性建立在存在的统一性基础之上。所以，其推论方法的实质是唯心主义的。

3. 杜林的论题是错误的

恩格斯在论证方法、论据上驳斥了杜林。但是，从逻辑上说，否定了论证方法和论证过程，并不就等于否定了论题，所以要继续反驳其论题。在证明中，论题的真实性是需要判断加以确定的，论据就是用来断定论题的判断。在论证过程中，需有一定的论证方式。所谓论证方式，是指论据和论证之间的联系方式，也就是由论据推出论题的推理过程。论题是推理的结论，论据是推理的前提。论证方式可以由一个推理构成，也可以由几个推理构成。因此，论证方式往往包含着一系列的推理过程，论证同一个论题，可以有不同的论证方式。在形式逻辑的反驳方法中，基本方法有三种：反驳论据、反驳论证方式和反驳论题。形式逻辑告诉我们，驳倒了论据，并不等于驳倒了论题，论据假，论题不一定是假的。例如，"铁在加热时就跟硫化合，因为，铁是金属，而所有的金属在加热时都跟硫化合"，反驳这个论证的论据，指出"所有的金属在加热时都跟硫化合"是假的，因为金、铂都不能和硫直接化合。论证了这个论据假，并不能就驳倒它的论题；而"铁在加热时就跟硫化

---

① 〔德〕恩格斯：《反杜林论》，人民出版社 1999 年版，第 42 页。

合"这个论题是真的。在反驳中,揭露论据之假,说明论题没有根据,是空中楼阁,论题不能言之成理,不能使人信服。同样,反驳了论证方式,揭露了被反驳论题和它的论据之间没有必然联系,就是揭露了其论证方式不是必然性推理。但是,驳倒了对方的论证方式,只是说对方的论题不能以此方式证明为真,但不能证明对方的论题无效。因为也许还有其他论证方式可以证明此论题为真。驳倒了对方的论证方式,只能说明对方的论题尚有待证明。

恩格斯反驳了杜林的前提(或论据)及论证方法,指出了其论证方法的唯心主义实质。接下来,就从论题上驳斥杜林。恩格斯指出:"即使杜林先生的全部论证都是对的,他也没有从唯灵论者那里赢得一寸阵地。"① 杜林认为,只要承认世界是统一的,就否定了唯心主义。其论题是"包罗万象的存在是统一的"。由于这个论题是对的,所以,上帝是不存在的。但是,"存在是统一的"命题只划清了一元论与二元论的区别,并没有划清唯心论与唯物论的界限,唯心论也是一元论。唯物论同唯心论、无神论和有神论的分歧,并不在于世界是不是统一的,而在于是统一于物质还是精神。杜林的全部论证都没有证明世界统一于物质,因而不能驳倒唯灵论者。唯灵论者也认为世界是统一的。他们说,只是从世俗的原罪的观点来看,才有此岸和彼岸、人间与天堂之分。然而,不论天国与人间、灵魂与肉体,全部都是上帝创造的,在上帝那里是统一的。也就是说,唯灵论者也会同意杜林的"世界统一性"的命题,不过,他们认为,世界统一于上帝罢了。恩格斯挖苦杜林说,唯灵论者将陪着杜林到他所喜爱的其他天体上去,向杜林指出,在那里没有原罪,所以,那里没有此岸和彼岸之分,世界当然更是统一的;而且还会向杜林指出,承认世界的统一性,正是宗教信仰的要求,因为这个命题能说明上帝创造了一切。

恩格斯在《〈反杜林论〉准备材料》中更明确地指出:"世界的统一性和彼岸世界的荒谬性是对世界全部研究的结果,但是这里却要先验地、根据某个思维公理来加以证明。由此产生了荒谬。可是没有这样的颠倒,就不可能有独特的哲学。"② 杜林的公理式的、先验地对世界统一性的论证的结果，只能得出一个折中主义的结论，最后投入唯心主义和宗教的怀抱。

4. 杜林陷入唯心主义的原因

恩格斯指出，杜林陷入唯心主义的原因是其本体论的论证方法。

本体论是哲学理论中使用范围最广且歧义最大的范畴之一。通常意义上理解的本体论，是指关于一般存在或存在本身的哲学学说。作为哲学基本概念、基本范畴，其形成和演变，大致说来是：本体论哲学学说成于古希腊。德国哲学家 P. 戈科列尼乌斯在 1613 年首先使用"本体论"这个术语。18 世纪，德国哲学家沃尔夫把本体论确定为一种关于一般存在、关于世界本质的哲学学说，较为完备地表述了本体论思想。沃尔夫认为，人们不必求助于经验，无须依靠自然科学，只要通过纯粹的抽象的途径，借助于对概念的逻辑分析就可以实现，这就使本体论成为脱离具体存在的超验存在的学说。18 世纪，法国唯物主义依靠当时的自然科学对本体论进行了批判。德国古典哲学，特别是黑格尔哲学，以唯心主义的形式提出了本体论、认识论和逻辑学统一的思想。"辩证唯物主义在物质与精神关系问题的意义上，有时用本体论一词来表达物质对精神的本原性。"① 在古希腊哲学中，哲学家首先提出"始基"即本原的命题，从"始基"命题出发，发展出"存在""有"等概念，研究"存在"概念而形成"存在与非存在"的范畴，从"存在与非存在"的范畴又派生出"一与多""静与动""无限与有限"等范畴。希腊哲学的早期阶段，哲学家偏重于从客体方面的研究入手，产生出关于客体的本体论。在形成"存在与非存在"客体方面的范畴时，由此也派生出了"肉体与灵魂""感性与理性""意见与其知"等范畴。从对"存在"概念的进一步规定，引申出"实体"范畴，与"实体"范畴相关，又产生了一般与个别、形式与质料、潜能与现实等一系列范畴。上述这些范畴的形成和演变，构成了希腊哲学的基本内容。

与上述概念、范畴相对应产生的具体研究方法就是形式逻辑。它具有以下特点：一是逐级抽象，三段论推演。二是离开人的认识史、科学发展史来说明世界。古代科学水平低下，人们的认知水平有限，认知方法也有限，使之不能概括自然科学的状况和发展。在研究方法上，人们

---

① 李淮春：《马克思主义哲学全书》，中国人民大学出版社 1990 年版，第 19 页。

研究纯概念，从一个概念中引申、派生出其他概念体系来说明世界本身。本体论作为一种关于一般存在、存在本身的哲学学说，发展到18世纪时，德国哲学家认为，关于一般存在、关于世界本质的哲学学说，可以通过纯抽象、对概念的逻辑分析来实现，不必依靠经验和自然科学。而马克思主义哲学认为，关于本体论即世界的本质、物质的存在形式等问题，已不再仅仅是哲学研究的对象，而日益转入各专门科学的研究范围。

唯心主义本体论的特征就是通过对概念的逻辑分析研究世界的本质。中世纪的经院哲学认为，世界的本质是上帝。据黑格尔说，安瑟伦为了要用一个"简单的推论去证明所信仰的东西即上帝的存在"而创立了论证上帝存在的方法。例如，a. 人本体论论证；b. 宇宙论论证；c. 永恒真理说论证；d. 前定和谐说论证。安瑟伦提出的这种论证实际上是用唯心主义的本体论来证明上帝的。故后人称为证明上帝存在的本体论证法。

恩格斯列举了本体论的论证过程即三段论：

这种论证法是从唯心主义本体论的基本观点出发的。唯心主义本体论认为，"上帝"是一个概念，但"上帝"这个概念是世界的本质、本体，因而，上帝是一定存在的。这种观点的渊源是柏拉图的理念论，实际上，就是中世纪的实在论：共相、概念是事物的本质，是真实的存在。简言之，概念即存在。

对于论证上帝存在的本体论论证法，康德和黑格尔都从论证的方法上进行了批判。从唯心主义本体论论证过程中可以看到，它的结论是"上帝是存在的"，从论证的两个前提所包含的中项看，这个中项是"概念"。通过对这个"概念"把"上帝"和"存在"联系起来。再简化上述推理：大前提：概念是存在的；小前提：上帝是概念；所以，上帝是存在的。通过这个论证过程的分析，它是把"概念等同于存在""概念即存在"。因此，它要证明上帝存在，除宣扬宗教神学观点以外，从哲学来说，它是要证明思维与存在的同一性问题。所以，康德在驳斥安瑟伦的证明时指出：安瑟伦先是假定了思维和存在的统一（指大前提），然后又依此来证明思维和存在的统一。

黑格尔认为，安瑟伦这一证明的真正内容是"思维和存在的统一"，但他证明的缺点在于它是按照形式逻辑的方式推论出来的。形式逻辑只提供了正确的思维形式、结构，并不研究思维的内容。也就是说，唯心主义本体论论证只是一个无内容的、空洞的、形式的推论，根本没有阐明思维和存在的统一。这是因为，它离开了人类认识发展的历史，离开了人的认识的发展规律，即离开了认识论，从纯粹的本体论角度论证存在和思维的关系，也就是离开了思维去论证存在与思维的关系，因而，唯心主义本体论也就只能把世界的统一性规定为思维与存在简单的、直接的等同：概念即存在，因此，安瑟伦的证明在形式上也就必然表现为一个空洞的形式推论。

杜林的方法也是本体论的论证法。杜林的哲学是一种旧哲学，是旧唯物主义本体论哲学，他不懂得认识论与本体论是一致的，没有纯粹地离开认识论的本体论。他要证明上帝不存在，却采用和证明上帝存在相同的证明方法。

现在，我们来看杜林的论证。大前提：概念是统一的；小前提：存在是一个概念；结论：存在是统一的，上帝是不存在的。将这个论证和安瑟伦的证明比较，可见是使用了同一个论证方法。杜林的立场与安瑟伦不同，他要证明上帝是不存在的，但他不懂思维和存在的辩证关系，企图用简单的"数学方法"，三言两语地证明，他离开人类认识史，把对世界的统一性证明看作与人类的认识史无关的纯粹本体论的证明。由于他离开了人类认识史、认识的规律性，同时，本体论的观点无法用经验证明，所以，他只能同义反复："包罗万象的存在是唯一的"；或者用思维公理来证明。因为"存在"，"存在是统一的"已经是最一般的哲学范畴和哲学基本命题，也就不可能再有更为一般的命题作为推论的前提。但是，作为证明又必须要有前提，于是只能把"概念是统一的"，作为思维公理，作为推论的前提。这样，就等于承认了思维第一性，由否定上帝存在的论证本身而落入唯心主义和宗教神学、唯灵论。

恩格斯做了一个比较，说明旧唯物主义本体论的局限性。他通过比较说明，杜林使用了本体论的证明法，而这种旧唯物主义本体论不能说明世界的统一性，反而会把概念作为世界的本体而陷入唯心主义，从而与他所要证明的论题"上帝不存在"正相矛盾。

恩格斯在这里提到了"本体论"，我们认为，不应当只根据唯心主义本体论把杜林定为唯心主义。而应该通过本体论这个线索，从哲学史的角度来理解恩格斯的这一段话，才能抓住这一段话的实质，他不是直接批杜林是唯心主义，而是说旧唯物主义本体论要陷入唯心主义。

恩格斯说："在这个问题上最可笑的是，杜林为了用存在的概念去证明上帝不存在，却运用了证明上帝存在的本体论论证法。"① 恩格斯从哲学史的角度讥讽了杜林的论证法。哲学的发展经过康德、黑格尔到19 世纪已经到了辩证唯物主义阶段。可是，自称唯物主义者的杜林还是秉承旧唯物主义本体论的观点，不但落后于辩证唯物主义，而且连黑格尔也不如。自称是最新的哲学，实际上仍没有脱离旧哲学的窠臼。而这种旧哲学的论证方法要证明上帝不存在，最后却陷入唯心主义。所以，这才是"最可笑的"。如果杜林本身就是唯心主义，那不值得可笑。要理解"最可笑"，要联系哲学史，离开了哲学史就曲解了恩格斯的原意。

二　辩证唯物主义关于世界统一性的基本观点

（一）离开思维不能说明世界的统一性

恩格斯从逻辑、论证方法以及这种方法的性质等方面对杜林的批判，只是对其错误观点和论证方式的剖析，说明他的理论体系不成立，但这仅限于逻辑剖析，仅仅是运用哲学现有的形态来揭示杜林的观点和方法的实质。还没有从正面、从正确的哲学立场，即辩证唯物主义的立场来批判杜林，所以，是"消极的批判"。为了彻底驳倒杜林，必须从正面、从辩证唯物主义立场批判杜林，必须从"消极的批判"转入"积极的批判"。在批判中，恩格斯阐述了辩证唯物主义关于世界统一性的观点。

由于安瑟伦的唯心主义本体论离开思维和存在的对立统一关系，因而其证明只能表现为一个空洞的形式推论，不能说明思维和存在的统一性。旧唯物主义本体论也是离开了两者的辩证关系，离开了思维（思维的历史、规律、方法）去寻找世界统一的本体。杜林就是运用了这种研究方法。他提出，"存在是统一的"就是割裂了思维和存在的辩证关系，离开思维去谈"存在"的。所以，恩格斯论述了离开思维是不

---

① ［德］恩格斯：《反杜林论》，人民出版社 1999 年版，第 42—43 页。

能说明存在（世界）的统一性。

恩格斯说："当我们说到存在，并且仅仅说到存在时候，统一性只能在于：我们所说的一切对象是存在的、实有的。它们被综合在这种存在的统一性中，而不在任何别的统一性中；说它们都是存在的这个一般性论断，不仅不能赋予它们其他共同的或非共同的特性，而且暂时排除了对所有这些特性的考虑。"① 也就是说，就存在论存在，而不是与"思维"相对应地来谈存在，即离开思维谈存在，统一性只能是"我们所说的一切对象是存在的，实有的"，即存在实际存在的意思。实际存在着的万事万物只能统一于它们都"存在着"这一简单的共同点，而不能有什么别的共同点、别的统一性，因为这个简单的共同点，只肯定了对象是有还是没有，存在还是不存在，从而断言了它们都是存在的这个最一般、最简单、最基本的性质，而把对象所具有的"其他共同的或者非共同的特性"都排除了、舍弃了，因而当"仅仅说到存在的时候"，即离开思维谈存在的时候，只能有"存在着"这一种统一性、共同点，而不能有任何别的统一性。

但是，在这种存在的统一性中，它只说明了"存在是所有这些事物的共同点"这一简单的基本事实，除"一般地断言它们都是存在的"之外，再也不能说明任何别的什么。因为，只要我们稍微离开"存在是所有这些事物的共同点"这一简单事实去进行观察，就会发现事物是千差万别的。无生命的东西是"存在"，有生命的东西也是"存在"；物质的东西是"存在"；精神的东西也是"存在"；白色的东西是"存在"；黑色的东西也是"存在"。它们之间并不统一。所以，世界的存在是千差万别、无限多样的。世界的统一性问题正是要回答这些千差万别、无限多样的存在统一于什么。要回答这个问题，那就不是只要抽象地承认一切事物的单纯存在所能决定的。因为问题是千差万别、无限多样的存在统一于什么？是"存在"统一于什么？"存在"是主词，是统一性的前提，如果回答说世界统一于存在，那就等于是说，存在统一于存在，千差万别统一于千差万别，无限多样统一于无限多样。这只是同义反复，根本没有回答问题。所以，世界的统一性问题，"是不能根据

---

① ［德］恩格斯：《反杜林论》，人民出版社1999年版，第43页。

把单纯的存在同样地加给一切事物这一点来作出判断的"。①

综上所述,恩格斯认为,虽然世界的存在是其统一性的前提,因为世界必须先存在,然后才能够是统一的,但是,世界的统一性并不在于它的存在。在哲学史上,旧唯物主义本体论就把世界的统一性归结为某种具体的"存在",比如,水、火、原子等具体的物质存在形式,没有科学地解决世界统一性问题。因为物质存在的形式是无限多样的。

杜林虽然没有把统一性归结为某种具体的物质存在形式,但他归结为"存在"本身,仅仅归结为万事万物是"存在着"这一基本的规定性。这也可以说,这些存在的万事万物是无限多样的,对于一定时代的人来说,人的认识对此是无法认识完的,因此,从存在本身出发,从杜林的出发点出发,无法解决世界的统一性问题。恩格斯讲的"在我们的视野的范围之外,存在甚至完全是一个悬而未决的问题"② 就是这个意思。即不把存在和思维对应起来去研究世界、存在的统一性,从存在本身出发去研究存在的统一性,这是一个无法解决的任务。杜林就给自己提出了一个无法解决而又要解决的任务。

(二) 世界的真正的统一性在于它的物质性

恩格斯阐述了世界统一性原理:"世界的真正的统一性在于它的物质性。"③

1. 物质性

世界上客观存在的事物是多种多样的,它们之间有一个共同的属性,就是客观实在性。这个客观实在性存在于一切具体事物中,但却又不是任何一个具体事物,也不是所有具体事物的总和,它是通过科学抽象,从客观存在的具体事物中抽象出的共同的本质。这个共同本质就是"客观实在性",即物质性。恩格斯在批判杜林的"原则在先"的先验主义模式时,提出了世界的物质性问题,他是在思维和存在、思维规律和存在规律的关系的讨论中提出世界的物质性的著名论断的。列宁的学术贡献在于第一次明确地从物质与意识的相互规定中、从哲学概念的高度定义了物质范畴的内涵:它是存在于人的意识之外,又为人的意识所

---

① [德] 恩格斯:《反杜林论》,人民出版社 1999 年版,第 43 页。
② 同上。
③ 同上。

反映的客观实在。[①]

2. 物质性就是客观实在性

物质，用列宁的话说，它是不依赖于人的意识的客观实在。这就与唯心主义划清了界限，世界是本来如此，不是上帝创造的，也不是任何一种"绝对精神"发展而来的，更不是人的思想、概念的创造物；无限多样的事物是客观实在的，是指客观世界的一种性质、本质。它不是任何一个具体存在形式，也不是存在本身，它是存在的一种本质。这就与旧唯物主义者划清了界限，与杜林划清了界限。杜林把世界归结为存在，万事万物都存在，凡事都存在，他的意思虽然是指"存在"是万物的共同性质，而实际上他所指的不过是万物都存在这样一种基本事实，世界统一于存在，就是世界统一于万物，而不是世界或存在的基本性质或本质。

杜林虽然没有把世界的统一性归结为某种具体的物质存在形式，但归结为存在本身，可见他与以往的旧唯物主义者的区别在于：以往的旧唯物主义认为世界统一于"个别的事实"，而杜林则认为是统一于"存在本身"，即万事万物。总之，都是根据客观世界本身去说明客观世界的统一性，但这是无法说明的问题。

3. "世界的真正的统一性在于它的物质性"论题的方法论特征

"世界的真正的统一性在于它的物质性"[②] 是从思维与存在的辩证关系中说明世界的统一性问题，这一思路不同于形式逻辑。

世界本身是无限多样的，如果就世界本身来寻求世界的本质、统一性，这在一个特定的时代是无法解决的。可是，如果以思维、意识作为坐标，我们就可以抽象、总结出无限多样、无限发展的客观世界中万事万物的共同本质：它们都在意识之外，即不依赖意识、思维而存在。那么，意识何以能够认识实在或世界呢？这是因为，意识、思维本身也是独立于思维之外的客观世界长期发展的产物，既然如此，自然界的规律和人的认识、思维规律是一致的。

所以，恩格斯指出，"世界的统一性并不在于它的存在"，"世界的真正的统一性在于它的物质性"。这就明确地指出了在世界统一性问题

---

① 王宏波、周永红：《简论实践物质观》，《思想理论教育导刊》2013 年第 5 期。

② ［德］恩格斯：《反杜林论》，人民出版社 1999 年版，第 43 页。

上，问题的提法已根本改变了，不再去寻找某种不变的本体，而是要回答物质与精神、思维和存在的关系问题。既然问题的提法改变了，观点改变了，那么证明的方法也就根本不同了。"这种物质性不是由魔术师的三两句话所证明的，而是由哲学和自然科学的长期的和持续的发展所证明的。"①

4. 自然科学发展证明了并正在证明世界的统一性

自然科学所研究的对象世界是客观的，不依赖人的意识而存在，否则就取消了研究的任务。并且自然科学成果证明，从宇宙天体到基本粒子、从无机界到有机界、从自然界到人类社会，都是不依赖于人的意识而存在的，世界除物质世界以外，没有什么非物质的世界存在。物质世界长期演化发展的产物——人类思维是能够认识客观世界的，思维和存在是同一的。自然科学是一种实践活动，是主观见之于客观的实践活动，实践的结果证明思维和存在的统一，实践的不断发展，这种证明也将不断进行。

哲学是各门科学的概括和总结，但它不是汇总各门学科的内容，而是通过各门学科总结人类认识史、人类认识的规律性，即人是如何认识这个世界的，世界是如何独立于思维又为思维所把握的。哲学研究的是思维和存在是如何既对立又统一的，不过，在不同的历史阶段，它是以不同的形式表达对这一问题的研究结果的。哲学与自然科学长期发展结果证明，思维和存在是既对立又统一的。各门学科还要不断发展，哲学当然还要不断总结，但议题始终是思维和存在的关系问题。

世界的真正的统一性在于它的物质性，即客观实在性。客观相对于主观而言，因此，这个命题的含义在于主观与客观、思维与存在的关系，思维与存在是如何既对立又统一的。正因为这一点，才需要自然科学和哲学的长期发展来证明。

如果世界的物质统一性问题，不是指思维和存在的关系问题，而是有关世界本体的问题，那它就不需要哲学和自然科学长期发展来证明。因为此问题是某一个具体学科的问题，然而，这又是仅靠具体科学不可能完成的任务。因为"在我们的视野的范围之外，存在甚至完全是一

① 〔德〕恩格斯：《反杜林论》，人民出版社1999年版，第43页。

个悬而未决的问题"①,何况存在自身的统一性呢?自相矛盾,无法摆脱!归谬法证明了,世界的物质统一性的真实内容是思维和存在的关系问题。它需要哲学和自然科学的长期发展来证明。"把物质的原则和实践的原则结合起来,既是揭示物质观的必要条件,也是揭示实践观的必要条件。如果从实践的观点看物质观,物质是在实践作用下的物质实在;从物质的观点看实践,实践是有物质前提的实践,是物质的实践过程。我们理解世界,既要坚持物质与意识的辩证关系,又要引入实践和物质的改造关系。②

三 杜林的世界模式论是对黑格尔 《逻辑学》的拙劣剽窃

杜林的世界模式论中,有"存在的基本形式"和"存在的逻辑特性"和"思维和存在的关系"三部分内容。恩格斯将其中的"存在的基本形式""存在的逻辑特性"同黑格尔《逻辑学》中的"存在论""本质论"做了比较,揭露了杜林的世界模式论是对黑格尔《逻辑学》的拙劣剽窃。

（一）杜林"存在的基本形式"理论是对黑格尔"存在论"的抄袭

杜林反对黑格尔"纯粹的存在",但其世界模式论正是从纯粹的存在开始的。

杜林为了掩饰他的抄袭,说他所讲的存在与黑格尔所说的那种"纯粹的存在"是不同的。"纯粹的存在"是黑格尔《逻辑学》中的第一个范畴。纯粹的存在就是纯存在,没有任何特殊规定性的存在。杜林说,它实际上是"思想虚无",是同"没有思想"相似的东西,他讲的存在是包罗万象的存在——是有内容、有规定性的存在,不是虚无。实际上,他的存在是关于包罗万象的"存在"特性,也是纯粹的存在。

杜林表面上反对黑格尔的"纯粹的存在",可是,他的世界模式论正是从这种存在开始的。恩格斯说:"杜林先生的世界的确是从这样一

① 〔德〕恩格斯:《反杜林论》,人民出版社1999年版,第43页。
② 王宏波、周永红:《简论实践物质观》,《思想理论教育导刊》2013年第5期。

种存在开始的。"① 这种存在没有任何"内在差别",没有任何"运动和变化",所以是真正的虚无。由"存在—虚无",向前发展才出现了一种变易的世界状态;变易发展到较高阶段的存在,内部发生了质的分化,有了种和属的区分;在同一质的内部又出现了不同量的区分,于是从质转到量,而量又是可测度的。这是恩格斯在转述杜林哲学关于"存在的基本形式"这一章的基本要点及其逻辑次序。

(二)杜林的"有效模式"照搬黑格尔存在论的"序列"

杜林把他自己以上的观点吹嘘为是"一般有效模式的透彻分析"②,是"真正批判的观点",其实没有任何新东西,它的"存在的基本形式",完全是对黑格尔的存在论的毫无掩盖的抄袭。

黑格尔的《逻辑学》是讲绝对观念的发展的。绝对观念最初是从存在开始的,这种存在表现为一种虚无,从这种"存在—虚无"过渡到变易,变易的结果就是存在的比较高的形式(定在有限的存在),这种存在导致质,质导致量。这些"完全和杜林先生一样"。杜林为了不遗漏任何要点,把黑格尔的"度"的概念也抄了。黑格尔的度量关系的关节线,量的增多或减少,在一定的关节点上引起质的飞跃,而杜林把这叫"量的渐进性"引起质的飞跃。

通过以上比较,可以进一步看出:

第一,杜林的存在的"基本模式的根子"来自黑格尔的《逻辑学》的"第一部分存在论的范畴",是照搬了严格的老黑格尔的"序列"。

第二,杜林对黑格尔一边辱骂,一边照抄,还在诬蔑马克思,这从手法上可以看出杜林的滑稽。杜林毫无掩饰地照搬黑格尔的东西,这本来是不体面的事情;然而,杜林并不以此为"满足",他还攻击马克思引证了黑格的"关于量转变为质的混乱的模糊观念,这岂不显得十分滑稽"。③

杜林把马克思的唯物辩证法与黑格尔的唯心辩证法混为一谈,量转变为质正是其合理内核,是马克思对它加以唯物主义的改造的结果。杜林把马克思对黑格尔辩证法的改造诬蔑为抄袭,而把自己对黑格尔的剽

---

① 〔德〕恩格斯:《反杜林论》,人民出版社1999年版,第44页。
② 同上。
③ 同上书,第45页。

窃说成"独创"。是马克思实现了转变，而杜林才是真正的滑稽！恩格斯反问："混乱的模糊观念！究竟是谁在这里转变了，究竟是谁在这里显得滑稽，杜林先生？"[①]

第三，杜林只抄了黑格尔的"序列"，丢掉了辩证法。杜林的世界模式论并不像他所说的那样，是合乎规范地按"合理决定"的，而是从外面搬来的，是从黑格尔《逻辑学》中抄来的，但抄的只是黑格尔的概念和序列，并没有把概念之间的"内在联系也从黑格尔那里抄来"，把黑格尔的辩证法丢掉了。

（三）杜林的"存在的逻辑性"是对黑格尔的"本质论"的抄袭

杜林不仅抄袭了黑格尔的《逻辑学》中的存在论，而且抄袭了本质论。黑格尔关于矛盾的辩证法思想，比较集中在"本体论"里，所以恩格斯说："黑格尔从存在进到本质，进到辩证法。"[②]

黑格尔认为，本质不是直接表现出来的，而是在反思中建立起来的概念，即思想返回自身才能间接地把握本质。因此，本质论所研究的诸概念及其关系叫作反思的规定。黑格尔辩证地阐明了同一、差异、对立这些范畴，他批判了形而上学的抽象的同一，认为同一是有差异的同一，是对立的同一。他研究了本质和现象的关系、原因和结果的关系、必然性和偶然性的关系，并以必然性作为本质论部分的结束。杜林也完全照抄了这个部分，只不过把名称变了一下，并且抛弃了辩证法。黑格尔叫本质论的东西，杜林在世界模式论中叫"存在的逻辑特性"。黑格尔强调了矛盾，但是，杜林说存在的逻辑特性（本质）首先在于"力的对抗"、在于对立。杜林是个形而上学者，认为对立就是对立，同一就是同一，绝不承认对立面的同一，不承认矛盾。关于这个问题，恩格斯在第十二章做了集中的分析和批判。在杜林承认对立以后，从对立转到因果性，从因果性再转到必然性，这些都和黑格尔的序列是一样的。

杜林自吹他的哲学是一种"彻底独创的结论和观点"，自称他"不是从笼子里谈哲学"。恩格斯认为，显然，必须从相反的意思来理解他的话。黑格尔的"笼子"是指唯心主义框架，即杜林的世界模式论，始终没有摆脱唯心主义，而是陷入了唯心主义，恰恰是在"笼子"里

---

① ［德］恩格斯：《反杜林论》，人民出版社1999年版，第45页。

② 同上书，第46页。

谈哲学。

恩格斯在这一部分揭示的道理：没有辩证法思想，就不可能战胜、摆脱唯心主义，必然要陷入唯心主义。黑格尔批判了把哲学范畴看作是孤立的、固定的形而上学观点，阐明了哲学范畴之间的辩证关系。在哲学史上第一次在唯心主义立场上使辩证法、认识论和逻辑学三者统一，从而说明了思维规律与自然规律的一致性，辩证地阐明了思维和存在的统一性。当然，这一体系是一个唯心主义体系，所以，恩格斯称它为"范畴模式论"。马克思、恩格斯剥开了黑格尔哲学的唯心主义外壳，汲取了它的合理内核，创立了辩证唯物主义，从而在唯物主义基础上阐明了辩证法、认识论、逻辑学三者的统一，阐明了思维规律与自然规律的一致性，正确地解决了哲学的基本问题——思维和存在的关系问题，实现了哲学中的根本变革，从而使马克思主义哲学在哲学研究的对象问题、哲学体系问题和世界统一性等问题上与旧哲学相比，有了根本不同的理解。

但是，杜林是一个形而上学者，不懂辩证法，他的世界模式论企图用形式逻辑建立一个说明存在的范畴体系。可是，形式逻辑割裂了范畴间的辩证关系，把范畴看成是孤立的、固定的，依靠形式逻辑不可能建立辩证的范畴体系。因此，恩格斯指出，杜林的世界模式论，不仅不是合乎规范地"按公理决定的"，而且干脆是从外面搬来的。

对于《逻辑学》的存在论，杜林能够抄袭的只是范畴和序列，对于《逻辑学》的本质论，它也是如此，并且将黑格尔这一部分最精彩的辩证法——对立同一——丢掉了。因为黑格尔在本质论中进到了辩证法，阐述了反思的规定，指出了形式逻辑的原则和规律的局限性，阐述了辩证法。可是，杜林只懂形式逻辑，不懂辩证法，不懂哲学范畴之间辩证的关系，也就不能解决认识论与逻辑学的统一，不能解决思维规律和自然规律的一致性。相反，割裂了思维和存在的辩证关系，离开存在谈思维，离开思维谈存在。离开存在谈思维，思维是无源之水；离开思维谈存在，无法解决世界的统一性问题。

所以，虽然杜林自称是唯物主义者，但他不懂辩证法，也就不能汲取黑格尔的辩证法，不把唯物论与辩证法统一起来，就不能科学地阐明思维规律和自然规律一致性，就不能在哲学研究的对象、体系、世界统一性等问题上与唯心主义彻底划清界限，就不能克服和超越黑格尔唯心主义的框框（笼子），就必然要陷入唯心主义。尽管杜林说他"不是在笼子里谈哲学"，而实质上，他正是在黑格尔的笼子里谈哲学。

在本章中，恩格斯着重批判杜林用先验主义的方法论证世界统一性。杜林不以现实世界为出发点，而是从抽象的概念出发，通过简单的推论，得出世界统一性的结论。这种方法和唯心主义及唯灵论者论证问题的方法是一样的。杜林用这种方法不但不能划清唯物主义和唯心主义的界限，反而混淆了这种界限；当他不得不用思想的统一性来说明世界的统一性时，他就事实上滑到唯心主义立场上去了。

"世界的真正的统一性在于它的物质性"，这种物质性"是由哲学和自然科学的长期的和持续的发展证明的"，这是马克思主义哲学对世界的统一性问题的回答，是辩证唯物主义世界观的基石，是反对唯心主义和形而上学的有力武器。

第五章 "自然哲学。时间和空间"

马克思主义的时空观是现在大家讨论较多的一个话题，而在这个话题中存在将恩格斯和马克思对立起来的现象。有人认为，马克思的时空观是社会时空观，马克思是把时空问题放到资本主义社会这一特定的历史条件下进行考察的，是从生产劳动出发来论述时空概念的，马克思的时空观是社会时间和社会空间观。但恩格斯的时空观不是社会时空观而是自然时空观。恩格斯的自然时空观主要通过《反杜林论》和《自然辩证法》体现出来。在"自然哲学。时间和空间"中，恩格斯通过批判杜林的时空观，论述了时间和空间的无限性及客观性，提出了"一切存在的基本形式是时间和空间，时间以外的存在像在空间以外的存在一样，是非常荒诞的事情"的论断。

对《反杜林论》中的时空观，我们必须放到当时的具体背景下进行分析。

杜林哲学体系的第二部分是关于自然的学说，在这部分，杜林论述了自然哲学包括自然哲学的现状、时间和空间、定数律、数学神秘主义、物质和机械力、自然界的基本规律、宇宙的形成、运动和静止、生命的出现、人类的出现、进化和发展等问题。在杜林看来，当时的自然哲学"堕落到这种地步，它竟变成了混乱的、以无知为基础的伪诗词"[1]，自然科学已处于"危机"之中，急需拯救，而杜林就自信自己是拯救自然科学之人。恩格斯讽刺道："这里亟待援救，幸亏有杜林先生在。"[2] 为此，杜林一方面攻击以谢林、黑格尔为代表的自然哲学；另一方面又反对自然科学家对自然哲学采取简单否定的轻率态度。既要否定过去的自然哲学，又要保留包罗万象的自然哲学。杜林全盘否定了

---

① ［德］恩格斯：《反杜林论》，人民出版社 1999 年版，第 46 页。
② 同上书，第 47 页。

以往的自然哲学，谩骂谢林等哲学家和自然科学家。恩格斯在《反杜林论》中，用了第五章到第八章的篇幅，分析了杜林的"自然哲学"，指出，杜林的自然哲学是"以无知为基础的伪诗词"，杜林是以这些货色迷惑公众的真正的"江湖骗子"，并论述了辩证唯物主义的自然观。"自然史的思想作为唯物主义的一个完整部分是马克思所断言，并由恩格斯所详细阐述过的。"①

本章主要针对杜林的时间和空间的观点展开，所以，叫作"时间和空间"。时间和空间问题，主要表现于对以下问题的理解：时间和空间是客观存在的还是主观臆断的？时间和空间是有限的还是无限的？在这个问题上，杜林反对马克思主义，恩格斯分析批判了杜林在时空问题上的观点，阐明了马克思主义的自然时空观。

一 杜林的基本观点

（一）世界在时间上是有开端的

世界上的因果链条应当在某个时候有个开端。杜林的时空观是他的"世界模式论"的具体运用。在"世界模式论"中，杜林认为，存在是无限的。当然，杜林的无限是对黑格尔曾批判过"恶的无限性"的剽窃。黑格尔认为，"恶的无限性"不是真正的无限，而是坏的无限，是有限的简单重复和无穷积累。杜林把黑格尔批判过的东西，赋予"存在"，然后对这种无限进行研究。

杜林认为，存在是无限的，存在不能有矛盾，所以，无限性应当是一种没有矛盾的无限性，即"没有矛盾地加以思考的无限性"，而"可以没有矛盾地加以思考的无限性的最明显的形式，是数在数列中的无限积累……正如我们可以在每一个数后面加上另一个个位数而永远不会使进一步计数的可能性穷尽一样，存在的每一个状态也都有另一个状态与之连接，而无限性就在于这些状态的层出不穷。因此，这种被确切地加以思考的无限性也只有一个具有惟一方向的惟一基本形式。因为，对我

---

① ［比利时］伊·普里高津、［比利时］伊·斯唐热：《从混沌到有序——人与自然的新对话》，曾庆宏、沈小峰译，上海译文出版社 1987 年版，第 2 页。

们的思维来说，设想这些状态向着相反的方向积累，虽无关紧要，但这种向后倒退的无限性正好只是轻率地想象出来的东西。既然这种无限性真的要朝反方向走，那么它在它的每一个状态中，都得有一个无限数列留在自己后面。但是这样就会出现可以计数的无限数列这种不可允许的矛盾，所以假定无限性还有第二个方向，显然是荒唐的"。①"已经彼此连接起来的原因的无限数，是不可思议的，因为它假定数不尽的数是可以计数的"。

杜林认为，数学中的无限性序列，如 1 + 2 + 3 + 4… + ∞ 是没有矛盾的无限性，这种无限性只有一个维度，即向前是无限的，向后是有限的，有起点而无终点，如果承认在相反的方向上也是无限的话，就会出现矛盾：无限数列本来是不可以计算的，如果存在"可以计算的无限数列"，那显然是矛盾的，因而，设想第二个方向的无限性是荒唐的。为了避免这种矛盾，就必须承认世界的无限性是有开端的和无终点的。杜林由此得出一个结论，世界在时间上是有开端的，或者像恩格斯说的，"这样就证明有终极原因"。

（二）世界在空间上是有界限的："定数律"

杜林认为，世界除在时间上有开端外，在空间上也是有限的，为此，他提出了定数律，"定数律：任何由独立物组成的现实的类的相同物的积累，只有作为一定的数的构成，才是可以思议的"。②

在杜林看来，"不仅天体的现有数目在每一瞬间必然是本来就确定的，而且一切存在于世界上的、物质的最小独立部分的总数，也必然是这样。后一种必然性是说明为什么任何化合物没有原子都是不可思议的真正理由。一切现实的可分性总是具有而且必然具有有限的规定性，不然就会出现可以计数的数不尽的数的矛盾。根据同样的理由，不仅迄今为止地球环绕太阳运行的次数必然是确定的——即使还说不出来"。③宇宙中的一切事物，大到天体，小到组成各种化合物的原子，其数目都是一定的，都是定数，因而，由所有天体组成的宇宙在空间上也必然是有界的。因此，世界上的任何存在，包括时间在内都是有限的。否则就

---

① ［德］恩格斯：《反杜林论》，人民出版社 1999 年版，第 47 页。
② 同上书，第 47—48 页。
③ 同上书，第 48 页。

会陷入矛盾之中。

（三）自身等同状态

既然是一个定数，当然，这个开端就是没有运动变化、没有区别、没有矛盾的自身等同状态。杜林既然认为构成世界的万物是一个定数，那么他必然认为这些定数的东西的自然运动过程有一个开端，这个开端是什么？杜林认为，是"自身等同状态"，"一切周期性的自然过程都必然有某个开端，而一切分化的构成，自然界一切前后相继的多样化现象，都必然渊源于某种自身等同的状态"。"自身等同状态"是"分化"即运动的开端。如果自然界前后相继的多样化现象不是渊源于某种自身等同状态，就会陷入可以计算的无限数列的那种不允许的矛盾，违背了定数律。这种"自身等同状态"又是一个什么样的情形？"这种状态可以从来就没有矛盾地存在着"。"自身等同状态"的等同性决定了它没有任何差别，不包含任何矛盾，是一个绝对静止的不变状态，不会有任何变化。只有"自身等同状态"被打破后，出现了运动变化，事物之间才呈现出差别性。以时间为例，根据常识，人们会认为时间一直在流动，但杜林认为，"自身等同状态"是没有现实的时间的，在"自身等同状态"中，没有运动，没有前后相继的变化，也就没有时间。世界在时间上必定是有开端的。时间的开始是从打破"自身等同状态"开始的，如果像常人理解的，"时间本身是由各个现实的部分组成的"，而不是杜林所理解的"仅仅由我们的知性借助观念上对种种可能性的安排来任意划分的"话，那就否定了定数律，否定了杜林的"自身等同状态"，这种矛盾是杜林不允许的。所以，杜林对时间由不动到动的解释是："设想这样一种状态，其中没有什么变化，并且由于它的自身等同性而根本没有前后相继的差别，那么比较特殊的时间概念也就变成比较一般的存在观念。"① 先存在的是一般的时间观念，这时，事物之间没有任何差别，没有现实的时间。只有当一般时间观念的自身等同状态被打破后，出现了运动变化，现实的时间才开始。现实的时间不同于观念的时间，现实的时间存在矛盾，存在差别，是同运动联系在一起并通过运动显现出来的。"现实的自身有区别的时间内容，那情形就不一样了；在时间中实际地充满各种可以区分的事实这一点以及这一领域内

---

① ［德］恩格斯：《反杜林论》，人民出版社 1999 年版，第 48 页。

的各种存在形式,正是由于自身的差别性,才是可以计数的。"① 现实时间的运动开始并继续下去。

"自身等同状态"如何开始运动,如何从不动转化为动,杜林认为,基于以下原因:第一,"自身等同状态"之所以能够从不动转化为动,是因为在"自身等同状态"中,除存在物质外,还存在机械力。从现代力学上看,物体的运动在一定条件下可以转化为分子的运动,由此可以提供由静到动的推动力量。这种推动世界从不动到动的力量就是一定数量的机械力。第二,在动与不动之间可以插入连续不断的桥,"那种原始边际状态的绝对同一,本身并不提供任何转变的原则。可是我们记得,实质上,我们所熟悉的存在链条上的任何最小的新环节都有同样的情形。"② 虽然宇宙及其中的细小微粒,都不能使自身从不动到动,但是,在这些细小微粒之间可以插入从静到动的"连续性的桥"。"还有可能插入循序渐进的中间状态,从而插入连续性的桥,以便向后倒退,直到变化过程消失。"③ 有了这个把静止和运动联系起来的桥梁,微粒就可以从不动到动了。微粒动起来了,整个世界也就动起来了。

二 恩格斯的分析和批判

(一) 杜林关于时空有限的观点是对康德"二律悖反"的片面抄袭

"二律悖反"是德国哲学家康德对人的理性认识能力的一种看法。康德将人的认识能力由低级到高级分为感性、知性和理性三种。感性是人对现象的认识,知性是人对现象规律性的认识,理性是人把对现象的认识上升到对无限东西的认识,以达到最高的统一。理性的最高统一包括灵魂概念(一切精神现象的统一)、世界概念(一切现有事物的统一)和上帝概念(上述两者的统一)。康德认为,理性只能运用知性进行认识,而知性只适用于现象界,理性要求超出现象界来认识上述三个统一,就必然会产生"二律悖反"的矛盾。康德提出了四组"二律悖

---

① [德] 恩格斯:《反杜林论》,人民出版社 1999 年版,第 48 页。
② 同上书,第 54 页。
③ 同上书,第 54—55 页。

反"：第一，世界在时间上有开端，在空间上是有界限的；世界在时间上没有开端，在空间上没有界限。第二，世界上一切东西都是由单一的不可分的东西构成的；世界上没有单一的东西，一切都是复杂的和可以分割的。第三，世界上存在自由；世界上没有自由，一切都是必然的。第四，世界有始因，有绝对的必然性；世界没有始因，无绝对的必然性。两个互相矛盾的命题（正反命题）用同样的逻辑都可以得到证明。在康德的四组"二律悖反"中，涉及时空问题的是第一组：正题——世界在时间上有开端，在空间上是有界限的；反题——世界在时间上没有开端，在空间上没有界限。康德认为，这两个在逻辑上相反的命题，通过反证法都可以得到证明。

为了说明问题，恩格斯引用了对第一组二律悖反正题的论证。

"论题：世界在时间上是有开端的，在空间上也是有界限的。——证明：假定世界在时间上没有开端，那么在任何一个既定的瞬间之前有一种永恒经历过了，因而彼此相继的事物状态的无限序列便在世界上流逝了。但是，序列的无限性正好在于它永远不能由连续的综合来完成。因此，无限的、已经流逝的世界序列是不可能的，可见世界的开端是世界存在的必要条件。这是需要证明的第一点。——关于第二点，我们再假定相反的情形：世界是一个由同时存在的事物所构成的无限的既定的整体。对于不在任何直觉的某种界限内提供的量的大小，我们只有通过各个部分的综合这种方式才可以设想，而对于这种量的总和，我们只有通过完成的综合或通过单位自身的重复相加才可以设想。由此可见，为了把充满一切空间的世界设想为一个整体，必须把无限世界的各个部分的连续综合看作已经完成的，就是说，在对所有同时存在的事物逐一计数时，无限的时间必须被看作已经终止了的，但这是不可能的。由此可见，现实事物的无限聚集不能被看作一个既定的整体，因而也不能被看作同时提供出来的东西。所以，世界就其在空间的广延来说，不是无限的，而是有自己的界限的。这是（需要证明的）第二点。"①

似乎，康德的观点就是对杜林观点的最好支持。但是，康德除论证了"世界在时间上是有开端的，在空间上是有界限的"之外，还"提出并证明了相反的命题：世界在时间上没有开端，在空间上没有界限；

———————

① ［德］恩格斯：《反杜林论》，人民出版社 1999 年版，第 48—49 页。

康德正是在第一个命题像第二个命题一样可以得到证明这一点上，看出了二律悖反，即不能解决的矛盾"。但杜林只引用了康德对自己有用的部分，抄袭了他的"正题"，却将"反题"抛在一边。"他孜孜不倦地从康德的二律悖反中抄下对他有用的东西，而把其余的东西抛在一边。"杜林所做的，不过是把康德在第一个"二律悖反"的正题所表述的思想，安上了一个新名词"定数律"，康德发现了矛盾，但没有解决矛盾；而杜林更干脆，直接取消了这个矛盾。

（二）杜林把数学上无限序列的无限性等同于现实世界时空的无限性

数学上无限序列的无限性同哲学上的时空的无限性，是两个不同的概念，两者不能等同起来，用数学上无限序列去说明空间的无限性是错误的。

数学上无限序列的无限性，从计算的要求上讲，总要有个首项，否则数列便无法计算。在数学上，为了达到不确定的、无限的东西，必须从确定的、有限的东西出发，所以，一切数学的序列，正的或负的，都必须从一开始，否则就无从计算。这是数学计算的要求。哲学则不然，它首先要求承认客观世界在时间和空间上的无限性，然后要求正确地反映这种无限性，它立足于反映论。因此，不能用数学代替哲学，不能把数列的无限性强加于客观世界。恩格斯说："如果没有数学上运用无限序列的习惯，全部错觉都不可能有了。"① 而将无限序列的无限性直接移到空间，无疑等于事先规定了空间是有开端的、有界限的，是一种先入为主的做法。问题本身解决得非常简单。时间上的永恒性、空间上的无限性，本来就是，而且按照简单的词义也是，没有一个方向是有终点的，无论是向前或者向后，向上或者向下，向左或者向右。这种无限性和无限序列的无限性完全不同，因为后一种无限性起初总是从一、从序列的第一项开始的。这种序列观念不能应用于我们的对象，这在我们把它应用于空间的时候就立刻显示出来了。

"无限序列一移到空间，就是从某一点起按一定方向延伸到无限的线"，如果用这种从某一点起的线表示空间无限性的话，那就会得出六度空间的结论。从这一点起，按三个相反方向延伸的线，共有六条，得到的是六度空间。而现实的空间是三度空间。杜林口头上承认三度空

---

① ［德］恩格斯：《反杜林论》，人民出版社1999年版，第51页。

间，但同时又推出六度空间。康德懂得现实空间的无限性与数学中无限序列之间的区别，他在论证"二律悖反"时，没有直接将数学中的无限序列移到世界的空间上，只是做了间接的、转弯抹角的引证，以避免得出六度空间的结论。杜林则不同，他一方面强迫人们接受六度空间，另一方面又指责德国数学家高斯的多度空间是"数学神秘主义"，"他强迫我们接受空间的六个度，随后又对那位不愿以通常的空间的三个度为满足的高斯的数学神秘主义表示难以言喻的愤慨"，不清楚数学上的有开端的无限序列同时空的无限性是两件不同的事情。

恩格斯说，把数学上无限序列的无限性运用于时间，连比喻的意义也没有。"向两个方向延伸的无限的线或无限的单位序列在运用于时间的时候，具有某种比喻的意义。但是，如果我们把时间想像为一种从一数起的序列或从某一点延伸出去的线，那么，我们就是事先说时间是有开端的，我们把我们正好要证明的东西当作前提。我们赋予时间的无限性一种单向的、半截的性质；可是单向的、半截的无限性也是自身中的矛盾，即'没有矛盾地加以思考的无限性'的直接对立物。"①

（三）杜林的"原始的自身等同状态"必然导致神创论

杜林认为，"原始自身等同状态""本身并不提供转变的原则"，杜林也意识到，物质在原始状态由静到动的转化是一个理论难点，但他说，说明世界由绝对不变状态进入变化状态，同时说明我们所熟悉的存在链条上的一个环节向下一个环节的转变，是同样困难的。恩格斯指出，说明存在链条上环节转变的问题，是自然科学的任务，这里所说的是世界如何从不动转向动的哲学问题，不能把两个不同的问题混淆起来，不能用自然科学问题代替哲学世界观问题。自然科学在说明一些具体事物如何从一个环节转到另一个环节时存在的困难，并不能证明杜林的宇宙从不动到动，因为科学肯定一种运动形式是另一种运动形式转移、变化的结果，杜林不是用运动转化观念去解释世界的变化，而认为运动是从不动、虚无中产生的。

杜林认为，近代力学根本不能说明物质怎样从不动到动的变化过程，"热之唯动说"也不能解释从物体运动到最小粒子运动的转变是怎样产生的。针对于此，恩格斯指出，近代力学根据能量守恒和转化定律

---

① ［德］恩格斯：《反杜林论》，人民出版社 1999 年版，第 50 页。

已经解决了运动的传递问题,"热之唯动说"也告诉我们,物体运动在一定条件下转化为分子运动。也就是说,一种运动只能从另一种运动转化而来,绝不能从虚无中产生。杜林表示,这或许给我们提供一座从严格的静(平衡)到动(运动)的桥,可是,我们对此还是不清楚的。恩格斯讽刺地说,不清楚的不是热力学原理,而是杜林自己。他没有为我们明确回答世界是怎样从不动变到运动的,把我们留在"黑暗"之中。

杜林说,"原始自身等同状态"之说之所以产生分化,是因为它里面有机械力的存在。当物质处于自身等同状态时,物质和机械力是统一的,表现为不动的状态;当物质和机械力分离后,运动就开始了。恩格斯批驳道,"机械力的量既已存在于世界上,就永远保持原样。就算这是对的,在哲学上,大约早在300年前笛卡儿已经知道这一点并且说出来了;而在自然科学中,力的守恒学说20年来到处都在流传;杜林先生把这种学说局限于机械力,丝毫没有加以改进"。① 就算有物质自身等同状态,那"当世界处在不变的状态的时候机械力在哪里呢?"杜林无法回答这个问题,就靠谩骂来回避问题,说谁要是不承认物质自身等同状态,谁就是一个"认为自我摧残生殖力是绝顶聪明的行为的人",但谩骂替代不了对问题的回答。

杜林还试图在动与不动之间插入"连续性的桥",使不动到动起来。恩格斯指出,"连续性的桥"并不能使杜林摆脱困境,并不能说明物质是如何从不动到动的。"连续性的桥"的特点在于不动,无论把从不动到动的过程分割为多少环节,分成多少无限小的部分,用多长时间,我们也不会前进分毫,运动仍然没有可能。"连续性的桥"不仅不能使运动产生,反而使问题更加神秘化了。

杜林认为,一切变化都渊源于绝对不变状态。宇宙不变状态是怎样转入运动的呢?绝对不变状态是怎样转到变化的呢?靠这个状态本身的能力行吗?不行,从来不动的东西无法靠自己去脱离这种状态而从静止过渡到运动。唯一的办法只能靠从外部、从世界以外来的第一次推动。"第一次推动"不是别的,而是上帝的别名,靠上帝的力量来实现世界运动的"第一次推动",没有上帝帮忙,无论如何也不能从不动的连续

---

① 〔德〕恩格斯:《反杜林论》,人民出版社1999年版,第54页。

性中产生出运动，这就必然要陷入有神论。列宁指出，杜林不承认至少不是明确地承认时间和空间的客观实在性，所以，他不是偶然的而是必然的沿着斜坡一直滚到"终极原因"和"第一次推动"上去了，这样，杜林就步牛顿的后尘，顺着形而上学的斜坡滑进了宗教有神论的泥坑。杜林在"世界模式论"中假装扫除了上帝，在自然哲学中又把上帝请了回来——整个世界要由绝对不动转入运动，就只有依靠世界之外某种力量推动了，这种世界之外的某种力量只能是上帝，杜林把上帝又带进了自然哲学。

杜林吹嘘自己在时间和空间问题上的观点如何正确，而实际上则是陷入谬论。"我们随着全部深化和尖锐化达到了这种地步：我们越来越深地陷入越来越尖锐的谬论，并且终于到达那必须到达的地方——'黑暗中'。"① 但杜林并不因这些谬论而烦恼，而是自豪地宣布："其他天体的居民的数学，决不能以我们的公理以外的别的公理为依据！"②

（四）杜林的论证方法是错误的

杜林的无限序列必须有一个开端的说法，出现了一个无法解决的矛盾。如果说这个数列的开端是"0"，那么按照杜林的观点，"0"以前的数列是一个可以而且已经计算完了的定数。但是，0 到 $+\infty$ 和 $-\infty$ 到 0 这两个数列都是计算不完的。这个矛盾是杜林无法排除的，因为不论他从哪里开始计算，总有一个无限序列留在它后面。既然是无限性，就是不能被计算完的。如果杜林承认可以计算的无限序列，那就让他把无限序列 $1+2+3+\cdots+\infty$ 倒过来，从无限的终点再数到一。显而易见，这是不可能的，杜林完全不懂这个道理。恩格斯讽刺地说："等他完成了从 $-\infty$ 到（负无限）0 的计算时，再来见我们吧。"③

当杜林说过去的时间的无限序列已经被计算出来的时候，就是承认了时间事先是有开端的，因为没有开端就根本不能被计算，他把需要证明的东西当作前提。

在时间的证明上，杜林同样把要证明的东西当作前提，杜林证明时间有开端是以时间有起点为前提的。恩格斯说，"如果我们把时间想象

---

① ［德］恩格斯：《反杜林论》，人民出版社 1999 年版，第 56 页。
② 同上。
③ 同上书，第 51 页。

为一种从一数起的序列或从某一点延伸出去的线，那么，我们就是事先说时间是有开端的，我们把我们正好要证明的东西当作前提。我们赋予时间的无限性一种单向的、半截的性质；可是单向的、半截的无限性也是自身中的矛盾"。①

同时，在对时间和空间问题的论证上，杜林又从黑格尔那里"汲取"了丰富的思想养料，用黑格尔关于"恶的无限性"的论述来证明自己的论点。黑格尔区分了两种不同的无限性：一种是好的无限性，另一种是恶的无限性。恶的无限性（单调的重复）是排除了矛盾的，杜林却歪曲地抄袭黑格尔的无限性思想，用被黑格尔唾弃的"恶的无限性"理论来兜售自己的"货色"。

三　恩格斯论述马克思主义的自然时空观

（一）　时间和空间的客观实在性

恩格斯指出，马克思主义与杜林的分歧，不在于时间概念有无变化，而在于时间是否具有客观实在性。无论时空概念如何变化，时间和空间的客观实在性是不变的。列宁认为，恩格斯批判杜林时，抓住他的地方正是他只谈时间概念的变化，躲躲闪闪地不明确回答空间和时间是实在的还是观念的？我们的相对的时空观念是不是接近存在的客观实在形式？或者它们只是发展着的、组织起来的、协调起来的人类思想的产物？杜林企图以时空概念的相对性和可变性，否认现实时间和空间的客观实在性，把"特殊的时间概念"变成了"比较一般的存在观念"。恩格斯指出："什么概念在杜林头脑里变化着，是时间概念变成了存在观念，或者是存在观念变成了时间概念，这和我们毫不相干。"这里所说的，不是时间概念的变化问题，而是现实的时间是不是客观实在的问题。时空概念是第一性的，或者客观的时间和空间是第一性的，这个时间和空间上的基本问题，杜林无论如何是不能摆脱掉的。杜林把特殊的时间概念变成一般的存在观念，仍然没有明确回答时空概念和现实的时间和空间何者是第一性的问题。因此，我们还是没有前进一步。杜林企

---

① ［德］恩格斯：《反杜林论》，人民出版社 1999 年版，第 50 页。

图以冗长的时空概念的议论，否认时间和空间的客观实在性。他从现实时间谈到过去时间、从可以计算的时间谈到特殊时间、从无差别的时间谈到有差别的时间、从时间概念谈到存在观念等。在所有这些关于时间概念的议论中，杜林都没有明确回答时间和空间的客观实在性问题。列宁认为，杜林把时间和空间的客观实在性问题"淹没在我们的关于时空概念的可变性、相对性等等冗长议论中"。① 但是，这丝毫也挽救不了他陷入唯心主义，因为只有承认时间和空间的客观实在性，才能真正克服在这个问题上的唯心主义立场。

马克思主义认为，时空概念同现实的时间和空间是有区别的。现实的时间和空间是客观的、第一性的。时空概念是它的反映，是第二性的。随着实践和科学的发展，人们的时空概念不断地发展，变得越来越精确。但是，时空概念的可变性和相对性不能推翻时间和空间的客观实在性。

（二）时间空间是物质存在的基本形式

恩格斯论证了时间和空间是物质存在的基本形式，批驳杜林超越时间的"宇宙不变状态"。

时间和空间是物质存在的基本形式。时间是指物质的延续性，是物质运动的持续性和顺序性；空间是指物质的广延性，是物质运动的广延性和伸张性。假如没有物质，时间和空间都是虚无的，时间和空间作为物质的存在形式，和物质是不可分割的，没有物质就没有时间和空间，而物质总是有时间和空间的物质形态。

时间和空间是物质存在的基本形式，世界上除了运动着的物质什么也没有，而运动着的物质只有在空间和时间之内才能运动。"时间和空间之外的存在＝神"。所以，杜林所虚构的"自身等同状态"是荒谬的，比黑格尔和谢林的"存在"还要荒谬。因为黑格尔和谢林都承认存在不是不动的，而是变化发展的，杜林的脱离时间的"自身等同状态"不承认变化，在这个问题上，杜林连黑格尔和谢林都不如。

（三）有限性与无限性对立统一的辩证关系

杜林的错误在于不理解有限和无限的关系，恩格斯在批驳杜林的同时，阐述了自己对有限和无限关系的认识。

所谓无限，是指整个物质世界在空间上无边无际，在时间上无始无

---

① 《列宁全集》第18卷，人民出版社1988年版，第182页。

终；所谓有限，是指物质世界的任何一种具体形态在时间上有起点，有生有灭，在空间上有一定的规模和范围，有一定的限度。

恩格斯认为，有限性是一个矛盾，无限性也是一个矛盾。

有限性是一个矛盾。"物质世界的有限性所引起的矛盾，并不比它的无限性所引起的少，正像我们已经看到的，任何消除这些矛盾的尝试都会引起新的更糟糕的矛盾。"① 有限性的矛盾，表现为有限性可以组成无限性。有限是无限的组成部分。同时，有限中又可以出现无限，有限可以被无限地分割，有限的事物具有无限的多样性，有限的事物的存在是有限的，但其发展和转化是无限的。如果我们在主观上想排除这种矛盾性，那就无法认识无限，无法认识世界了。

无限性也是一个矛盾。"无限性是一个矛盾，而且充满矛盾。无限纯粹是由有限组成的，这已经是矛盾，可是事情就是这样。"② 无限是由无限个有限组成的，无限只能通过有限存在，离开了有限性，无限性就成了不可把握和不可理解的神秘的东西，否认了有限性就等于否认了无限性。

世界上的万事万物都是有限的，都是有始有终的，然而，无数有始有终的具体事物就构成了时间上和空间上无止境地展开的过程，构成了无限发展、无限广大的物质世界。

整个宇宙是由无数个有限的星系构成的，无限的宇宙又是通过有限的星系表现出来的，这就是有限和无限的辩证法。在无限性中充满了可数和不可数、有界与无界的矛盾，没有矛盾的无限性是不存在的，矛盾的消灭，就是无限性的终结。"正因为无限性是矛盾，所以它是无限的、在时间上和空间上无止境地展开的过程。如果矛盾消灭了，那无限性就终结了。"③ 无限性是无限和有限的矛盾，它是一个无止境地展开的过程，如果矛盾消灭了，无限性和有限性成了彼此孤立无缘的两个东西，那也就无所谓有限性或无限性了。

因而，无限和有限是辩证统一的，无限是由有限组成的，无限不能离开有限而存在，它寓于无数个有限的事物之中，离开有限就不可能有

① ［德］恩格斯：《反杜林论》，人民出版社 1999 年版，第 52 页。
② 同上书，第 51—52 页。
③ 同上书，第 52 页。

无限。任何有限事物的边界都是不断打破的，有限是无限链条中的有限。既要用有限性来把握无限性，又要从无限性来把握限性。"杜林先生只要有一点点辩证的洞察力就一定会知道，开端和终点正像北极和南极一样必然是互相联系的，如果略去终点，开端就正好成为终点，即序列所具有的一个终点，反过来也是一样。"① 有限与无限的问题也是如此，"有终点而无开端的无限性，和有开端而无终点的无限性相比，不多不少，都是无限的"。② 一切真实的、详尽无遗的认识都只在于：我们在思想中把个别的东西从个别提高到特殊，然后再从特殊提高到一般，我们从有限中找到无限，从暂时中找到永久，并且使之确定起来。这种辩证统一的关系，黑格尔已经认识到了，"真无限性"不是脱离有限的无限，而是存在于有限中的无限，"黑格尔已经完全正确地看到了这一点，所以他以应有的轻蔑态度来对待那些对这种矛盾苦思冥想的先生们"。③ 当然，恩格斯的无限性是与黑格尔的看法有本质区别的。黑格尔讲的无限性是"绝对精神"的自我发展过程，恩格斯讲的无限性是物质世界在时间和空间上的无止境地展开的过程。

（四）时间与变化的关系

杜林主张在时间的概念中，应把不变和变的存在形式加以区别，时间仅仅由于变化而存在，是在变化过程的特性中出现的形式，有变化才有时间，没有变化就没有时间，由于"自身等同状态"中没有任何显著变化，因此，那是只有存在而没有时间的状态。

恩格斯指出：时间与变化是密切相关的，但时间与变化并不直接等同，时间不同于变化，时间不是通过变化而存在，而是变化存在于时间之中并通过时间而存在，并不是由于变化才产生时间，而是变化存在于时间之中。时间和空间是物质存在的基本形式，既没有脱离时间和空间的物质运动，也没有脱离物质运动的时间和空间。物质世界有运动和静止两种形态，无论物质处于运动状态或者相对静止状态，都存在于时间之中，并通过时间而存在。即使物质没有发生任何变化，它都要持续下去，都要经历时间。所以，"不发生任何显著变化的时间，远非不是时间"。④

---

① ［德］恩格斯：《反杜林论》，人民出版社1999年版，第51页。
② 同上。
③ 同上书，第52页。
④ 同上书，第53页。

时间的存在不以物质存在状态为前提。时间和变化是有区别的。

（五）现实时间和抽象时间概念的关系

在时间问题上，杜林把抽象时间概念和现实时间混为一谈，并用时间概念的变化来否定现实时间的客观性。

事实上，现实时间是物质存在的方式，是真实的、客观存在的时间，时间概念则是人们对现实时间的反映。恩格斯说："不发生任何显著变化的时间，远非不是时间；它宁可说是纯粹的、不受任何外来的混入物所影响的时间，因而是真正的时间，作为时间的时间。"① 现实时间不以事物变化状态为前提，作为对现实时间进行科学抽象而产生的时间概念也是如此。这种时间概念舍弃了一切物质具体形态的运动变化，把在现实中"所有在时间上同时或相继发生的各种事变当作无关的东西放在一旁"②，而只将持续性这一表明现实时间本质的东西抽象出来。所以，科学的、抽象的时间概念就是"不发生任何显著变化"的时间，是"纯粹"的时间，是时间的时间。"时间的时间"中第一个时间是指现实时间，第二个时间是指对现实时间的科学抽象。但这种时间绝不意味着它是纯粹主观的东西，它仍然根源于现实时间，是对持续性这一现实时间本质特点的反映，不管时间概念怎么变化也否定不了时间本身的客观性。

从上述内容我们可以看出，恩格斯在这一部分确实是只从自然界的角度谈论马克思主义时空观的。但是，如果仅从这一点就得出恩格斯是和马克思对立的，显然是没有根据的。《反杜林论》是一部论战性著作，这部分批判的就是杜林自然观中的时空观，批判要具有针对性，要有的放矢而不能顾左右而言他，而且恩格斯在题目中明确地表明了"自然哲学。时间和空间"，要恩格斯在批杜林的自然哲学中加进去社会观，是强人所难。试想如果恩格斯加进了他对社会空间的看法，是不是有人又会批评恩格斯文不对题了呢？

---

① ［德］恩格斯：《反杜林论》，人民出版社 1999 年版，第 53 页。
② 同上。

第六章 "自然哲学。天体演化学，物理学，化学"

本章在批判杜林物质与运动、运动与静止关系观点的基础上，阐述马克思主义对物质与运动、运动与静止关系的观点。

现存世界是通过什么样的方式和方法产生的，是人类很久以来就一直思考的一个问题。恩格斯利用当时天体演化学、物理学和化学所取得的成就，驳斥了杜林在这个问题上的错误观点，阐述了物质与运动不可分以及运动与静止对立统一的观点。整个自然界被证明是在永恒的流动和循环中运动着的。

一 批判杜林在天体演化方面的错误，阐述马克思主义运动和物质关系原理

天体演化学是研究各种天体以及天体系统的起源和演化，即研究它们的产生、发展和衰亡历史的学说。

在西方思想发展史上，古希腊哲学家很早就开始探讨世界的起源问题。有人认为，世界万物是由水构成的；有人认为，是由气构成的；有人认为，是由火构成的；等等。虽然相对简单，但朴素唯物主义的特征很明显。

中世纪时，神学占统治地位，神是世界万物的创造者，地球也不例外，上帝不但创造了地球，地球万物的运动力量也来自神的推动。

从文艺复兴到18世纪是近代自然科学形成和发展时期。伴随着自然科学发展的，是人们对自然奥秘科学探索的兴起。但是，因为刚刚脱离中世纪和自然科学的不发达，这时的自然观中，机械论的观点十分畅行，"不变论"在科学界占有相当的地位。在对天体，尤其是地球运动

的研究时，主流观点认为，地球由第一推动力推动而运转起来，此后就永远不变地运动下去，并将这一观点视为规律。

17 世纪，法国哲学家、科学家笛卡儿（1596—1650）把他的机械论的哲学观点应用到天体上，形成了自己关于宇宙发生与构造的学说：旋涡说。笛卡儿认为，太阳周围有巨大的旋涡，带动着行星不断运转。旋涡说在牛顿的《自然哲学的数学原理》发表之前在欧洲一直占据统治地位。

旋涡说承认星球的运动，但运动从何而来？作为二元论者，笛卡儿认为，宇宙中有两个不同的实体，一个是思考（心灵）实体，另一个是外在世界（物质）实体，两个实体都来自上帝。上帝是世界万物的创造者，也是星球运动的创造者，行星不断运转的第一推动力就来自上帝。

笛卡儿之后，英国物理学家、天文学家和数学家牛顿（1643—1727）对天体的研究做出了伟大贡献。牛顿在 1688 年发表的《自然哲学的数学原理》中，论述了著名的万有引力定律和三大运动定律。根据万有引力定律，地球上物体间是互相吸引的，物质间相互吸引力的合力向着地心。他将物体间的相互吸引力推广到宇宙间。在研究地球和月球的关系时，牛顿认为，月球在绕地球转时之所以不坠落，这应该和月球绕地球的运动有关，而地球绕太阳的运动也是受控于太阳引力的。其他行星与太阳的距离虽不同于地球，它们绕太阳的运动也必定受它的引力支配。牛顿在回答行星为什么会围绕太阳运转这个问题时，仍没有脱离当时"不变论"的局限，既然运动一旦开始就不会变化，那一定有一个最后的推动力，有一个"第一推动力"，这第一推动力就是造物主。

德国哲学家康德（1724—1804）于 1755 年提出了太阳系起源的"星云说"，认为太阳系内一切天体都有形成的历史，"世界具有一种力学起源的学说根据"。[①] 康德认为，这团原始星云是由大小不等的固体微粒组成的，"天体在吸引力最强的地方开始形成"，万有引力使微粒相互接近，大微粒把小微粒吸引过去凝聚成较大的团块，而且团块越来越大，吸引力最强的中心部分吸引的物质最多，先形成太阳。外面的微

---

① 李秋玲：《康德著作全集》第 1 卷，中国人民大学出版社 2003 年版，第 232 页。

粒在太阳吸引下向中心体下落时与其他微粒碰撞而改变方向，变成绕太阳的圆周运动，这些绕太阳运动的微粒又逐渐形成几个引力中心，这些引力中心最后凝聚成朝同一方向转动的行星。① "星云说"强调宇宙天体的生成，使宇宙天体的生成理论第一次从神学禁锢中解放出来，是当时科学发展的一大成果，对自然科学和哲学都产生了重大影响。

当然，自康德提出太阳系起源的"星云学说"后，又出现了几十种有关天体种演化的学说，但在当时，"星云学说"应该是最先进也是最科学的天体演化学说。但杜林对这一学说，却采取了苛刻的态度。

（一）杜林的观点

1. 对康德星云假说的评价

杜林对"星云说"百般挑剔，认为"原始星云说"没有肯定地说明其中所存在的"力学体系"，即没有说明星云团内部有多少质点、多大能量等力学上的精确数字。所以，星云假说是一个"极端模糊"的概念。"气状弥散状态只有在人们能够事先比较明确地说明其中所存在的力学体系的时候，才能成为严肃的推论的出发点。否则，不仅这个观念在事实上仍然是极端模糊的，而且原始的星云，如果进一步推论下去，也要真正变成越来越密、越来越不能穿透了……现在一切暂时还是处于一个不十分明确的弥散观念的混沌模糊之中"，因此，"关于这个气状的宇宙"，我们得到的"只是一种非常浮泛的概念"。②

2. "物质自身等同的状态"

宇宙天体的演化应该先是有一个绝对不动的"宇宙介质状态"（"物质自身等同的状态"），后经过一个"从静到动的桥"（"连续性的桥"）才开始有的运动，并且其中不能有"任何矛盾"。

杜林认为，世界的原初状态是"物质自身等同的状态"，"物质和机械力的统一，我们称之为宇宙介质，是一个可以说是逻辑上真实的公式，可以用来表明物质的自身等同的状态，即一切可以计数的发展阶段的前提。"③ 在这个"物质自身等同的状态"时，存在总量不变的机械力，这时，物质和机械力是统一的。因为"物质自身等同的状态"是

① ［德］康德：《宇宙发展史概论》，上海外国自然科学哲学著作编译组译，上海人民出版社1972年版，第398页。
② 《马克思恩格斯选集》第3卷，人民出版社1995年版，第396页。
③ ［德］恩格斯：《反杜林论》，人民出版社1999年版，第59页。

包含机械力在内的，所以不能将"物质自身等同的状态"理解为"纯粹静态"的；同时，"物质自身等同的状态"中的机械力还没有发生作用，所以，也不能将其理解为"动态"的。而"物质与机械力的统一一旦停止，运动就开始了"，康德的星云假说之所以应该受到批判，就是因为康德的星云团"远不和宇宙介质的完全同一的状态相一致，或者换句话说，远不和物质的自身等同的状态相一致"。①

3. 运动和物质是分离的

杜林之所以得出"物质自身等同的状态"的观点，和杜林将运动和物质分离开的观点有关。杜林认为："在什么都不发生的原始状态中，物质及其状态即机械力是统一的。以后，当有点什么东西开始发生的时候，这种状态显然就应当和物质有区别了。"②

4. 运动就是机械运动

杜林之所以得出"物质自身等同的状态"的观点，和杜林把宇宙的多种运动形式仅仅归结为与机械运动一种形式有关。"要得出这种观念，必须把地球上某一物体所能有的相对的机械平衡想象为绝对的静止，然后再把它转移到整个宇宙。如果把宇宙的运动归结为单纯的机械力，那么，这样做的确是容易的。把运动局限于单纯的机械力，还有一种好处，这就是可以把力设想为静止的、受束缚的，因而是在一瞬间不起作用的。如果像经常发生的那样，运动的转移成为一个包含各种中间环节的比较复杂的过程，那么，真正的转移就可能因为放过链条中的最后一个环节而被推延到任何时候"，恩格斯以装上弹药的枪支为例来说明这个问题。"把枪装上弹药以后，人们自己可以掌握扣扳机发射的时刻，即由于火药燃烧而释放出来的运动实现转移的时刻。因此可以设想，在没有运动的、自身等同的状态下物质是装满了力的，看来杜林先生就是把这一情况理解为——如果他毕竟还有所理解的话——物质和机械力的统一。这种观念是荒谬的，因为它把按本性来说是相对的、因而在同一时间始终只能适用于一部分物质的那种状态，当作绝对的状态转移到宇宙。"③

---

① ［德］恩格斯：《反杜林论》，人民出版社 1999 年版，第 58 页。
② 同上书，第 59—60 页。
③ 同上书，第 61 页。

（二） 恩格斯的分析和批判

1. 康德的星云假说是从哥白尼以来天文学取得的最大进步

恩格斯对星云假说予以高度评价。"康德关于所有现在的天体都从旋转的星云团产生的学说，是从哥白尼以来天文学取得的最大进步。认为自然界在时间上没有任何历史的那种观念，第一次被动摇了。直到那时，人们都认为，各个天体从最初起就始终在同一轨道上并且保持同一状态；即使在单个天体上单个有机体会消亡，人们总认为类和种是不变的。虽然自然界明显地处在永恒的运动中，但是这一运动看起来好像是同一过程的不断重复。康德在这个完全适合于形而上学思维方式的观念上打开了第一个缺口，而且用的是很科学的方法，以致他所使用的大多数论据，直到现在还有效。"① 康德的星云团和杜林的"宇宙介质"不相一致，是康德的幸运。

2. 杜林的宇宙原始状态说是对黑格尔辩证法思想的歪曲

恩格斯指出，杜林的宇宙原始状态是"物质和机械力的统一"的观点不过是黑格尔"自在"和"自为"的现实翻版。"在黑格尔那里，自在包含隐藏在某种事物、某种过程或某种概念中的尚未展开的对立所具有的原始同一性；而在自为中，这些隐藏的要素的区别和分离显现出来了，它们的抗争开始了。这样，我们应当把不动的原始状态了解为物质和机械力的统一，而把向运动的转化了解为这两者的分离和对立。我们由此得到的，不是幻想的原始状态的实在性的证明，而只是这样一点：这种状态可以归入黑格尔的自在范畴，而这一状态的同样是幻想的终结可以归入自为范畴。"② 所以，恩格斯说：杜林的做法"无非是一种想让黑格尔的自在和自为范畴为现实哲学效劳的拙劣企图"。③

3. "物质自身等同的状态"只能求助于第一推动力

杜林的"物质自身等同的状态"强调物质和机械力的统一，虽然为了达到物质和机械力的分离，杜林在努力地搭建由不动到动的"连续性的桥"，但是，在"物质自身等同的状态"下，这个桥如何建构则成为杜林的一个难题，因为"连续性的桥"的特点是不动，不论这个

---

① ［德］恩格斯：《反杜林论》，人民出版社 1999 年版，第 57 页。
② 同上书，第 59 页。
③ 同上。

"连续性的桥"如何连续，不论将它分割成多少个环节，如何从不动到动的问题仍然没有解决。杜林"连续性的桥"连接动与不动的前提是"物质与机械力"的统一，"物质自身等同的状态"是装满了力的，那么，这种被装满了的力是怎样冲破束缚的？是怎样由不动转入到运动状态呢？"物质自身等同的状态"最初是怎样装满了力的？后来是谁扣动它的"扳机"，使被装满了的力冲破束缚，由不动变为动的呢？恩格斯说："我们如果没有外来的推动，就是说没有上帝，怎样才能从绝对的不动转到运动。"①"我们可以任意转过来倒过去，而在杜林先生的指导下，我们总是重新又回到——上帝的手指。"②因为枪可以由人装上子弹并扣动扳机，然而，使整个世界的原始状装满力并扣动其"扳机"的，却只能是上帝。所以，杜林的"运动从不动中产生"的观点，追溯下去，最终势必会倒向上帝的"第一推动力"。杜林的天体演化理论最终还是离不开上帝这个"第一推动力"。

（三）马克思主义对运动和物质关系的观点

杜林的错误是没有正确理解物质和运动的关系。物质和运动的关系应该通过以下三个方面体现出来。

1. 运动是物质的存在方式

运动和物质不可分离，"运动是物质的存在方式。无论何时何地，都没有也不可能有没有运动的物质"，"没有运动的物质和没有物质的运动一样，是不可想像的"。因此，"运动和物质本身一样，是既不能创造也不能消灭的"；③"物质的没有运动的状态，是最空洞的和最荒唐的观念之一，是纯粹的'热昏的胡话'"。④杜林和他之前的唯物主义者一样，不理解运动与物质的真正关系。事实上，运动是物质的内在属性，物质只有通过运动，才能表现出它的存在，运动总是物质的运动。

2. 物质运动形式是多种多样的

针对杜林把运动仅仅归结为机械运动的观点，恩格斯论述了运动形式的多样性。矛盾是运动的根源，矛盾的特殊性决定运动形式的多样性。目前，我们能观察到的运动包括机械运动、物理运动、化学运动、

① ［德］恩格斯：《反杜林论》，人民出版社 1999 年版，第 60 页。
② 同上书，第 61 页。
③ 同上书，第 60 页。
④ 同上书，第 61 页。

生物运动、社会运动等形式多种多样。"宇宙空间中的运动，各个天体上较小的物体的机械运动，表现为热或者表现为电流或磁流的分子振动、化学的分解和化合，有机生命——宇宙中的每一个物质原子在每一瞬间都处在一种或另一种上述运动形式中，或者同时处在数种上述运动形式中。"① 事物不是处于这种运动形式之中，就是处于另一种运动形式中，或同时处于多种运动形式中。如果将丰富多彩的运动形式归结为机械运动一种形式，就会在没有机械运动的地方和时间，看不到物质仍然处于其他运动之中，就会得出存在没有运动的物质的结论。

任何静止、任何平衡都只是相对的，只有对这种或那种特定的运动形式来说才是有意义的。例如，某一物体在地球上可以处于机械的平衡，即处于力学意义上的静止；这绝不妨碍这一物体参加地球的运动和整个太阳系的运动，同样，也不妨碍它的最小的物理粒子实现由它的温度所造成的振动，也不妨碍它的物质原子经历化学的过程。

3. 运动和物质一样既不能创造也不能消灭

杜林认为，动是从不动中产生出来的。恩格斯指出，这种观点是错误的。"运动和物质本身一样，是既不能创造也不能消灭的。"② 物质不可能被创造和消灭，只能从一种物质状态向另一种物质状态转化，作为物质存在形式的运动，同样是不能被创造和消灭的，只是由一种运动形式向另一种运动形式转化。

以机械运动为例，机械运动是在外力作用下产生的，外力作用一消失，机械运动就停止了。机械运动的这一特点容易使人形成机械运动可以创造或消灭的认识。但是，这种认识是不对的。如果我们把产生位置移动的物体放在同时起外力作用的其他物体的联系中来考察，就会看到，机械运动不过是"运动从一个物体转移到另一个物体"③，一个物体推动另一个物体，被推动的物体产生了位移。推动他物运动的物体是转移力的一方，是主动的，被推动的物体是接受力的一方，是被动的，推动他物的一方是"被转移的、被动的运动的原因"。主动的运动叫作力，被动的运动叫作力的表现，"力和力的表现是一样大的，因为在它

---

① ［德］恩格斯：《反杜林论》，人民出版社 1999 年版，第 60 页。

② 同上。

③ 同上。

们两者中，实现的是同一的运动"。① 因而运动是既不能创造也不能消灭的，运动只能转移。

二　批判杜林在物理学方面的错误，阐述运动和静止的辩证关系原理

（一）杜林的观点

在天体演化部分，杜林认为，物质在运动前处于"物质自身等同的状态"，物质是由静止的"物质自身等同的状态"变化到运动的，而在静止的"物质自身等同的状态"到物质运动之间存在一个由静到动的"连续性的桥"，这个桥是确定存在的，只是当时的人们还没有发现这座桥的存在。

1. 静止是"不能用机械功来计量的"，因为这会"失去从静到动的桥"

在杜林眼里，物质存在两种不同甚至对立的状态：运动和静止。静止状态是"物质和机械力的统一"，这种统一就是机械平衡。而杜林又认为，物质由不动变为动后的唯一运动形式就是机械运动，机械运动在做机械功，可以用机械功来计量；但在静止状态的机械平衡不代表机械功，不能用机械功来计量，因而机械平衡与机械运动无关，机械运动成了绝对静止状态。"与物质的运动状态同时存在的，还有静止的状况，后者是不能由机械功来计量的……如果我们以前把自然界称为伟大的做功者，而现在严格地采用这个术语，那么，我们还应当补充说，自身等同的状态和静止的状况并不代表机械功。这样，我们又失去了从静到动的桥。"② 所以，静就是静，动就是动，两者是绝对对立的。

2. "热之唯动说"不能解释清楚"潜热"现象，无法找到从静到动的"桥"

关于热的本质很久以来就有两种不同的见解：一种认为，热是一种没有重量的特殊物质（热质说）；另一种认为，热是物质粒子内部的一种运动（"热之唯动说"或"热动说"）。

---

① ［德］恩格斯：《反杜林论》，人民出版社 1999 年版，第 61 页。
② 同上书，第 62 页。

"热质说"在18世纪中期由苏格兰科学家布莱克等人提出，"热质说"认为，热是由一种特殊的没有重量的流体物质，即热质所组成。

"热质说"之所以能被当时的人包括许多科学家所接受，主要基于以下三个方面的原因：一是"热质说"解释了诸如由热传导从而导致热平衡、相变潜热和量热学等热现象；二是由于当时科学技术水平比较低，科学的原子—分子学说还没有建立，不可能弄清热究竟是什么微粒，在作何种运动，同时也缺乏必要的实验根据，故"热之唯动说"不易被人们接受；三是由于人们崇拜经典力学而形成的机械自然观的影响，使当时一些人把一切自然现象包括热现象都归结为机械现象，仿照说明机械现象的"力"和"质"的概念，杜撰出许多"力"和"质"来解释其他现象，热质就是其中的一种。

其实，除"热质说"把热看作一种物质以外，从近代科学开始就有人认为热是一种运动。被称为"实验科学始祖"的英国哲学家培根就较早地提出热是一种运动的观点。到19世纪"热之唯动说"渐渐地为更多的人所注意。一方面除"热质说"难以解释一些问题外；另一方面随着科学的进步，有了支持"热动说的"实验。按照热质说，热质粒子之间彼此是互相排斥的，因此，物体在吸热时体积一定膨胀，冷却时体积一定收缩。但是，人们发现，有少数物质却表现出"热缩冷涨"的反常性，例如4℃以下的水就如此，而"热质说"却无法解释这种现象。同时，"热之唯动说"较好地解释了"热质说"无法解释的摩擦生热等现象，使人们对热的本质的认识大大地前进了一步。能量守恒与转化定律确立后，"热之唯动说"已普遍为人们所接受。在"热之唯动说"普遍为人们接受的情况下，杜林却坚信"热之唯动说"存在着大问题，比如，"热之唯动说"不能解释清楚"潜热"现象。

我们知道，当水处于固体状态（冰）时，在其溶点上吸收一定的热量可以变为同温度的液体状态（水），而液体状态（水）在沸点上吸收一定的热量可以变成同温度的气体（水汽）。在这个过程中，固体状态（冰）所吸收的热量并没有使其温度升高，而只是使其改变了存在的状态，由冰变为水，这个热运动消失到哪里去了？而当气体（水汽）从气体状态变成液体状态（水）、从液体状态（水）变成固体状态（冰）时，其过程要释放同等的热量，但温度也没有降低，这个热运动是从什么地方产生的？潜热理论就是回答这一类问题的。

潜热是指物质在物态变化（相变）过程中，在温度没有变化的情况下，吸收或释放的能量。"潜热"最初是由约瑟夫·布莱克发明的，大约于 1750 年从拉丁文的"latere"衍生而来，意即"隐藏"。布莱克注意到冰融化成水时，虽然吸收了大量的热而温度却不变，他认为，这必定是热质与冰的粒子化合而潜藏起来了；在沸腾温度下，热质又与水的粒子化合而成气态。布莱克把这些热称为"潜热"，意思是隐藏起来的热（"潜热"这一概念现在已较少使用）。

杜林认为，"热之唯动说"没有解决"潜热"问题，因而也没有找到从静到动的"桥"。既然"热之唯动说"没有解决"潜热"问题，所以，在解释整个宇宙形成过程中所释放出的大量热的问题上，也存在缺陷，同样无法找到从静到动的"桥"。"如果所谓的潜热直到现在对理论说来仍然是一个障碍，那么，我们在这里也应当承认有缺陷，至少在应用于宇宙时，不要否认这种缺陷。"①

3. 运动和静止是绝对分离的

杜林虽然承认运动和静止的存在，但认为静止和运动没有任何关系，静止是静止，运动是运动，两者之间没有关系，是绝对分离的。恩格斯说："他内心里明明感觉到，他所说的从绝对不动中产生出运动这个问题使他陷于不能自拔的境地，可是又不好意思去求助于惟一的救主，即天和地的创造者。"② 解决不了矛盾，只能让静止和运动分离，而不再寻找这个"桥"，也是不失为一种摆脱矛盾的办法。"既然在包括热的力学在内的力学中也都不能找到从静到动、从平衡到运动的桥，那么，杜林先生为什么一定要找出从他的没有运动的状态到运动的桥呢？这样也许他就可以幸运地摆脱困境了。"③ 结果当然仍然是静止和运动的分离。

（二）恩格斯的分析和批判

恩格斯对杜林的观点进行了分析和批判。

1. 杜林的观点违背力学常识，静止状态是可以用机械功来计量的

恩格斯从经典力学的角度论证了静止状态代表机械功，可以用机械

---

① ［德］恩格斯：《反杜林论》，人民出版社 1999 年版，第 62 页。

② 同上。

③ 同上。

功来计量。"在通常的力学中，从静到动的桥是外来的推动。"由于外力的推动，某物由机械平衡转入机械运动，做了一定量的机械功，最后，机械运动消失并转化为机械平衡。作为机械运动结果的机械平衡，是代表一定量的机械功的，是可以用机械功来计算的。"如果把50公斤重的石头举到10米高，悬空而挂，使它处在自身等同的状态和静止的状况中，那么，除非观众是吃奶的孩子，才能对他们说，这一物体现在的位置并不代表机械功，或者说，它和原先的位置的距离不能由机械功来计量。每一个过路人都可以毫不费力地向杜林先生说明，石头不是自动升到绳子上去的，而且任何一本力学手册都可以告诉他，如果他让这块石头重新落下来，那么它在落下时所做的机械功，正和把它举高10米需要做的机械功一样多。"① 机械运动本身在作机械功，机械平衡作为机械运动的结果又代表着机械功，所以，恩格斯说："一切机械过程都可以归结为——用杜林先生的话来说——这种简单的基本形式。"② 即机械功＝力×距离。从这一公式可以看出，没有外力的作用，机械平衡就不能转化为机械运动。同理，机械运动也不会重新转化为自身的结果——机械平衡。可杜林却不了解经典力学这一起码的常识，声称力学没有找到从静到动的"桥"。所以，恩格斯讽刺杜林说："还不曾有过这样的工程师，他在拥有足够的推动时还找不到从静态到动态桥。"③

2. "潜热"不是"热之唯动说"理论的障碍

杜林认为，"潜热"对"热之唯动说"来说是一个"障碍"，因为它没有从理论上解决物质的固态、液态和气态之间变化过程中热量的产生与消失问题，没有找到从静到动的"桥"。恩格斯运用"热之唯动说"说明了"潜热"并不是"热之唯动说"理论的障碍。

恩格斯首先通过举例说明什么是潜热，"如果把处于冰点的1磅冰在标准气压下加热变成具有同样温度的1磅水，那么，所消失的热量就足够把同1磅水从0℃加热到79.4℃，或者使79.4磅水的温度上升1℃。如果把这1磅水加热到沸点，即100℃，再使它变成100℃的蒸汽，那么，当最后一滴水变成蒸汽的时候，所消失的几乎是7倍大的热

---

① ［德］恩格斯：《反杜林论》，人民出版社1999年版，第62页。

② 同上。

③ 同上书，第62—63页。

量，足够使 537.2 磅的水的温度上升 1℃。这种消失了的热就叫作受束缚的热。如果通过冷却，蒸汽重新变成水，水重新变成冰，那么以前受束缚的同一热量又释放出来，就是说，作为热被感觉到，被计量出来。在蒸汽凝结成水，以及水结成冰的时候，热的散发正是蒸汽冷却到 100℃ 时才逐渐变成水，以及处于冰点的一定量的水只是很慢才变成冰的原因。"① 这都是事实。现在的问题是：热在受束缚的时候究竟是怎样的呢？

在举例的基础上，恩格斯从机械的热理论方面阐述了对潜热的理解。根据热力学，"热就是物体的那些进行物理活动的最小粒子（分子）按照温度和聚集状态而发生的或大或小的振动，这种振动在一定条件下能够变为任何其他的运动形式——把这个问题解释为消失的热已经做了功，已经转变为功。在冰溶化时，各个分子之间的紧密的牢固的结合破坏了，并且变成松弛的并列；当沸点的水汽化时，就出现这样的状态：各个分子相互间没有任何显著的影响，而且在热的作用下，甚至往各个方向飞散。显然，物体的各个分子在气体状态下所具有的能，比在液体状态下大得多，而在液体状态下所具有的能又比在固体状态下大。可见，受束缚的热并没有消失，它只是转变了，采取了分子张力的形式。各个分子能够相互保持这种绝对的或相对的自由的条件一旦不存在，就是说，温度一旦降到最低限度即 100℃ 或 0℃ 以下，这种张力就松弛了，各个分子又用它们过去相互离散时所用的同样的力重新相互集结起来；于是这种力就消失了，但只是重新作为热表现出来，而且热量恰恰同它以前受束缚的时候一样大"。②

恩格斯进一步指出，这种对潜热的解释和整个机械的热理论一样，是一种"假说"，它肯定有不少缺点，但是，它至少能够解释这个过程，而这一解释不仅同运动既不能消灭又不能创造这一点毫不抵触，它甚至还能正确地说明热在转变时存在于什么地方。因此，潜热或受束缚的热对机械的热理论来说绝不是障碍。相反，这一理论第一次提供了对上述过程的合理的解释，而能够成为障碍的，至多是物理学家继续用"受束缚的热"这个过时的和已经不恰当的用语来称呼已经变为另一种

---

① ［德］恩格斯：《反杜林论》，人民出版社 1999 年版，第 64 页。
② 同上书，第 64—65 页。

形式的分子能的热。

因此，杜林企图用"热之唯动说"没有解决"潜热"问题以摆脱找不到从静到动的"桥"的尴尬，注定是徒劳的。

3. 杜林观点的核心是在动和静之间划了一条并不存在的鸿沟

杜林认为，物质首先处于和机械力统一的"物质自身等同的状态"，"物质自身等同的状态"下要由静止过渡到运动，需要搭建一个连续不断的桥，但无论如何努力，用尽他所能想到的一切办法，杜林还是没有找到由静到动的"桥"。之所以会这样，最根本的原因就在于杜林在动和静之间人为地划了一条并不存在的鸿沟。"他内心里明明感觉到，他所说的从绝对不动中产生出运动这个问题使他陷于不能自拔的境地，可是又不好意思去求助于惟一的救主，即天和地的创造者。既然在包括热的力学在内的力学中也都不能找到从静到动、从平衡到运动的桥，那么，杜林先生为什么一定要找出从他的没有运动的状态到运动的桥呢？这样也许他就可以幸运地摆脱困境了。"① 而在静止和运动之间之所以会划上一条鸿沟，则是他"作为地道的形而上学者"的必然结果。"他先在运动和平衡之间挖一条实际上并不存在的鸿沟，然后因不能找到跨过自己挖的这条鸿沟的桥而表示惊奇。"② 在杜林那里，解决这一问题的唯一办法，就是"他同样可以骑上他那匹形而上学的洛西南特去追逐康德的'自在之物'；因为归根到底隐藏在这座难以理解的桥下面的，无非就是这种'自在之物'"。③

（三）阐述马克思主义运动和静止关系的原理

在指出杜林对运动和静止关系认识错误的同时，恩格斯阐述了马克思主义运动和静止的关系原理，运动和静止是辩证统一的。

1. 运动是绝对的，静止是相对的

杜林把运动和静止绝对对立起来，认为有一个从不动到动的过程，只会导致神秘主义。事实上，运动和静止的对立"都只是相对的；绝对的静止、无条件的平衡是不存在的"。宇宙空间中的运动，各个天体上较小的物体的机械运动，表现为热或者表现为电流或磁流的分子振

---

① ［德］恩格斯：《反杜林论》，人民出版社1999年版，第62页。
② 同上书，第63页。
③ 同上。

动、化学的分解和化合，有机生命——宇宙中的每一个物质原子在每一瞬间都处在一种或另一种上述运动形式中，或者同时处在数种上述运动形式中。任何静止、任何平衡都只是相对的，只有对这种或那种特定的运动形式来说才是有意义的。例如，某一物体在地球上可以处于机械的平衡，即处于力学意义上的静止；这绝不妨碍这一物体参加地球的运动和整个太阳系的运动，同样也不妨碍它的最小的物理粒子实现由它的温度所造成的振动，也不妨碍它的物质原子经历化学的过程。

2. 运动可以在它的对立面即静止中找到自己的尺度

虽然运动是绝对的，静止是相对的，但并不能因此否定静止的重要性，因为"从辩证的观点看来，运动可以表现在它的对立面中，即表现在静止中"。① 运动不能离开静止而存在，任何运动都是相对于静止而言的，离开静止就无所谓运动。某物是否运动，运动了多长距离，只有把它放在与周围静止不动的事物的相互关系中来考察，才能加以判断，静止是有限运动的结果。"出现静止和平衡，这是有限制的运动的结果，不言而喻，这种运动可以用自己的结果来计量，可以在自己的结果中表现出来，并且通过某种形式从自己的结果中重新得出来。"②

3. 运动与静止是可以相互转化的

除了运动是绝对的，静止是相对的，运动在静止中表现出来观点外，恩格斯还认为，运动与静止还是可以相互转化的。"个别的运动趋向于平衡，总的运动又破坏平衡。"具体的运动总是包含着趋向静止的因素。任何具体的运动都不会无限地进行下去，最终必然转化为平衡，而平衡又是暂时的，任何平衡都必然会被新的运动所代替，使静止不断地向运动转化。

三　批判杜林在化学方面的所谓"独创"

杜林一直在独创自己的最科学的体系，他不仅炫耀自己的天体学、物理学的独创知识，而且炫耀自己在化学方面的"独创"。

---

① ［德］恩格斯：《反杜林论》，人民出版社 1999 年版，第 63 页。
② 同上。

面对杜林在化学方面的"独创"，恩格斯很简洁地揭露了杜林化学"独创"的实质。

（一）杜林在化学领域的"独创"

杜林认为，自己在化学领域的独创主要体现在他的现实哲学所获得的自然界的三个不变规律上。这三个不变规律是：

（1）一般物质的量是不变的。

（2）单纯的（化学的）元素的量是不变的。

（3）机械力的量是不变的。

杜林不仅认为这三种东西的量是不变的，而且将这种不变上升到了规律的地位。

（二）恩格斯的分析和批判

1. 杜林所谓的"独创"不过是将举世皆知的事实贴上自己的"标签"

杜林提出的自然界的三个"不变律"，不过是把"物质既不能创造又不能消灭，物质的单纯组成部分（正由于物质是由它们构成的）既不能创造又不能消灭，以及运动既不能创造又不能消灭——这些表述得根本不能令人满意的陈旧的、举世皆知的事实，这就是杜林先生能够作为他的无机界自然哲学的成果提供给我们的惟一真正积极的东西。所有这些东西是我们早已知道的"。① 杜林不仅昏昏然不知，而且据为自己的创造。

2. 杜林所谓的"独创"不过是将前人东西贴上自己的标签

杜林的不变律中"机械力的量是不变的"的观点，除和他在物理学方面将一切运动形式归结为机械运动一脉相承外，对机械力的理解也不过是康德观点的翻版。由于在物理学方面，恩格斯对此做了充分的分析和批判，所以在这里，恩格斯只简单地指出："我们又看到了前面在讲到康德时的同样的情形：杜林先生搬出了某个尽人皆知的货色，贴上杜林的标签，而称之为：'完全独特的结论和观点……创造体系的思想……根底深厚的科学'。"②

3. 杜林所谓的"独创"存在逻辑上的混乱

杜林的"不变律"认为，一般物质的量是不变的，由此不变律，

---

① ［德］恩格斯：《反杜林论》，人民出版社 1999 年版，第 66 页。

② 同上。

杜林推出了另一个不变律，即："宇宙中现有的黄金任何时候都必定是同一数量的，而且和一般物质一样，既不能增加，也不能减少。"① 恩格斯没有明确指出杜林这种推论存在的问题，因为这种逻辑错误过于明显：杜林已经混淆了物质与物质的具体形态两个不同的概念。物质总量是不变的，既不能创造，也不能消灭。但作为具体物质形态的黄金的总量却是可变的。恩格斯只是无奈地说道："可惜杜林先生没有说，我们用这种'现有的黄金'可以买到些什么。"②

---

① ［德］恩格斯：《反杜林论》，人民出版社 1999 年版，第 66 页。

② 同上。

第七章 "自然哲学。有机界"

在第七章和第八章，恩格斯主要按照杜林理论体系的进程，从机械的、物理的和化学的运动形式转移到生物界，进而批驳杜林在生物学上的错误观点。

杜林要建立"无所不包"的最科学的哲学体系，在这一体系中，杜林也没有忽视生命的起源问题。生命是如何起源的？在杜林看来，生命的起源与发展过程只有量变，不存在质变。在《哲学教程》中，杜林说："从压力和碰撞的力学到感觉和思维的结合，存在一个由各中间梯级构成的统一的和惟一的阶梯。"① 也就是说，从力学到有感觉和思维能力的生命，只有量的积累，没有质的变化。杜林只承认从无机界到有机界的变化是量变的结果，不承认生命的出现是自然界发展质变的结果。我们一般将杜林的这种生命起源和变化观称为庸俗进化论。除庸俗进化论外，杜林还认为，生命的创造是符合某种目的的，本能的感觉主要是为了获得与它们的活动密不可分的满足而被创造出来的，一种东西之所以被创造出来，就是为了某种"满足"的目的。

针对杜林生命起源的观点，特别是杜林的庸俗进化论和目的论观点，恩格斯在"自然哲学。有机界"部分进行了分析。杜林在对生命的起源与发展做出自己阐述的同时，对达尔文的进化论多有非难。恩格斯在剖析杜林观点的同时，客观地评价了达尔文的进化论，并阐述了自己对生命起源及进化的看法，强调质变在事物发展变化过程中所具有的重要作用。

---

① ［德］恩格斯：《反杜林论》，人民出版社1999年版，第67页。

一 批判杜林在生命起源问题上的庸俗 进化论和唯心主义目的论的观点

（一）杜林的观点

1. 从无生命向生命转化过程中没有质的飞跃（庸俗进化论）

杜林认为，有机界是从无机界发展而来的，但是，如同他将运动只归结为机械运动一样，也只能从力学观点去说明生命的起源，从压力和碰撞的力学到感觉和思维的联系，存在一个由中间梯级构成的统一的和惟一的阶梯。从无机界到有机界（感觉和思维能力的生命）是和力学规律联系在一起的，而在力学规律起作用的过程中，存在一个"由中间阶段构成的统一的和惟一的阶梯"，也就是说，只有量的积累，没有质的变化。事物发展从无机界到有机界是量变的结果，生命现象的出现没有质变。

2. 生命起源是合乎目的的（目的论）

杜林不承认从无机界到有机界的发展是质变的结果，而只是量的积累，而量的积累如何达到质变，杜林无法说明，又不好意思直接求助于上帝，只好用目的论来解释生物从无机界到有机界的质变。所以，他主张生命的起源是合乎目的的，每一个生命被创造出来都是有一定的目的的，老鼠的存在是为了被猫吃掉，猫的存在是为了吃掉老鼠。"本能的感觉主要是为了获得与它们的活动密不可分的满足而被创造出来的。"① 像猫和老鼠的这种吃与被吃的目的性存在，就是自然界"不得不经常地一再地维持对象性世界的秩序②，同时它要处理的还不止这样一件事："要求自然界具有比通常所承认的更大的纤巧性。"③ 但是，自然界不仅知道它为什么创造这个或那个东西，它不仅要做家庭女仆的工作，它不仅具有纤巧性——这本身已经是主观的自觉的思维中的十分美好的东西，它也具有意志；因为本能的附加物（本能附带地执行现实的自

---

① ［德］恩格斯：《反杜林论》，人民出版社 1999 年版，第 68 页。
② 同上。
③ 同上。

然机能，即喂养、繁殖等）"我们应当视为不是直接而只是间接企求的东西。"①

（二）恩格斯的批判和阐述

1. 从一种运动形式转变到另一种运动形式总是一种飞跃

杜林认为，生命的起源是力学作用的结果，在从无机界到有机界的过程中经历了阶梯形式的渐变过程，生物发展只有量的积累，量的积累表现出生物进化的渐进性，在生物进化过程中，不存在有质的飞跃。恩格斯认为，杜林的断言"也只有一半是对的"②，因为在生命起源过程中确实存在种种的渐进性，但物质从一种运动形式到另一种运动形式的转变不是通过量变，而是通过质变，通过决定性的飞跃完成的。

恩格斯指出："尽管会有种种渐进性，但是从一种运动形式转变到另一种运动形式，总是一种飞跃，一种决定性的转折。从天体力学转变到个别天体上较小物体的力学是如此，从物体力学转变到分子力学——包括本来意义上的物理学所研究的热、光、电、磁这些运动——也是如此。从分子物理学转变到原子物理学——化学，同样也是通过决定性的飞跃完成的；从普通的化学作用转变到我们称之为生命的蛋白质的化学机制，更是如此。"③ 虽然"在生命的范围内，飞跃往后就变得越来越稀少和不显著"④，但"飞跃往后就变得越来越稀少和不显著"仍然没有否认和取消质变，这与杜林的只有量变没有质变的进化论是不同的。质变在事物发展过程中具有普遍性和重要意义，不能只承认生物进化中的量变而否认质变。

2. 目的论是杜林对黑格尔的歪曲抄袭

黑格尔曾用"目的性"的概念来说明事物的发展。黑格尔将目的性分为内在目的性和外在目的性，但黑格尔所讲的"目的性"主要是"内在目的"，即事物本身运动的规律性，虽然黑格尔对这一规律的理解是唯心的，但揭示了规律的存在，"甚至运用黑格尔的'内在的目的'——即不是被一个有意识地行动着的第三者（如上帝的智慧）纳

---

① ［德］恩格斯：《反杜林论》，人民出版社1999年版，第68页。
② 同上书，第67页。
③ 同上。
④ 同上。

入自然界，而是存在于事物本身的必然性中的目的"。① 杜林在讲述生命从无机界到有机界的发展问题上，抄袭了黑格尔的"目的性"概念，但却是一种歪曲的抄袭，将黑格尔的"内在目的"歪曲为"外在目的"，"目的概念帮助杜林先生在概念上转到有机界。这又是从黑格尔那里抄来的，黑格尔在《逻辑学》中——在概念论中——借助于目的论或关于目的的学说从化学机制转到了生命。在杜林先生那里，无论往哪里看，总是碰到某种黑格尔的'粗制品'，而他却毫不难为情地拿它冒充他自己的根底深厚的科学"。②

杜林认为，许多动物所具有的保护色就是合乎适应性"目的"而产生的。在恩格斯看来，"雨蛙和食叶昆虫是绿色的，沙漠中的动物是沙黄色的，两极的动物主要是雪白色的，那么它们肯定不是有意识地或按照某种观念获得这些颜色的；相反地，这些颜色只能从物理力和化学动因来说明"。③ 也就是说，动物不是先有目的地长出了某种保护色，而是在生存过程中，为了保护自己，避免天敌的攻击，在适应自然环境的过程中，逐渐形成了保护颜色。

杜林将黑格尔的目的性歪曲为只是外在的目的性，并将此作为所谓自己的创造，而杜林歪曲抄袭黑格尔目的性的目的是什么？恩格斯道出了其中的奥秘，猫被创造出来是为了吃老鼠，老鼠被创造出来是为了给猫吃，而整个世界被创造出来是为了证明造物主的智慧，上帝又从后门被放进来了。

二 批判杜林对达尔文学说的攻击，客观地评价了达尔文的进化论

从古希腊开始，哲学家就在探讨世界万物的构成及起源问题。古希腊时期，有不少人认为，世界是由某种具体的物质构成的。比如，泰勒斯认为世界的本源是水，阿那克西米尼认为是气，赫拉克利特认为是

---

① ［德］恩格斯：《反杜林论》，人民出版社 1999 年版，第 68 页。
② 同上书，第 67 页。
③ 同上书，第 73 页。

火，等等，虽然从今天看来显得幼稚，但其中的唯物性却是不言而喻的。而从中世纪开始，世界万物是由上帝创造的"特创论"（"认为世界是一个全能上帝创造出来的信念被称作特创论"①）开始占据主导地位，整个自然界创造出来是为了证明造物主的智慧。

从文艺复兴开始到 18 世纪，是近代自然科学形成和发展的时期，在这一时期，自然科学有了很大的发展，对"特创论"造成了冲击，但是，由于受制于这一时期科学发展水平的限制，这一时期占主导地位的思维方式是形而上学的思维方式，不变论有很大的市场。在宇宙起源问题上，流行观点主张，地球由所谓的第一推动力推动而运转起来，以后就永远不变地运动下去；自然界的生物物种一直就是这个样子，原来是这样，现在和将来也将会是这样。但是，随着康德的天体论的出现，不变论上的缺口被打开了，转变论的自然观在自然科学各领域逐渐形成。在生物的起源问题上，变化论也出现了。达尔文就是其中的一个典型代表。

查尔斯·罗伯特·达尔文（C. R. Darwin，1809.2.12 – 1882.4.19），英国生物学家，生物进化论的奠基人，1859 年出版了其代表著作《物种起源》。1831—1836 年，以"博物学家"的身份参加英国海军"小猎犬号"舰，做了 5 年环球科学考察。考察期间，在动植物和地质方面进行了大量的观察和采集。1859 年，达尔文出版《物种起源》一书中用大量资料证明了所有的生物都不是上帝创造的，而是在遗传、变异、生存斗争中和自然选择中，由简单到复杂、由低等到高等不断发展变化的，从而提出生物进化论学说。

达尔文通过观察发现，生物都有繁殖过剩的倾向，而生存空间和食物是有限的，所以，生物必须"为生存而斗争"。在同一种群中的个体存在变异，那些具有能适应环境的有利变异的个体将存活下来，并繁殖后代，不具有有利变异的个体就被淘汰。如果自然条件的变化是有方向的，则在历史过程中，经过长期的自然选择，微小的变异就得到积累而成为显著的变异。由此可能导致亚种和新种的形成。除实地考察外，达尔文还通过动物和植物的人工培育的方式，证明"物种变异"情况的存在。

---

① ［美］恩斯特·迈尔：《进化是什么》，上海科学技术出版社 2009 年版，第 4 页。

"进化论"的出现对"特创论"和"物种不变论"造成了毁灭性的打击。恩格斯将"进化论"与细胞学说、能量守恒转化定律并列称之为 19 世纪自然科学的三大发现。"创造体系"的杜林在有机界的问题上提不出自己的见解,却百般指责达尔文的进化论。

(一) 杜林的观点

1. "生存斗争"不过是达尔文照抄马尔萨斯"人口论"的结果

托马斯·罗伯特·马尔萨斯(Thomas Robert Malthus,1766 – 1834),英国牧师、经济学家,代表著作《人口学论》(1798)。马尔萨斯认为,人和动、植物都有繁殖自己种类的本能,这种本能冲动造成了过度的繁殖。人口的过度繁殖使人口增长的趋势超过生活资料增长的趋势。他断言:人口按几何数列(1、2、4、8、16、32……)增加,而生活资料只能按算术数列(1、2、3、4、5、6……)增加,因此,生活资料的增加赶不上人口的增长是永恒的自然规律。只有用繁重的劳动、极度的贫困、传染病、战争、瘟疫、饥荒等办法减少人口,才能使人口的数量和生活资料的数量相适应。

达尔文发现:"自然界所产生的胚胎的惊人数量和真正达到成熟的有机体的微小数量之间的不相称。而由于每一个胚胎都力争发育成长,所以就必然产生生存斗争,这种斗争不仅表现为直接的肉体搏斗或吞噬,而且甚至在植物中还表现为争取空间和阳光的斗争。很明显,在这一斗争中,凡是拥有某种尽管是微不足道的但是有利于生存斗争的个别特质的个体,都最有希望达到成熟和繁殖。这些个别特质因此就有了遗传下去的趋势,如果这些特质在同种的许多个体中发生,那么,它们还会通过累积的遗传按既定的方向加强起来;而没有这种特质的个体就比较容易在生存斗争中死去,并且逐渐消失。物种就这样通过自然选择、通过适者生存而发生变异。"①

所以,杜林就断定,达尔文"把马尔萨斯的人口论从经济学搬进自然科学",他所谓的进化论不过是对马尔萨斯人口论的抄袭,因而必然具有马尔萨斯人口理论所固有的一切缺陷,但实际上,在没有意识的植物中和在驯顺的食草动物中根本谈不上什么生存斗争,"按照确切的意

---

① 〔德〕恩格斯:《反杜林论》,人民出版社 1999 年版,第 69 页。

义来说，在兽类中，只有在通过抢夺和吞噬来获取食物时，才有生存斗争"。①

2. 达尔文的进化论抄袭了拉马克学说

在杜林看来，达尔文除抄袭马尔萨斯的人口论外，还抄袭了拉马克的进化论，而且抄得并不成功，使他的理论沦落为"只是一种与人性对抗的兽性"。②

进化论并不是达尔文首先提出来的。在达尔文以前，有不少的生物学家已经提出了生物进化的思想，而拉马克是第一个系统地论述进化论理论的人。

让-巴蒂斯特·拉马克（1744—1829），法国博物学家，进化论的倡导者和先驱，代表著作是《动物哲学》（1809）。拉马克提出了"用进废退"与"获得性遗传"法则。拉马克认为，生物经常使用的器官会逐渐发达，不经常使用的器官会逐渐退化，"用进废退"这种后天获得的性状可以遗传，生物可以把后天获得的成果遗传给下一代，比如，长颈鹿的颈原本是短的，为了吃到高树上的叶子，必须经常伸长脖子和前腿，就使长颈形成，并通过遗传将长颈传给后代，于是就形成了长颈鹿的长颈。

达尔文在《物种起源》一书中曾多次引用拉马克的著作，杜林就趁此攻击达尔文抄袭了拉马克。

3. 达尔文的自然选择是从"虚无中得出自己的变化和差异"

达尔文进化论强调自然选择，生物在各种条件影响下发生着变异，而具备有利变异的个体容易生存下来，不具备有利变异的个体则容易死亡。这种有利变异的个体保存下来和有害变异的个体被淘汰的过程，就是自然选择的过程。

除对达尔文的刁难外，杜林还通过反对达尔文主义者——海克尔的理论达到对进化论的攻击。

海克尔（E. Haeckel, 1834 - 1919），德国生物学家，达尔文主义者。海克尔读了达尔文的《物种起源》后，就对进化论深信不疑，成了在德国宣传和捍卫达尔文进化论的学者，1866 年出版的《普通形态

① ［德］恩格斯：《反杜林论》，人民出版社 1999 年版，第 70 页。
② 同上。

学》以进化的观点阐明生物的形态结构，并以"系统树"的形式，表示出各类动物的进化历程和亲缘关系；1868 年出版的《自然创造史》把生命起源和人类演变也纳入进化体系之中；1874 年出版的《人类发生或人的发展史》提出了"生物发生律"，认为个体发育是系统发育简短而迅速的重演，生命是由无机物即死的材料产生的，人类是由猿猴进化而来的，就像猿猴是由低等哺乳动物进化而来一样。

海克尔不是用生存斗争，而是用适应和遗传的交互作用说明物种的进化，物种变异被看作适应和遗传相互作用的结果。适应是物种进化过程中引起变异的主导方面。遗传是进化过程保存变异的方面，通过遗传将新性状传给自己的后代。在进化过程中，生物体内存在斗争的两方面：变化与守旧，两方面进行着剧烈的斗争，斗争的结果就是新物种的产生。所以，"变化和差异"并不是从虚无中来的，而是通过适应和遗传得来的。

杜林对海克尔的观点不屑一顾，"对自然界所赋予的或者所剥夺的生活条件的真正适应，要以受观念支配的推动力和活动为前提。否则，适应只是一种假象，而在这种情况下起作用的因果性并没有超越物理学的、化学的和植物生理学的东西的低级阶段"。① 生物的适应性要以观念为依托，没有观念的适应都是一种假象。生物有观念，所以，生物有适应性；而植物没有观念，所以，植物就没有适应性。海克尔认为，植物有适应性，这就等于把观念赋予植物，所以，杜林说海克尔是"降神术的紊乱"。"如果某种植物在它的生长中采取它能够得到最大量阳光的途径，那么这种刺激作用只不过是物理力和化学动因的结合；如果有人在这里想不用比喻而根据文字本义来谈适应，那么这一定会把降神术的紊乱带到概念中去。"②

4. 达尔文遗传理论断定整个有机界是从"一个原始生物引导出来的"

杜林认为，达尔文没有说明引起个别个体变异的原因，他所主张的通过自然选择产生新的物种，就是"从虚无中"产生物种，"根据杜林先生的意见……据说达尔文断定，整个有机界起源于一个原始生物，也可以说它是一个惟一的生物的后代。似乎在达尔文看来，根本就不存在

---

① ［德］恩格斯：《反杜林论》，人民出版社 1999 年版，第 72 页。

② 同上。

没有亲缘关系的同种自然产物的独立并存；所以在他那里一旦生殖或其他繁殖方法的线索中断，他就不得不立刻和他那追溯既往的观点一起陷入绝境"。①

（二）恩格斯的批判和阐述

1. 达尔文"生存斗争"理论并非起源于马尔萨斯的人口论

杜林说："正如达尔文本人所承认的，生存斗争观念的起源，应当到国民经济学上的人口理论家马尔萨斯的观点的普遍化中去寻找。"②马克思对此进行了批驳。"其实达尔文根本没有想到要说生存斗争观念的起源应当到马尔萨斯那里去寻找。他只是说：他的生存斗争理论是应用于整个动物界和植物界的马尔萨斯理论。不论达尔文由于天真地盲目地接受马尔萨斯学说而犯了多大的错误，任何人一眼就能看出：人们不需要戴上马尔萨斯的眼镜就可以看到自然界中的生存斗争，看到自然界白白地产生的无数胚胎同能够达到成熟程度的少量胚胎之间的矛盾。"③达尔文在创立生存斗争理论时确实天真地盲目地接受了马尔萨斯学说，认为生存斗争的原因是繁殖过剩，这确实是达尔文理论片面的地方，但是，这一片面性和对马尔克斯的盲目接受，并不能因此否认达尔文理论的伟大性。达尔文的生存斗争理论是他科学研究的结果，不是对马尔萨斯人口理论的照搬，没有马尔萨斯的"人口论"，达尔文同样可以得出自然界生存斗争的结论。如同李嘉图的工资规律引用过马尔萨斯的人口论，并不能因此否认工资规律一样。

李嘉图认为，工资的多少由工人及其家属所必需的生活资料的价值决定，同时受劳动力供求关系的影响。李嘉图在论述工资规律时，引用了马尔萨斯的"人口论"，认为人口增长超过了资本增长，出现了人口过剩，工人要想增加工资，提高生活质量，必须限制劳动人口，而限制劳动人口的方法，包括限制没有供养能力的人结婚、限制早婚、对劳动者进行禁欲主义教育等。李嘉图确实引用了马尔萨斯的人口论说明工资规律，但李嘉图的工资规律也确实不是依据马尔萨斯"人口论"得出来的。因此，恩格斯说："正如在李嘉图用来证明工资规律的马尔萨斯

---

① ［德］恩格斯：《反杜林论》，人民出版社 1999 年版，第 73 页。
② 同上书，第 69—70 页。
③ 同上书，第 70 页。

论据早已无声无息以后，工资规律还依旧保持自己的效力一样，生存斗争也可以没有任何马尔萨斯的解释而依旧在自然界中进行。"① 但杜林把生存斗争的概念歪曲为兽类的斗争。在兽类中，只有通过抢夺和吞噬来获取食物时，才有生存斗争，也就是说："在没有意识的植物中和在驯顺的食草动物中根本谈不上什么生存斗争。"② 这纯粹是对达尔文学说的歪曲和捏造。其实，达尔文在《物种起源》一书中明确指出：生存斗争的现象是自然界中普遍存在的现象，涉及全部有机界。而杜林"正是这种被作了限制的生存斗争惟一炮制者，所以也只能由他对此负责。因此，不是达尔文'在野兽中寻找自然界一切活动的规律和理解'，——达尔文恰恰把全部有机界包括在这个斗争中了，而是杜林先生自己制造的幻想妖怪在寻找这些东西"。③

2. 达尔文的进化论继承和发展了拉马克的学说

和杜林对达尔文和拉马克关系的歪曲不同，恩格斯肯定达尔文对拉马克的继承和进一步发展。

恩格斯认为，杜林之所以抬高拉马克贬低达尔文，其目的主要是否定达尔文的成就。"杜林先生对自然科学依仗达尔文学说的推动而取得的巨大进展怒不可遏。"④

达尔文并没有贬低拉马克的功绩，相反，在《物种起源》中达尔文高度评价拉马克，认为拉马克是第一个进化论者，称赞他最大的功劳是最先唤起世人，使人们注意到有机界和无机界的变异是自然规律，而不是神的意志。拉马克的理论有其时代局限性，但"从拉马克那时以来，在从事搜集或解剖的植物学和动物学领域内积累了大量的材料，此外还出现了在这方面具有决定性重要意义的两门崭新的科学：对植物和动物的胚胎发育的研究（胚胎学），对地球表面各个地层内所保存的有机体遗骸的研究（古生物学）。于是发现，有机体的胚胎向成熟的有机体的逐步发育同植物和动物在地球历史上相继出现的次序之间有特殊的吻合。正是这种吻合为进化论提供了最可靠的根据"。⑤ 到了达尔文的

---

① ［德］恩格斯：《反杜林论》，人民出版社 1999 年版，第 70 页。
② 同上。
③ 同上书，第 71 页。
④ 同上书，第 75 页。
⑤ 同上书，第 75—76 页。

时代，随着在动物学和植物学领域"积累了大量的材料"，为达尔文的进化论提供了更可靠的根据，在继承拉马克的同时，达尔文在新的事实材料的基础上发展了拉马克的理论。

恩格斯同时指出，进化论本身还很年轻，达尔文发展了拉马克的思想，达尔文的进化论同样需要进一步发展，而随着进化论的发展，"将会大大修正现在的、包括严格达尔文主义的关于物种进化过程的观念"。[①]

3. "自然选择是从虚无中来"是杜林对达尔文（主义）的刁难

杜林认为，达尔文的自然选择是"从虚无中得出自己的变化和差异"，因为达尔文说到自然选择时没有考虑引起个别个体变异的原因，的确，达尔文所说的自然选择没有考虑引起个别个体变异的原因，但这主要是因为，在达尔文生活的时代，是"特创论""不变论"和"目的论"流行的时代，面对这种情况，达尔文的主要任务并不是要说明个体变异的原因，而是说明群种变异的原因。"说明这种个体的偏离怎样逐渐成为一个品种、变种或种的特征。在达尔文看来，问题首先与其说是在于找出这些原因——这些原因直到现在有一部分还完全不知道，有一部分也只能作最一般的陈述，——而宁可说是在于找出一种使它们的作用固定下来并获得久远意义的合理形式。"[②] 为生命的变化、进化寻找根据。达尔文注重个体的偏离怎样逐渐成为一个品种、变种或种的特征的原因，这确实是达尔文的不足，但这个不足不是达尔文个人的，而是当时自然科学的发展水平和他所要解决的主要问题所带来的。达尔文理论有其局限性，但达尔文更有其伟大的建树，毕竟，对变化和差异究竟从何而来这一问题的研究给予推动的，又"不是别人，正是达尔文"。[③]

达尔文以后，进化论在海克尔那里得到了进一步的丰富。海克尔不是将自然选择仅仅与生存斗争联系起来，而是将自然选择与生物的适应和遗传联系起来，并用此解释物种变异的原因。恩格斯说："最近，特别是通过海克尔，自然选择的观念扩大了，物种变异被看作适应和遗传

[①] ［德］恩格斯：《反杜林论》，人民出版社1999年版，第76页。

[②] 同上书，第71页。

[③] 同上书，第70页。

相互作用的结果，在这里适应被认为是过程中引起变异的方面，遗传被认为是过程中保存物种的方面。"① 生物在进化过程中，由于适应而引起自身改变产生变异，变异使生物可以生存下来，不变异的生物因无法适应而被淘汰。适应获得了不是由遗传而来的新特征（变异性获得），解释了达尔文没有解释的重复出现的个别变异的原因问题，发展了达尔文的进化论。

杜林在对海克尔的态度上玩弄了概念游戏。他认为，"适应"是受观念支配的，是一种自觉的有目的的活动，否则就不是适应的。恩格斯说："又是名称使杜林先生恼怒了。"② 问题的关键不在于叫什么名称，而是适应这个过程是否客观存在，适应过程中有机体是否会产生变异？杜林回答不了这个问题，所以，只能顾左右而言他，谈自然界的纤巧性，谈自然界的意志，就是不谈适应是否客观存在，适应过程中有机体是否会产生变异的问题。所以，恩格斯说："确实是降神术的紊乱，然而是在哪里？在海克尔那里呢，还是在杜林先生那里？"③ 真正"紊乱"的不是海克尔，而是杜林本人。

4. 一切有机体起源于一个原始生物是杜林的"自由创造物和想象物"

杜林在从生物学上的适应性问题转到遗传问题时，同样对达尔文的遗传学说肆意歪曲。在杜林眼中，达尔文完全走上了歧途，竟然认为，"整个有机体是从一个原始生物传下来的"，"是一个惟一生物的后代"，不存在"没有亲缘关系的同种自然物的独立并存"，一旦生殖或者其他繁殖方法的线索中断，"就不得不立刻和他那追溯既往的观点一起陷入绝境"。④

针对杜林对达尔文遗传学的评价，恩格斯指出："断定达尔文认为一切现存有机体起源于一个原始生物，说得客气点，这是杜林先生'本身的自由创造物和想像物'。"⑤ 达尔文从来没有说过，现在所有的生物是从一个原始生物传下来的。"达尔文在《物种起源》第 6 版倒数第 2 页上说得很清楚，他认为'一切生物都不是特殊的创造物，而是少

---

① ［德］恩格斯：《反杜林论》，人民出版社 1999 年版，第 72 页。
② 同上。
③ 同上。
④ 同上书，第 73 页。
⑤ 同上。

数几种生物的直系后代'。"① 说达尔文认为现存的有机体是从一个原始
生物传下来的，完全是杜林的捏造。恩格斯说，到海克尔更大大前进
了，因为海克尔假定："'植物界有一个完全独立的品系，动物界则有
另一个品系'，而在两者之间，'还有若干独立的原生生物品系；它们
中间的每一个品系都完全独立于上述二者而从一个独特的自生的原虫形
态发展出来。'"②

虽然杜林只是将"少数几种生物"偷换为"一个原始生物"，但实
际上却将达尔文的学说引到了另一条路上，由此杜林可以把这个原始生
物看作和亚当一样，达尔文的学说不过是上帝创始说的翻版而已。"杜
林先生发明这个原始生物，只是为了通过把它同原始犹太人亚当对比，
而尽可能地加以丑化。"③ 恩格斯指出，不要说达尔文的学说，就连宗
教，也由于乔治·斯密斯关于亚述的发现，被证明不是虚构的，《圣
经》上全部有关创世和洪水的故事，也被证实为古老的宗教传说，"不
幸的是他一直不知道，由于斯密斯关于亚述的发现，这个原始犹太人原
来是原始闪米特人，而圣经上有关创世和洪水的全部故事，都被证实是
犹太人同巴比伦人、迦勒底人和亚述人所共有的古代异教徒宗教传说的
一部分"。④

对于杜林对达尔文主义"一旦亲缘关系的线索中断，他就立刻陷入
绝境"⑤ 的责备，恩格斯指出，关于生命起源的问题，由于各方面的原
因，当时的科学水平所能达到的，只是肯定"生命的起源必然是通过
化学的途径实现的"⑥，而通过何种具体的化学途径，当时的科学发展
水平还无法解释清楚，这不是达尔文的过错，而是由时代所决定的，如
果由此非要说是"陷入绝境"的话，那么，陷入绝境的就不是达尔文
一个人，而是当时的整个自然科学，也包括杜林在内。

---

① [德] 恩格斯：《反杜林论》，人民出版社 1999 年版，第 73—74 页。
② 同上书，第 74 页。
③ 同上书，第 73—74 页。
④ 同上书，第 74 页。
⑤ 同上。
⑥ 同上。

三　揭露杜林在进化理论上的自相矛盾

杜林要创造无所不包的科学体系，既然是"创造"，按照杜林的理解，就是别人所不具有的东西，就是我的"独创"。

在生物学上，在关于进化论的问题上，为了要突出自己的高明，显示自己的独创性，杜林处处表现出对达尔文生存斗争、进化论等的不屑一顾甚至是否定。事实上，想要独创的杜林却在事实上并没有表现出自己的独创来；相反，而是在一边否定达尔文的同时，又时不时地将达尔文的东西据为己有。在对待进化论问题上，表现出了不少自相矛盾的地方。对于这些矛盾，恩格斯也有所揭露。

（一）杜林在"物种变异"问题上表现出的矛盾性

对物种的变异，杜林在很大程度上是持否定态度的。这和杜林的运动观密切相关。在物质的运动形式上，杜林更多地肯定的是机械运动，而对其他运动形式则持否定态度。杜林虽然看重机械运动，但他也无法否认其他运动形式的存在，因而，杜林在机械运动中，在不断寻找从静到动的"桥"，在寻找不到时，杜林只能悄悄地求助于"第一推动力"，求助于上帝之手。所以，在宇宙万物的起源，包括天体、生物的起源上，一切由上帝创造出来以后就一直是这个样子，杜林持这种观点就一点也不奇怪了。

因为只承认机械运动，所以，杜林认为，在生物的变化中，只存在量变，不存在质变，新物种的产生是量变逐渐积累的结果，和质变没有丝毫的关系。但是，杜林也应该能意识到，不论量变如何积累，如果没有质的飞跃，积累再多的量，事物仍然是原来的事物，新事物的出现是万万不可能的。现实同样证明，新事物的产生、变异是任何人，包括杜林，谁也无法否认的客观现实，所以，在只承认量变，不承认质变的同时，杜林也无奈地表示，"物种的变异性是一个可以接受的假定"①，虽然在杜林看来只是一种假定，但起码杜林先生不得不承认了它的"可以接受"性，杜林在物种变异问题上的矛盾性表露无遗。在"物种变

---

① ［德］恩格斯：《反杜林论》，人民出版社 1999 年版，第 76 页。

异"问题上表现出的矛盾性，既说明了杜林对达尔文等的进化论的责难是站不住脚的，也说明杜林所谓的创造体系，可能就真的是为创造体系而创造体系。

（二）杜林在"亲缘关系"问题上表现出的矛盾性

杜林在这里所谓的原始生物指的是亚当，他是犹太教《创世纪》神话中犹太人的祖先，后来天主教神话中又把他当作人类的始祖。杜林企图把进化论诬蔑为宗教神话，丑化达尔文。

这不仅证明了杜林捏造的达尔文从一个原始生物引导出一切现存的有机体，与犹太神话中犹太人或人类是亚当的后代相比是荒谬的，而且也暴露了杜林的无知。

在"亲缘关系"问题上，杜林说，达尔文主张一切生物是一个生物的后代，整个有机界起源于一个原始生物，整个有机界是一个唯一的生物的后代，不存在没有亲缘关系的同种自然产物的独立并存。但通过恩格斯的分析，我们知道，说得客气一点，这是杜林先生"本身的自由创造物和想象物"，是杜林强加给达尔文的。达尔文从来没有说过整个有机界是一个唯一的生物的后代，在《物种起源》中，达尔文说得很清楚，一切生物都不是特殊的创造物，而是少数几种生物的直系后代。一切生物是一个生物的后代，是杜林自己的臆想和对达尔文观点的歪曲，而这种歪曲是为他的第一推动力和上帝之手服务的，但他却将自己的歪曲强加给达尔文。

杜林借达尔文之口，表达了他的一切生物是一个生物的后代的观点，但他并没有坚持住自己的这一观点。杜林说，"没有亲缘关系的同种自然产物的独立并存"也同样有效，亦即既存在一切生物是一个生物后代的现象，也存在没有亲缘关系的几个生物并存的现象，"异种的自然产物，即变异着的物种，是一个传自另一个的，而同种的就不是这样。可是并不完全如此，因为就是对变异着的物种来说，'亲缘关系，相反地，也不过是自然界的极其次要的行为'"。① 所以，恩格斯调侃杜林，这毕竟说的是亲缘关系，尽管是"次要的"。我们高兴的是，杜林先生在对亲缘关系说了那么多坏话和糊涂话之后，终于又把它从后门放进来了，杜林在亲缘问题上的矛盾性呈现了出来。

---

① ［德］恩格斯：《反杜林论》，人民出版社1999年版，第76页。

（三）杜林在"自然选择——生存斗争"问题上表现出的矛盾性

杜林反对达尔文进化论的"自然选择——生存斗争"，认为，这不过是将马尔萨斯的"人口论"理论照搬到自然界的结果，在自然界中，根本不像达尔文所说的那样，到处存在生存斗争，"按照确切的意义说来，在兽类中，只有在通过抢夺和吞噬来获取食物时，才有生存斗争"，生存斗争只存在于兽类中，而且不是在兽类的任何生存过程中都存在着生存斗争，而是在"抢夺和吞噬来获取食物时，才有生存斗争"，达尔文将生存斗争无端扩大化了。杜林把生存斗争限制在这样一个狭窄的范围以后，对这个被他限制在兽类中的概念的兽性任意发泄他的满腔愤怒了。针对杜林对达尔文进化论的片面理解，恩格斯指出，生存斗争不仅存在于生物中，也存在于植物中，"关于这一点，每块草地、每块谷田、每片树林都可以向他证明"①，但杜林对这个问题固执地保持着沉默。事实上，杜林的沉默被打破了，打破这一沉默的人是谁？不是别人，而是杜林本人。杜林在对生存斗争——自然选择正是通过它来实现的——发泄了全部义愤之后，突然又说："因此，生物的本性的更深刻的根基应该在生活条件和宇宙关系中去寻找，而达尔文所强调的自然选择只能算是次要的。"虽然仍然强调生物的本性应该在生活条件和宇宙关系中去寻找，但毕竟不再否认自然选择的作用，所以，恩格斯说，杜林在这里"毕竟说的是自然选择，虽然也是次要的；这样，同自然选择一起存在的，还有生存斗争"。正如同恩格斯在评价杜林对待亲缘关系时说的那样，杜林先生在对自然选择——生存斗争说了那么多坏话和糊涂话之后，终于又把它从后门放进来了，杜林在"自然选择——生存斗争"问题上的矛盾性呈现在我们的面前。

杜林一再攻击达尔文的学说，但在攻击的同时，又一股脑地把达尔文学说接受下来，虽然在接受时表现出老大的不情愿。结果导致了这样的情形：杜林表面上攻击的是达尔文，事实上攻击的却是他自己。

---

① ［德］恩格斯：《反杜林论》，人民出版社 1999 年版，第 71 页。

第八章 "自然哲学。有机界（续完）"

本章是上一章"有机界"的继续，继续剖析杜林在生物学上尤其是生命本质问题上的观点，在剖析杜林生命本质观点的同时，恩格斯根据当时自然科学的成就，提出了马克思主义对生命本质的看法，通过生物学进一步阐述了马克思主义的自然观。

一 揭露杜林在自然科学方面的自命不凡

（一）杜林的观点

自己在数学和自然科学方面的博学，为自然哲学提供了科学前提。杜林说，为了给自然哲学提供一切科学前提，需要的实证知识"首先是数学的一切重大成就，其次是力学、物理学和化学的精密知识的主要论断，以及生理学、动物学和类似研究领域的所有自然科学结论"。① 言外之意，自己在数学、力学、物理学、化学、生理学、动物学等领域有着丰厚的基础，而丰厚的数学和自然科学基础为自己的自然哲学提供了科学的前提，因而，他的自然哲学是建立在科学基础之上的，在杜林看来，自己在数学和自然科学方面称得上是"博学"。

（二）恩格斯的批判

杜林所说的博学不过是自然科学常识和一些自相矛盾的说法。

杜林认为，他在数学和自然哲学方面的博学，为自然哲学提供了科学的基础，恩格斯却没有看出杜林的所谓博学表现在什么地方，"从这一贫乏的部门本身看不出，而从它的更加贫乏的结论上更看不出隐藏着什么穷根究底的实证知识"。杜林所谓的博学不过是自然科学的常识和

---

① ［德］恩格斯：《反杜林论》，人民出版社 1999 年版，第 77 页。

一些自相矛盾的说，甚至是毫无意义的一些说辞。

在物理学知识方面，杜林除知道热的机械当量外，其他的一概不知。杜林的"机械当量"就是通常说的"热功当量"。"热功当量"是初等物理学的内容，只能算是物理学的常识知识，但是，杜林却把它当作自己自然哲学的物理学前提，从这一点就可以看出杜林物理学知识的贫乏。

在化学知识方面，杜林只知道一切物体分为元素和元素的化合物这一普通知识，但区分不了原子、分子和原子运动、分子运动，杜林说过"有引力作用的原子"的话。万有引力定律是质量力学的定律，它适用于宏观物体的机械运动，不能说明原子的化合作用，杜林在这里却把解释物理运动的原理用在了解释化学作用上。恩格斯说，"由原子来说明的不是万有引力或其它机械的或物理的运动形式，而只是化学作用"，杜林并不精通化学，不知道化学和物理学的区别。

在有机界知识方面，杜林甚至可以用一无所知来形容，所以，他只能说出一些空洞的东西，有时甚至自相矛盾，他最后得出的结论都是毫无意义的。

在生物知识方面，杜林分不清"发育"和"组合"，在有机体的形成上主张用"组合"代替"发育"。为了批判杜林的"组合"谬论，恩格斯较详细地阐述了细胞学的基本内容和个体发育的过程。

细胞学是法国植物学家施莱登和生物学家施旺在 19 世纪 30 年代提出的。它的基本内容是："一切有机体，除最低级的以外，都是由细胞构成的。"

细胞是能相对独立存在的一切有机体的基本单位。最低级的细胞体，只有一个细胞，绝大多数有机物是多细胞集合成的复合体，细胞也具有不同的类型、功能和形式。

细胞很小但很复杂，由细胞膜、细胞质、细胞核构成。细胞膜是细胞同外界直接接触的部分，外界的营养物质通过它进入细胞内，细胞内的代谢物又通过它排泄出去。细胞膜主要是蛋白质和脂类构成的，它具有对各种分子进出细胞的选择透过性。植物的细胞在膜外还有一层或两层由纤维素形成的细胞壁。恩格斯说："通常，细胞也长有外膜，里面都或多或少是液体。"[①] 这种半透明的、黏稠的液体就是细胞质。细胞

---

① ［德］恩格斯：《反杜林论》，人民出版社 1999 年版，第 78 页。

质中包含着许多细胞器，每一种细胞器都有自己的特定功能。细胞的中心部分是细胞核，细胞核的主要成分是蛋白质和核酸。

细胞增殖的共同方法是分裂。分裂先从细胞核开始，一个核分成两个核，每个核又都成为新的聚集中心，最后一个细胞便分裂成两个细胞；两个细胞就分裂成四个细胞。细胞不断进行分裂，这就从一个细胞发育成了多细胞的复合体。细胞在进行分裂的同时，还进行生理的分工和形态的变异即进行分化。

恩格斯指出，细胞的发现揭开了有机体产生、成长和构造的秘密。动物的一个受精卵，是在不断地进行细胞分裂和分化的过程中，逐渐发育成一个完全成熟的动物的，这是不折不扣的发育过程，根本不是组合。杜林对科学一窍不通，他的吹嘘只能说明他是一个江湖骗子。

除最低级的之外，一切有机体都是由细胞构成的。一切有机体的发育都是细胞的分裂。细胞的分裂，先是细胞核一分为二，再是整个细胞分裂为两个独立的细胞。一切动植物都是如此，即都是从不断重复的细胞分裂，逐渐发育成为成熟的动植物。恩格斯以动物的卵受精后发育成熟的事情为例，说明细胞的发育。"这里的过程恰好只是而且确实是不折不扣的发育，而根本不是组合！"[1] 杜林认为，有机体的形成是通过细胞的机械组合，而不是细胞的发育，这是用形而上学的"组合论"来替代了"发育论"。

恩格斯指出，细胞是较为发达的生物机体的基本单位。"一切有机体，除了最低级的以外，都是由细胞构成的。"[2] 在不同的生命形态中，细胞有着一样的基本结构，即细胞核、细胞质及细胞膜等。最低级的细胞体是单细胞生物，即一个细胞就是一个有机体，多种生命作用通过这一个细胞得以实现；绝大多数的生物是多细胞有机体，是由许多细胞集合而成的复合体。在较低级的多细胞生物中，细胞基本上是同型的，而在较高级的多细胞生物中，细胞有了功能上的分化，形成了各式各样的不同细胞。

细胞的分裂是细胞增殖的基本方法。"一切有机的细胞体，从本身是简单的、通常没有外膜而内部具有细胞核的蛋白质小块的变形虫起一

---

① ［德］恩格斯：《反杜林论》，人民出版社 1999 年版，第 79 页。

② 同上书，第 78 页。

直到人，从最小的单细胞的鼓藻起一直到最高度发展的植物，它们的细胞繁殖方法都是共同的：分裂。"① 单细胞生物，通过分裂繁殖，多细胞生物，通过分裂发育，生物体的生长变化就是靠细胞的分裂，这一过程绝对不是杜林所谓的"组合"过程。细胞分裂的过程先是细胞核分成两个，然后是细胞本身的一分为二，成为两个独立的细胞而继续存在下去。动物的繁殖和发育比较复杂，一般采取有性生殖。在生物体成熟后，生殖器官产生性细胞，性细胞有雌雄两类，两者结合形成受精卵。受精卵通过细胞分裂开始发育，经过细胞的分化构成不同的组织和器官。这个过程分为分裂期、胚胎期和胚胎后期三个阶段。恩格斯说："动物的卵在受精以后，其胚泡经这样不断重复的细胞分裂逐步发育成为完全成熟的动物，同样，在已经长成的动物中，对消耗的组织的补充也是这样进行的。"②

恩格斯在论述了细胞的形成、细胞的结构、细胞的种类、细胞的增殖方法、细胞发展变化的过程后，说杜林"把这样的过程叫作组合，而把称这一过程为发育的意见叫作'纯粹的想像'，这种话无疑地只有对这种过程一无所知的人——很难设想现在还会有这样的人——才说得出来；这里的过程恰好只是而且确实是不折不扣的发育，而根本不是组合"。③

细胞是有机体的基本单位，有机体的形成是发育，而不是"组合"，细胞学说揭示了细胞是一切生物体的共同组成单位，生命体依赖于细胞的活动，从此，人们认识到一切较高级的有机体都是通过细胞的变异能力发育生长的。

恩格斯把细胞学说的创立看作19世纪最重要的科学发现之一。他在总结细胞学说成就的基础上指出："一切有机体，除了最低级的以外，都是由细胞构成的，即由很小的、只有经过高度放大才能看得到的、内部具有细胞核的蛋白质小块构成的。"④ 细胞是有机体的基本单位。恩格斯根据当时的科学成就分析了细胞的构成和在有机体中的作用。细胞不仅是动植物有机体的基本结构，而且动植物的繁殖与发育也

---

① ［德］恩格斯：《反杜林论》，人民出版社1999年版，第78页。
② 同上书，第79页。
③ 同上。
④ 同上书，第78页。

都是从细胞的分裂开始的。

后来，生物科学的发展证实了恩格斯的论断。细胞作为动植物有机体的基本单位，它们的分裂通常采取无丝分裂、有丝分裂、减数分裂的方式。无丝分裂（直接分裂）是一个细胞分为两个，这种分裂方式多在细菌、蓝藻等原核生物中进行；有丝分裂（间接分裂）是在分裂后产生的两个细胞内部都有与亲代细胞相同数目的染色体，一般细胞分裂都采用这种分裂方式；减数分裂产生的细胞只保留染色体的半数，直到雌雄两种生殖细胞结合后，才通过合并恢复全数。所以，生物体的生长变化不是靠细胞体积的增大，而是靠细胞的分化和数目的增加实现的。

二 分析杜林对生命理解的错误

（一）杜林的观点

1. 具有"四个标志"的物质才能算生命

杜林认为，一种物质只有具有以下四个标志才能算得上是生命：第一个标志：真正的分化开始时（细胞分裂以后）才存在生命（真正的分化是区别生命和非生命的标志）；第二个标志：只有真正的分化为较小形态的胚胎时（胚胎出现以后）才开始有生命；第三个标志：物质的循环通过特别管道（循环系统出现以后）来实现的物质才算是生命；第四个标志：物质的循环通过一个内在的点（心脏出现以后）才是生命的开始。只有具有了这四个方面的特征，"才能从比较狭窄和比较严格的意义上来谈真正的生命"。

2. 所有生命体"都是以一个简单的类型为基础的"

杜林认为，细胞是生命的基础。"在自然界中，从最低级的到最高级的一切组织，也都是以一个简单的类型为基础的。"① 杜林所说的"简单的类型"其实就是细胞。细胞是生命的最小单位和一切生命的基础，甚至是最不完善的植物的基础，没有细胞就没有生命。所有生命体"都是以一个简单的类型为基础的"，不具备这一特征的东西就不是生命。

---

① ［德］恩格斯：《反杜林论》，人民出版社 1999 年版，第 80 页。

3. 生命过程的特征是"新陈代谢"

杜林说,"通过塑造出来的模式化而进行的新陈代谢,总是真正的生命过程独具的特性",意即只有生命才有新陈代谢,生命就是新陈代谢。

4. 动物与植物的区别在于是否有感觉,动物是从植物发展出来的

动物和植物有何分别?杜林认为,两者区别的主要标志就是是否有感觉。杜林认为,感觉是和神经器官(即使是很简单的神经器官)相联系的,有神经器官才有感觉,动物都有神经器官,"能够从主观上自觉地理解自己的状态",所以,它的特征是有感觉。植物没有神经,所以,完全没有感觉的痕迹和素质。虽然在有感觉和无感觉之间存在一些不确定的过渡形式,但不能由此否认在动物和植物之间存在的由感觉所规定的界限,感觉是区分植物和动物的绝对标志。

(二)恩格斯的批判

1. 杜林提出的生命的标志是自相矛盾的

第一,如果按照杜林的生命"是从分化开始的"标准判定的话,那我们就得宣布整个原生生物界不属于生命。原生生物可以分为两类:一类是单细胞生物,它们只存在细胞分裂,而不存在细胞分化;另一类是无细胞核生物,它们没有形成细胞核、细胞质、细胞膜的分离,就更不可能有所谓的分化。单细胞生物和无细胞核生物都谈不上分化,这样就只能把原生生物界排除在生命之外。而且根据杜林的理解,我们也许还要宣布更多的东西是死的。因为除原生生物界外,还有好多生物是集合了好多单细胞的群体,也没有开始分化,就只能宣布它们是死的。

第二,如果按照杜林的只有胚胎才有生命的标准判定的话,一切有机体不能算是有生命的了。因为胚胎是生命经过长期发展以后才出现的。整个单个细胞的生物在个体形成过程中没有胚胎这个阶段,从苔藓植物才开始有胚胎。按照杜林的标志,苔藓植物之前的一切生物只能被宣布是死的。而即使较高级的有机体,在个体形成过程也不是先从胚胎开始的,不是一切有机体都是有胚胎的,胚胎发育只是多细胞生物所具有的发育形式。

第三,如果按照杜林的只有通过"特别的管道"来实现物质循环时才有生命的标准判定的话,除水母外的腔肠动物都不能被认定为生物。腔肠动物比海绵动物进化程度稍高一点,直到高级腔肠动物,都没

有消化管道（水母是腔肠动物中最高级的一类，具有一个胃腔，有人把水母作为一个独立的门类而不列为腔肠动物），除有胃腔的水母外的腔肠动物在消化吸收营养物质时并没有通过"特别的管道"，而是在细胞内完成的。消化管道是生物开始形成几亿年以后才形成的，单细胞生物和低级多细胞生物都没有消化管道。腔肠动物大多生活在海水中，是低级动物。如果连它都不算生命的话，那将有多少生物被杜林宣判为死物呢？

第四，如果按照杜林的必须"有一个内在的点"才有生命的标准判定的话，没有心脏的动物和植物就不是生命了。按照杜林的标志，海藻等动物和植物没有心脏，它们就不是生命；植物没有心脏，也不是生命；单细胞生物同样不是生命，而在多细胞动物中，海绵动物、腔肠动物、蠕虫等没有心脏，所有这些按照杜林的标志只能被宣判为死物。

杜林独创的生命标志，是相互矛盾的，他的后一个标志是对前一个标志的否定。按照第一个标志，除原生生物和同类型细胞结合的多细胞群体之外，其他生物都可以被认定为生命。但第二个标志马上又将第一个标志所认定的生命中的相当一部分予以否定，第三个标志同样是对第二个标志的否定。到了第四个标志，整个植物界和几乎半个动物界都被认定为非生命了。"由于杜林先生想从比较狭窄的严格的意义上来说明真正的生命的标志，他提出了四个完全相互矛盾的生命标志。其中的一个不仅把整个植物界，而且把大约半个动物界都宣判永久死亡。"

2. 细胞不是生命的基础

对于杜林的"细胞是一切有机体基础"的观点，恩格斯指出，杜林的"这种诊断"完全是废话。事实上，细胞只是最高级组织的基础，只是生命发展的比较高级的一种形态，而不是生命的唯一形态。在最低级的有机体中，还有许多远远低于细胞的东西，它们没有细胞结构，有的只是一些没有分化的蛋白质小块，它们执行着生命的重要职能。例如，原生变形虫就没有细胞，除原生变形虫外，像管藻、病毒、噬菌体也是如此，它们没有细胞，但也是有生命的东西。

现代生物学证明，最早产生的生命不具有细胞结构，而从不具有细胞结构的最原始的生命发展到具有细胞结构的生命，经历了一个漫长的过程。从最低级的原生变形虫到高级的有机体之间的联系，不是因为它们都有细胞，只是因为它们的基本组成部分都是蛋白质。

细胞不是生命最小的物质基础,杜林把细胞看成是从最低级到最高级的整个有机界的一切组织的基础,是完全错误的,那些低于细胞水平的有生命的东西,是统一的生物界的有机组成部分。

3. 新陈代谢不是生命体独有的特点

杜林认为,新陈代谢是生命的"独具特性"。恩格斯指出,杜林的这一定义是毫无意义的,"在碰到'塑造出来的模式化'时,我们又深深地陷入了最纯粹的杜林行话的毫无意义的胡说八道"。

杜林把生命定义为新陈代谢,其实等于说生命就是生命,是没有任何实质内容的同义反复。恩格斯指出,近30年来,生理化学家和化学生理学家已经无数次说过,新陈代谢是生命的最一般、最重要、最显著的特点。杜林所做的只是把这样一个常识转化成自己的行话,并认为生命就是有机体的新陈代谢,这种同义反复不管重复多少次,也解决不了关于生命的任何问题;相反,有机体的新陈代谢正是有待用生命做出解释的。有机体的新陈代谢是机体与外界的环境不断进行物质交换的过程,包括同化作用和异化作用。其中,同化作用是有机体利用外界物质在体内合成有机物和储藏能量的过程,而异化作用是有机体内部的物质分解和释放能量的过程。同化和异化是两个相反相成的过程,有机体的新陈代谢就是通过它们进行的。新陈代谢一旦停止,生命也就消亡了。新陈代谢是生命的本质属性,离开了生命,就无法解释有机体的新陈代谢。所以,恩格斯说,新陈代谢本身是需要用生命来解释,需要用有机体和非有机体的区别即生物和非生物的区别来解释的。

虽然新陈代谢是生命的最一般的和最显著的现象,但绝不是生命独有的现象。新陈代谢不仅存在于有机界,同时也存在于无机界,新陈代谢本身即使没有生命也可以发生。化学中就存在这样的无生命的新陈代谢,恩格斯用制造硫酸的过程和特劳白人工细胞说明无生命的新陈代谢。

化学上用硝化法(铅室法,是一种比较旧的方法)制取硫酸的主要过程如下:硫先燃烧生成二氧化硫气体,再把二氧化硫气体、水蒸气和硝酸放在铅室里,二氧化硫遇水生成亚硫酸(H_2SO_3),亚硫酸与硫酸(H_2SO_4)相比,只相差一个氧原子(O),亚硫酸不能自己从空气中取得氧,硝酸在铅室里分解生成二氧化氮(NO_2),二氧化氮再参加化学反应,提供生成硫酸所需要的氧原子,于是变成氧化氮(NO)。这时，较为活泼的氧化氮与空气中的氧结合再生成二氧化氮，再次加入生成硫酸的反应中，最后又生成硫酸。在二氧化硫与水结合生成亚硫酸的过程中，存在少量硝酸所提供的二氧化氮不断消失和生成、生成又消失的新陈代谢过程。

19 世纪，德国化学家和生物学家特劳白的人工细胞是一种无机构成。特劳白用一种能流动的胶体物质，作为细胞的原生质，装入一种用渗透性的薄膜制成的袋子，这个袋子就是细胞膜，就形成人工细胞。将人工细胞放入化学溶液内，人工细胞就会因为吸收水分和化学溶液而膨胀增大。根据化学溶液的具体情况，人工细胞会吸收和放出不同的东西，这个过程可以被看作是一个新陈代谢的循环过程。

所以，恩格斯说，新陈代谢并不是"生命过程独具的特性"，没有生命新陈代谢依然可以发生。新陈代谢作为生命过程和非生命过程共有的特点，就不能用来解释生命，否则就无法区别生命和非生命。关于生命的一般过程，如果停留于新陈代谢的理解上并没有使我们前进，"我们必须另寻出路"。

4. 感觉不是动植物的区别

杜林认为，一切动物的特征是有感觉，而植物没有感觉。动物与植物区分的界限在于是否有感觉。恩格斯指出，杜林不过是在重复黑格尔的话，又是对黑格尔一个"粗制品"的照搬。黑格尔认为，植物和动物之间存在明显的区别，感觉是动物的种差，即动物的绝对标志，这种区别是"绝对精神"赋予动物的标志，杜林又把黑格尔的思想当作自己的"最后终极真理"。

恩格斯认为，动物与植物的区分是相对的，在动物和植物的分类中，中间状态是存在的，对于这种中间状态，我们无法说明它们是植物还是动物，因为我们不能在它们之间划出鲜明的界限。海克尔也曾经谈到，对于一些低级的不完全的有机体区分为动物或者植物是很困难的，因为它们兼有动物和植物的一些特性，并没有明显的界限。因此，中间状态的存在只能说明动物和植物之间没有绝对分明的界限，而不能说明植物和动物之间是一种互相过渡的关系。

感觉不能作为区别动植物的标志。一切生命都具有刺激感应性，动物如此，植物同样如此。植物的根具有向地性，茎和叶具有向上性。有些植物受到没有一定方向的外界刺激时，能引起部分器官的运动。如含羞草，当它受到震动时，羽片会下垂，等到刺激过后，又会恢复原状，含羞草就是利用这种感震运动适应环境。蒲公英的花序白天在阳光下开放，一到夜间就闭合，也是利用它的感夜运动来适应环境。植物里还有一种能捕食小虫的植物——食虫植物，食虫植物的叶叫捕虫叶，捕虫叶的形状虽然不同，但都能捕捉小虫。当小虫碰到捕虫叶时，捕虫叶会将小虫禁锢起来，通过分泌消化液将其消化吸收。这类植物之所以能够产生，除环境的作用外，还因为植物具有感应性和可塑性。恩格斯反问杜林，难道那些稍被触动就会卷起叶子或合拢花瓣的敏感的植物，那些食虫的植物都没有丝毫感觉的痕迹吗？没有任何感觉的能力吗？所以，不能把有无感觉作为划分动物和植物的标志。杜林一方面声称在动物和植物之间存在一些过渡形式，另一方面又把有无感觉作为区分动物和植物的标志，杜林又提出了一个自相矛盾的观点。

杜林断言感觉必然同神经器官相联系的观点是主观臆造。恩格斯认为，这又是杜林的自由创造物和想象物。感觉（恩格斯所指的感觉是广义上的感觉，包括刺激感应性在内）是一切生物对外界刺激的一种反应能力，不是与神经器官必然联系在一起的。这种感觉是一切有生命物质的基本特征，只要有生命存在，就具有刺激感应性。含羞草虽然没有神经器官，但却可以对外来刺激做出反应。原生生物、海绵动物、腔肠动物都没有神经器官，但是同样具有感觉，对外界的各种刺激做出反应。动物也只有进化到了较高级的蠕虫动物时，才开始分化出专门执行接受和传导外界刺激职能的神经细胞，而比较完全的神经系统，只是在进化到了脊索动物时才能出现。按照杜林的观点，最多蠕虫以后的动物才算是有感觉的，这是违背事实的，同时也和他提到的一切动物都具有感觉是自相矛盾的。

感觉必然同神经器官相联系的观点是主观臆造的，那么，感觉与什么相联系呢？恩格斯认为："感觉并不必然和神经相联系，但是大概和某种至今还没有确切地弄清楚的蛋白体相联系。"①

---

① ［德］恩格斯:《反杜林论》，人民出版社1999年版，第81—82页。

三 恩格斯对生命本质的探讨

在分析杜林对生命的错误理解的同时，恩格斯阐述了马克思主义对生命本质的看法。

（一）生命的物质基础

恩格斯根据当时生物学的一系列成就，揭示了生命的物质基础，"生命是蛋白体的存在方式"。[①]

按照当时的化学观点，所有在构成上类似普通蛋白或蛋白质的东西都包括在蛋白体这一名称之内。恩格斯之所以认为"生命是蛋白体的存在方式"，是因为"无论在什么地方，只要我们遇到生命，我们就发现生命是和某种蛋白体相联系的，而且无论在什么地方，只要我们遇到不处于解体过程中的蛋白体，我们也无例外地发现生命现象"。[②] 蛋白体本身还不是生命，但它是生命现象的物质基础，有蛋白体才有生命体。

恩格斯关于生命的定义揭示了生命存在的物质基础，划清了生物与非生物的界限，同时否定了用神的力量、其他外力说明生命问题的唯心主义和形而上学观点，否定了神创论、自然发生论和物种不变论等关于生命的谬论。

根据现代生物化学的研究，生命的起源大体可以分成三个主要阶段：第一个阶段是从无机物发展到有机物；第二个阶段是从简单有机物发展到复杂有机物；第三个阶段是从蛋白质、核酸发展到具有新陈代谢能力的稳定的核蛋白体系。最初形成的蛋白质、核酸可能是不稳定的物质体系。在各种条件的作用下，它继续向前发展，逐渐发展成为相对独立于环境的稳定的物质体系，它能从环境中吸收物质，发展和"改造自己，也能将自身的废物排出体外，也就是具有了最原始的同化和异化作用。它不再轻易地解体了，出现了具有新陈代谢能力的蛋白体，于是生命就产生了"。这是生命产生过程中有决定意义的飞跃。

---

① ［德］恩格斯：《反杜林论》，人民出版社 1999 年版，第 83 页。
② 同上。

（二）生命的本质特征在于蛋白体的自我更新

"生命是蛋白体的存在方式，这种存在方式本质上就在于这些蛋白体的化学成分的不断的自我更新。"

恩格斯认为，新陈代谢是物质世界普遍存在的现象，是"一切生物共有的"，但生物的新陈代谢与无机物的新陈代谢有很大的区别。"一切生物普遍共有的这些生命现象究竟表现在什么地方呢？首先是在于蛋白体从自己周围摄取其他的适当的物质，把它们同化，而体内其他比较老的部分则分解并且被排泄掉。"生物体的生命现象，是通过蛋白体内化学成分的同化和异化这两个过程来实现的，同化和异化是蛋白体自我更新过程中特有的基本矛盾，两者对立统一。同化和异化过程表现为蛋白体从自己周围摄取适当的物质材料，把它们同化，同时又把体内某些部分分解并排泄掉，使生命体得以存在下去。同化和异化是两个不能分割的过程，没有同化作用合成的物质，就没有异化要分解的对象；没有异化作用的释放能量，就不可能有同化作用生成新的物质。蛋白体不断地自我更新，使生命在瞬间是自己又不是自己，是"生"，同时又是"死"，"因此，生命，蛋白体的存在方式，首先是在于：蛋白体在每一瞬间既是它自己同时又是别的东西"。蛋白体通过不断地同化和异化进行新陈代谢，完成自我更新，这是蛋白体具有的本质属性，是蛋白体保持自身存在的基本条件。

生命的新陈代谢运动与非生物的新陈代谢运动有本质的区别。非生物界的新陈代谢是由某种外部过程引起的，其代价是自身的消失，如岩石经过风化之后，就不再是岩石了，变成了其他的物质。而生物界的情形大不相同，对生命来说，同化和异化的矛盾运动一旦停止，蛋白体就趋于分解而使生命归于死亡，一旦生物的新陈代谢停止了，生命也就随之死亡。恩格斯预言："如果化学有一天能够用人工方法制造蛋白质，那么这样的蛋白质就一定会显示出生命现象，即使这种生命现象可能还很微弱。"从蛋白体的主要机能可以导出其他生命要素，说明蛋白体是生命的存在方式。

这一预言随着科学的发展而逐步得到证实。1965 年，中国科学家用人工方法合成牛胰岛素；1970 年，外国科学家人工合成核酸；1981 年，中国科学家合成"酵母丙氨酸转移核糖核酸"，这些都是具有生命活力的合成物。

"生命是蛋白体的存在方式"论证了"运动是物质的存在方式"这一普遍原理在生物界的具体体现，生命运动是蛋白体这一物质的存在方式，蛋白体是生命运动的物质基础和承担者。当然，我们说蛋白体是生命的物质基础，不等于说蛋白体是生命的全部，因为高级生命除蛋白体之外，还有其他一系列的复杂的物质，如脂肪、碳水化合物，等等，但对于单纯的生命而言，这些化合物并不是必要的。

（三）生命的四大要素

生命有机界包括动物、植物和微生物三大类群，地球上的生物，种类异常繁多，形体千差万别，我们在肯定生物的多样性的同时，也承认生物所具有的统一性。一切生命共同的最简单的要素包括刺激感应性、收缩性、成长的能力和内在运动。

1. 刺激感应性

刺激感应性，主要是指生命对外界刺激产生相应反应的特性。刺激感应性在生命获取营养过程中表现得更为明显。在获取营养过程中，外界环境的任何变化，如食物、温度、声音、光线等都会成为一种刺激，使生命发生相应的反应。生物种类不同，感应的方式也不同。但是，一切生物都具有这一特性，它是一切生命的第一个要素。

2. 收缩性

收缩性，即生命的运动特性。在生命的低级阶段上，收缩性主要表现为维持生命的生存运动，即吸取食物和逃避敌害；在生命的高级阶段，收缩性除表现为维持生命的生存运动外，还表现为有机生命的锻炼和劳动等。

3. 成长的能力

成长的能力，即生物成长繁殖的能力，成长的能力是非生物所没有的。它在生命的最低级阶段上包含通过分裂的繁殖，在生命的高级阶段则表现为生命个体的繁殖。

4. 内在运动

内在运动，即有机体有消化、吸收、同化养料、排出废物的能力。它是有机体各个器官和组织内之间的自我调节与自我控制。没有这种运动，养料的吸收和同化都是不可能的。

恩格斯说："在科学上，一切定义都只有微小的价值。"所以，我们不能只局限于定义，而要随着科学的发展进行继续的研究，否则，定义只能成为僵化的东西，最终阻止知识的发展。但"只要我们不忘记它们的不可避免的缺点，它们也没有什么害处"。① 恩格斯的生命定义，从当时的科学水平来说，是十分科学的，它说明了生命运动的物质基础和实质，概括了生命现象的共同本质，揭示了有机体与非有机体的根本区别。但生命的定义与其他科学定义一样，都有一定的时代局限性。恩格斯说："我们的生命定义当然是很不充分的，因为它远没有包括一切生命现象，而只是限于最一般的和最简单的生命现象。"② 生命的定义只能是随着人们实践的发展而发展的。

杜林的言论，既显示了他在生物学上的无知，又暴露了他自我吹嘘的本能，对于自己所遭受到的尴尬局面，杜林采取了阿Q式的自我安慰，"遁入自己的星空"，认为自己的学说是适用于整个宇宙的。恩格斯讽刺地说，为了摆脱生物学上的不幸，他躲到了宇宙意识学里。恩格斯引用了杜林的一段话，指出杜林的自以为是是多么的可笑。第一，感觉存在于宇宙各处，并且在本质上是一致的，都表现为快乐和痛苦的对立，而整个宇宙的存在就是为了唤起快乐或痛苦的感觉。第二，承认宇宙各处感觉的共同性是认识宇宙的钥匙，只要认识了感觉，就可以认识整个宇宙。因此，主观世界与客观世界一样陌生，可以用一致的形式去思考。第三，自己提供了认识整个宇宙的知识体系，简单而且有效。杜林认为，感觉和宇宙是"原则同格"的，最终是感觉决定宇宙。恩格斯讽刺道："对一个在口袋里藏着打开感觉宇宙的钥匙的人来说，在地球上的自然科学中犯几个大错误，有什么关系呢？算啦！"③

---

① ［德］恩格斯：《反杜林论》，人民出版社1999年版，第85页。
② 同上。
③ 同上。

第九章 "道德和法。永恒真理"

在马克思主义哲学的理论体系中，对真理问题的研究，恩格斯做出了杰出的理论贡献。恩格斯对真理问题的理论观点在他所写作的《反杜林论》中阐述得最为充分。恩格斯通过对杜林所宣扬的"永恒真理"的批判，深刻地阐述了马克思主义真理观。在杜林的理论逻辑中，他首先通过强调道德、正义、平等在社会发展中的作用，提出了所谓的"永恒的道德原则"，然后再以所谓的"永恒道德"来论述"永恒真理"，以他发现的所谓的永恒的道德原则，作为"永恒真理"存在的论据。为此，恩格斯把第九章的标题命名为"道德和法。永恒真理"，针对的就是杜林试图用永恒道德的存在说明永恒真理存在的思路。由于杜林是首先承认永恒道德的存在，继而引出永恒真理或终极真理，同时又把永恒真理作为永恒道德的基础。所以，恩格斯在本章通过对三个问题的展开批判杜林的错误观点。其一，列举和批判杜林在道德问题上的谬论；其二，批判杜林的形而上学真理观，阐明马克思主义真理观；其三，进一步批判杜林的永恒道德观，阐述马克思主义关于道德的基本观点。

一　揭露杜林从永恒道德引出
永恒真理的谬论

杜林认为，道德观念和道德要素具有超越人类的意义。他为了论证这一点，必须首先承认思维也不能仅仅指人的思维，应当把思维推广到人类以外，而要做到这一点，必须把思维和语言分开，必须设定存在没有语言的思维。这就是杜林的逻辑前提。为了深入批判杜林的永恒道德与永恒真理理论，恩格斯首先批判杜林将思维和语言割裂的谬论。

（一）批判杜林割裂思维和语言关系的谬论

1. 恩格斯揭露杜林割裂思维与语言的观点

恩格斯在批判杜林社会历史观之前，首先揭露了杜林在《哲学教程》第三篇"意识的要素"中，整整用了 50 页的篇幅，把自己的哲学吹嘘为所谓"意识要素的根底深厚的科学"。对此，恩格斯指出，这纯粹是无稽之谈。他认为，没有必要一一列举，只要摘引一句，就可以知道杜林的根底深厚的科学到底是什么货色了。故此，恩格斯引用了杜林一句话："谁要是只能通过语言来思维，那他就永远不懂得抽象的和纯正的思维是什么意思。"① 也就是说，在杜林看来，抽象的和纯正的思维不需要借助于语言就能进行，纯正的思维无须依赖语言，抽象的和纯正的思维与语言可以分开。虽然现代西方哲学，特别是分析哲学也对语言的误用给人的思维带来的混乱提出质疑，但语言和思维的密切关系却是毋庸置疑的。但是，杜林却与此相反，他设想没有语言的思维，就是承认存在不需要借助语言的思维，而这种与语言无关的思维才是"纯正的思维"，企图用所谓"纯正的思维"去建立道德和法的永恒原则，否认道德和法的历史性及阶级性，再进一步论证永恒真理的存在。

2. 恩格斯对杜林的讽刺性批判

（1）杜林自己的思维过程推翻了自己关于思维的观点。杜林认为，存在不借助于语言的思维，而且，进一步认为："谁要是只能通过语言来思维，那他就永远不懂得抽象的和纯正的思维是什么意思。"② 但是，杜林表达自己关于道德的观点、关于永恒真理的观点、关于思维可以不借助语言的观点，恰恰是通过语言，并且是通过自己的语言表达出来的。杜林自己的思维实践否定了自己的关于思维和语言关系的观点。所以，恩格斯说："从杜林的思想和表达这些思想的语言中可以看出，这些思想多么不适合于任何一种语言，而德语又是多么不适合于这些思想。"③ 其实，恩格斯在这里讽刺性地揭露和批判杜林割裂语言与思维关系的谬论。恩格斯讽刺性地指出，杜林自己的语言所表达就不是"思想"，并且他使用的德语所表达的也不是他自己的思想。因为，杜

---

① ［德］恩格斯：《反杜林论》，人民出版社 1999 年版，第 86 页。

② 同上。

③ 同上。

林认为，谁要通过语言来思维和表达，就不懂得什么是抽象的和纯正的思维，而他自己所表达的内容是抽象的和纯正的思维，是可以不通过语言进行思维和表达的。但是，他的表达和思维，不仅使用了语言，而且还是用了具体的语言即德语形式。所以，杜林自己的思维过程推翻了自己关于思维的理论，陷入了逻辑混乱和自相矛盾的境地。

（2）语言和思维是不可分割的。马克思和恩格斯在其合著的《德意志意识形态》中，曾十分明确地论述了思维和语言的关系。他们说："思想、观念、意识的生产最初是直接与人们的物质活动，与人们的物质交往，与现实生活的语言交织在一起的。"[1] "人还具有'意识'。但是这种意识并非一开始就是'纯粹的'意识。'精神'从一开始就很倒霉，受到物质的'纠缠'，物质在这里表现为振动着的空气层、声音，简言之，即语言。"[2] 马克思和恩格斯在这里论述的是人的思维、现实的人的思维、人类的思维。作为人以及人类的思维，必然和语言密切地交织在一起，离开了语言就不能说明人的思维的产生。语言是思维的工具，凡是尊重事实的学者都不会否认这一点。例如，德国哲学家海德格尔说过，当人思索存在时，存在也就进入了语言。语言是存在之家，人栖住于语言之家。

人的思维只有用语言的形式表达出来，思维才是现实的。没有语言，人就不能进行社会交往，就没有思维的现实基础，因此，就不可能有思维。人从动物界脱离的标志之一是语言的出现，语言产生映现着早期人类之间的协作需求到了非说不可的地步。人们之间协作方式、方法的理解和交流都需要语言。人们在语言的基础上交流思想，思想借助语言表达出来，思想过程是以语言为工具进行的，即语言和思维是不可分割的，语言是思维的一种形式。

人不同于动物最根本的区别之一在于人有语言和思维。尽管现代心理学发现，动物也有它自己的语言，比如，有人说，阿拉斯加的乌鸦听不懂堪萨斯州乌鸦说的话。但是，作为音义结合体、文化意义上的语言是我们所知道的人类独有的现象。语言是普遍交流的媒介。虽然个人的思维有无可替代的"唯我"性质，例如，有人讲，没有人能够通过语

---

[1] 《马克思恩格斯选集》第1卷，人民出版社1995年版，第72页。
[2] 同上书，第81页。

言忠实地交流其灵魂深处的意念。但是，如果这里指的是人们在思想交流中，很难将内在体验直接地转变为外在的、可供观察的事实，那是成立的。但是，没有人会因为这种障碍去停止思想的交流，而是在努力地跨越这种障碍去实现灵魂的交流。所以，通过语言进行灵魂之间的交流，有不少困难，但是，人们一直试图通过语言去交流灵魂深处的意念。然而，离开语言的途径，很难发现其他可行的途径。从我们自己在思想交流的某些方面，由于词不达意而常常导致得不到理解这一事实，也不能由此得出结论说：成功的交流在原则上不可能。在人们通过语言的思想交流中，我们发现，正是语言的误用和误解阻碍了交流，这更支持了语言与思维是密不可分的观点。

（3）杜林关于思维的理解是超越人类思维的思维。马克思主义认为，人的思维和语言与实践是密不可分的，人的思维和语言是在实践基础上、随着实践的发展形成和发展起来的；人的思维和语言之间的密不可分的性质也是建立在实践基础之上的。所以，当讲到思维的时候，是指人的思维或人类的思维。人的思维、人类的思维是与语言密不可分的，思维的发展与语言的发展也是密不可分的，是辩证互动的。这是人类思维产生和发展的基本特征。但是，杜林认为，"谁要是只能通过语言来思维"，那就不懂得"抽象的和纯正的思维"。也就是说，如果人们认为人、人类的思维只能通过语言来实现，那就不是纯正的思维，那么，要发现纯正的思维，就只能离开人类群体，到动物世界去寻找。因为动物没有成熟的语言形式，它们是可以不通过语言来思维的主体。所以，恩格斯说：按照杜林的逻辑，"动物是最抽象的和最纯正的思维者，因为它们的思维从来不会被语言的强制性的干涉弄得模糊不清"。①从杜林的逻辑推出动物的思维才是最纯正的思维，可以看出，杜林关于思维的观点是非常荒唐的。

从这里可以看出，杜林所讲的思维不是指人的思维和人类的思维，而是涵盖人类和动物界的思维，他所指的思维的主体不仅仅是人或人类，它还包括动物的思维，他研究的思维现象是不区别人和动物的一般生物体的思维。

杜林理解的思维是超越人类思维的一般生物体的思维，这与杜林的

---

① ［德］恩格斯：《反杜林论》，人民出版社 1999 年版，第 86 页。

哲学性质是一致的。恩格斯曾经在批判杜林的哲学观时指出,杜林所理解的哲学内容包括一切知识和意志的最高原则、终极原则。他不是在思维和存在的对立统一中理解存在,理解思维。而是把存在理解为概括思维和存在,位于思维和存在之上的最高的存在。同样,对于思维,杜林不把思维理解为人的思维、人类的思维,而是生物的思维。对于这一点,恩格斯在批判杜林哲学的先验主义时指出:"他不仅以人类的名义来思维——这本身已经是件相当了不起的事情,——而且以一切天体上的有意识的和能思维的生物的名义来思维。"① 杜林说:"如果想通过'人'这个修饰语来排除或者哪怕只是怀疑意识和知识的基本形式的至上意义和它们的无条件的真理权,那么这就贬低了这些基本形式。"② 恩格斯明确地指出,杜林为了将自己的哲学原则、知识的最终极的成分,应用于整个宇宙,因此,"杜林先生就不能把思维称作人的思维"。③

按照杜林的观点,思维并不完全依赖于语言,而且纯正的思维是不需要语言的。对此,恩格斯反讽杜林:动物是没有语言的,所以,动物有纯正的思维。杜林把人类思维何以可能的问题转换成一般生物的思维问题,而且企图超越人的思维和动物的思维去发现一般生物思维的逻辑。

(二)揭露杜林的永恒道德观和永恒真理观的荒谬性

1. 揭露杜林用"普适道德"论证"终极真理"的理论逻辑

杜林为了说明道德的最高普遍性和普适性,把道德现象说成是超出人类范围、超出地球空间的一切生物活动的共同模式。恩格斯首先揭露了杜林如此定义道德范畴的目的就是确立终极真理的命题。

恩格斯首先指出,为了理解杜林关于道德和法的一些思想,我们必须被杜林请到别的天体上去旅行。恩格斯引述了杜林的说法作为分析依据。杜林说:道德的要素必定"以协调一致的方式……重新出现于人以外的一切生物中,在这些生物中,能动的知性必须自觉地调整以本能形式表现出来的生命活动……在其他天体上个体的和公共的生活必须遵循一种模式,这种模式……不能废弃或避开合理地行动的生物的一般的基本规章"。④

---

① [德]恩格斯:《反杜林论》,人民出版社1999年版,第35页。

② 同上。

③ 同上。

④ 同上书,第86页。

杜林的意思是说，道德要素不仅适用于人类，而且也适用于其他天体上的一切生物。这些生物也有理性，当动物以能动的知性即自觉的理性去调整由本能所支配的生命活动时，道德的要素就表现出来了。不过，杜林接着说，关于这种结论，他已不感兴趣了，他的兴趣所在是这样一种思想："在其他天体上个体的和公共的生活必须遵循一种模式，这种模式……不能废弃或避开合理地行动的生物的一般的基本规章。"① 这就是说，道德要素是一切生物的共同的基本规章。这种道德要素既适用于地球上的人和生物，也适用于任何别的天体上的其他生物。也就是说，道德要素是永恒的、普遍适用的。杜林认为，所有生物都有共同、普适的、一般的道德模式和道德规章。把道德问题推广到一切可能的世界，而且都有普适的道德模式，这是杜林所持的一个基本观点。

恩格斯指出，杜林在《哲学教程》第四编中关于道德和法的问题的论述，打破了以往的写作惯例，在一开始就提出他的关于道德和法的观点是适用于"一切可能的世界"的真理，是有他自己的理论企图的。恩格斯一针见血地指出了杜林的理论逻辑是："如果先确定了杜林的道德观和正义观适用于一切世界，那就可以比较容易地把它们的适用性有益地扩展到一切时代。而这里所谈的又不折不扣地是关于最后的终极的真理的问题。"② 换句话说，如果杜林一开始就宣称他的道德观和正义观不受任何地理的、空间的限制，适用于一切可能的世界，那就可以顺理成章地把这种道德观、正义观的适用性扩展到一切时代，不受历史地域、时间的限制。这样，他的道德原则就成了永恒真理，从而就引出永恒真理的存在。他的理论目的是用道德超时空的普适性来论证永恒的、终极真理的存在性。

2. 杜林关于道德原则与真理的错误观点

（1）道德原则是永恒的。在杜林看来，在历史上、在不同的历史阶段、在具有不同特性的民族中，道德的原则并无二致，用他的话说，道德的原则凌驾于"历史之上和现今的民族特性的差别之上"。③ 一句话，杜林认为，不管是从历史发展的纵向考察，还是从现存社会的横向

① ［德］恩格斯：《反杜林论》，人民出版社1999年版，第86页。
② 同上。
③ 同上。

考察，道德的原则都是一样的、共同的、永恒的。杜林对这个观点做了论证性的叙述。他认为，在道德问题上，之所以会有否定普遍适用的道德原则的观点和理论，是由于人们看到了道德风尚和道德原则在不同历史阶段和不同民族中有不同的特点，即道德原则和道德风尚的多样性。杜林认为，由于有普遍适用的道德原则，所以邪恶和罪孽是可以避免的，人们只要用普遍的道德原则规范自己的行为，就能减少邪恶和罪孽；反之，如果认为邪恶和罪孽是不可避免的，那就否定了一般的道德原则。用杜林的话说，"那就要否定起协调一致作用的道德本能的庄严意义和实际效用"。① 即杜林认为，如果怀疑一般的道德原则，就是怀疑人类具有达到自觉的道德的能力，从而就否定了任何道德，这不啻是提倡一切不道德的胡作非为。从这一论证过程可以看出，杜林不仅从个别的特殊的道德原则中抽象出最一般的道德原则来，而且还把否定永远不变的道德原则与否认任何道德、提倡不受道德约束的胡作非为等同起来。杜林在这里的逻辑错误，是混淆了历史逻辑与形式逻辑的关系。形式逻辑只是人们在一定的历史前提下正确思维的逻辑，历史逻辑是说明历史的逻辑范畴与历史实践辩证运动的规律。形式逻辑的运用是以历史逻辑的运用为前提的，抛开历史逻辑无条件地运用形式逻辑是杜林道德谬论的根本错误。当然，杜林是不懂历史逻辑以及它的基本内容的。只有马克思主义产生以后，创立了历史唯物主义，才解决了历史逻辑问题。所以，杜林的道德理论仍然是秉承了资产阶级道德论的衣钵。

（2）真正的真理是根本不变的。在杜林看来，真正的真理是不受时间、地点和条件限制的。杜林进一步认为："把认识的正确性设想成是受时间和现实变化影响的，那完全是愚蠢。"② 并说："严格知识的可靠性和日常认识的充足性，不容许我们在深思熟虑的情况下对知识原则的绝对适用性表示失望。"③ 杜林还认为，长久的怀疑本身就是一种病态的软弱状态，是极端紊乱的表现。为了说明自己的观点，杜林用认识中的谬误和真理并存的现象做了论证。他说，人在认识中可能犯错误，

---

① ［德］恩格斯：《反杜林论》，人民出版社1999年版，第87页。
② 同上。
③ 同上。

得出错误的结论，但也存在认识正确性、获得真理性认识的情况。但这并不能够阻止人去获得真理，更不能以认识中可以出现错误来否定永恒真理。杜林的这种论证是偷换概念。人的认识过程既存在真理性认识，也存在谬误性认识，确实不能根据存在谬误性认识就否定真理性认识的存在。但是，此处讨论的问题不是真理性认识存在与否的问题，而是作为一种真理性认识它是否具有永恒不变的属性。杜林用真理的存在性论说去证明真理具有永恒不变的属性，既偷换了论题，又引错了论据。

杜林说的"真正的真理是根本不变的"观点，就是承认存在永恒真理与终极真理。人们只要认识、发现和掌握了这种终极真理和永恒真理，就可以用来解决它所要解决的问题。杜林所持真理是绝对不变的思想是形而上学的真理观，严格地说，是15—16世纪形成、17—18世纪发展至19世纪中叶存在的形而上学的思维方式所产生的真理观。恩格斯在《引论》中对此做了深刻的论述。恩格斯指出，近代以来分门别类的研究方式，留下了一种习惯："不是从运动的状态，而是从静止的状态去考察；不是把它们看作本质上变化的东西，而是看作永恒不变的东西；不是从活的状态，而是从死的状态去考察。这种考察方法被培根和洛克从自然科学中移植到哲学中以后，就造成了最近几个世纪所特有的局限性，即形而上学的思维方式。"① 恩格斯在评论完近代思想的基本特征以后，尖锐地指出："当欧根·杜林先生大叫大嚷地跳上舞台，宣布他在哲学、政治经济学和社会主义中已实行了全面的变革的时候，理论的社会主义和已经死去的哲学方面的情形大体上就是这样。"② 杜林的"永恒不变的真理"正是形而上学的思维方式的一个典型，他用"已经死去的思维方式"论证真理的本性，只能得出落后于时代的结论。杜林并不懂得真理的辩证法，杜林生活的时代，已经是马克思主义广泛传播的时代，但是，他仍沿用过时的形而上学思维方式，却标榜自己是社会主义的改革家向他自己的时代挑战，把过时的方法论当作"神器"加以运用，还企图发现终极真理，足以表明杜林的无知与狂妄、混乱与狭隘！

① ［德］恩格斯：《反杜林论》，人民出版社1999年版，第20页。
② 同上书，第26页。

二 批判杜林形而上学真理观，阐明马克思主义真理观

恩格斯之所以在"道德和法。永恒真理"这一部分批杜林的永恒真理观，是因为，杜林在这一部分谈及了真理本性的问题。在此以前，杜林只是简单地断定他所阐述的观点是终极真理，是永恒真理，并没有涉及真理本性的问题。在"道德和法"部分，杜林把终极真理、永恒真理、思维的至上性、认识的绝对可靠性等观点呈献给读者，涉及了真理的本性问题。这就提出了一个根本性的问题：什么是真理？如何理解真理的根本性质？人的认识的产物即知识，究竟能否具有至上的意义和无条件的真理权？如果能的话，哪些知识是这样的知识？这些都是真理观的根本问题。正因如此，恩格斯才着手批判杜林的形而上学真理观，阐明马克思主义真理观的基本内容。

（一）驳斥杜林形而上学真理观，阐述绝对真理和相对真理的辩证关系

1. 人的思维是至上性和非至上性的辩证统一

要了解认识的产物即知识能否具有无条件的真理权，是否能成为永恒不变的真理，首先要看人的思维能力能否达到这一点。这就是人的思维能力的至上性问题。恩格斯首先指出：关于人的思维是不是至上的问题，不是简单地回答"是"与"不是"就能够说清楚的，而应该回答和首先界定什么是"人的思维"，然后才能回答人的思维是不是至上的。恩格斯认为，人的思维是个人思维和人类思维的统一。不能把个人思维和人类思维割裂开来理解人的思维。"人的思维"是以"作为无数亿过去、现在和未来的人的个人的思维而存在"① 的思维。所以，一方面，人类思维是由个人思维构成的；另一方面，个人的思维中包含人类思维的结晶。

恩格斯认为，如果把个人思维和人类思维割裂开来去理解人类思维，抓住其中的任何一个方面去理解思维的至上性都是有问题的，是形

---

① ［德］恩格斯：《反杜林论》，人民出版社1999年版，第88页。

而上学的思维方式。

人的思维，如果是仅仅理解为个人的思维，无法说明思维的至上性。个人的思维是有限的，是不具有至上性的。如果非要说它是具有至上性的话，只能在个人思维的自觉性和自由性的意义上理解其至上性，个人思维的自由性是无条件、至上的。但是，这不是在讨论认识结果的真理性问题，而是思维的能动性问题；如果是就个人思维的产物、认识的结果而言，个人的认识不具有至上性。

但是，如果跳到另一个极端，不是从"无数亿过去、现在和未来的人的个人思维"的意义上去理解人的思维，而是抛开具体的个人思维，只从"人类无限延续"的意义上理解人的思维，说人类的无限延续性体现了思维的至上性。恩格斯认为，这样说也是陈腐的和无聊的空话。恩格斯说：从人类世代延续的观点看，"我们还差不多处在人类历史的开端，而将来会纠正我们的错误的后代，大概比我们有可能经常以十分轻蔑的态度纠正其认识错误的前代要多得多"。① 因为在人类的无限延续中，人们没有发现有绝对不变的、不被后人修正的知识。相反，在人类延续过程的每一个时点上的认识的产物都是有限的知识，无数有限的知识的总和的本质还是有限的知识堆积，找不到思维的至上性的根据。用这种单纯从人类无限延续性的视角论证思维的至上性，是没有根据的，所以是无聊的空话。

理解思维的至上性和非至上性，既不能单纯地从人类延续的一般特征出发，也不能单纯地从个人思维出发；而必须从人类思维和个人思维相统一出发，从个人认识和人类认识相统一出发，揭示思维的至上性和非至上性之间的辩证关系。

什么是思维的至上性和非至上性？所谓思维的至上性，是指认识的绝对性、无限性和无条件性。所谓思维的非至上性，是指人的认识的相对性、有限性和有条件性。思维的至上性和非至上性是互为条件、互相包含和相互转化的。首先，思维的至上性是通过不至上的个人的思维实现的。恩格斯说："思维的至上性是在一系列非常不至上地思维着的人中实现的；拥有无条件的真理权的认识是在一系列相对的谬误中实现

---

① ［德］恩格斯：《反杜林论》，人民出版社1999年版，第88页。

的；二者都只有通过人类生活的无限延续才能完全实现。"① 人类思维的内容是不断发展的，是通过一代一代人的认识，不断地修正错误，向真理逼近的。从这一观点出发，思维的至上性是指人类具有通过实践不断修正错误、逼近真理的能力。也就是说，思维的至上性是通过一系列不至上性的思维实现的。请注意"通过"二字。"通过"体现了前一代知识和后一代知识的传承与扬弃的关系。"通过"并不表达"相加"与"总和"的含义。所以，思维的至上性中包含了非至上性的思维，但不是"一系列不至上的思维"的简单相加，而是通过"一系列不至上的思维"的发展而实现的。同样，由于前代非至上性的思维要被后代所修正，它要超出自己非至上性的界限，因此，非至上的思维中包含着至上性思维的因素。由于个人思维是有限的，是特定历史条件的产物，它总会由于时代的进步而被超越。个人思维中始终包含着需要随着社会进步和时代发展所改善的因素。因而，个人思维成果的被超越性是体现其思维至上性的内在特征。

2. 真理是绝对性与相对性的统一，绝对真理是通过相对真理的发展实现的

真理的绝对性，即绝对真理是通过相对真理的发展实现的，既不是机械地由相对真理的简单相加之和构成的，也不是从有关相对真理中抽象概括出来的，而是在相对真理的辩证发展过程中实现的。

首先，为什么说绝对真理不是由相对真理机械地构成的？我们曾经认为，"无数相对真理之总和构成了绝对真理"，"相对真理是绝对真理长河中的颗粒"。对于"无数相对真理之和"不能理解为"相加之总和"，而应当理解为"发展的总体"。何谓"发展的总体"？为了说明这一点，我们以经典力学为例，看看物理学理论发展。我们知道，宏观低速物体运动的力学原理即经典力学理论，微观高速粒子运动的力学原理是相对论。经典力学理论不能说明微观高速粒子的运动问题，但是，相对论却可以在物体运动速度很低的情况下转化为经典力学。也就是说，相对论不仅可以解释高速运动问题，也可以解释低速运动问题。它把经典力学理论作为一个特例包含在自己的理论体系中。再以哲学史为例，从古到今，哲学发展到辩证唯物主义阶段，它总结了人类认识的历史，

---

① ［德］恩格斯：《反杜林论》，人民出版社 1999 年版，第 88 页。

吸取了以往各派哲学的精华，特别是从近代机械唯物主义经过黑格尔辩证法发展到辩证唯物主义，它批判地继承了以往的哲学，又根据新的材料创立马克思主义哲学。我们不能说辩证唯物主义是哲学史上各派哲学理论的拼凑。说得再通俗一些，几个平庸的理论加起来是不能形成一个科学的理论的。所以，真理不是无数相对真理简单相加之总和，而是通过历史认识的辩证发展形成"发展的总体"。这种发展的总体，就是无数相对真理在发展过程中经过修改、充实、完善，从而形成绝对真理。在这个绝对真理中，各个相对真理只是作为其中的一个"环节"而存在。所谓"环节"的意思是，作为一个特定的相对真理，它是和其他相对真理构成一定的关系，而不是一个独立于其他相对真理而存在的一种相对真理。作为绝对真理中的一个"环节"而存在的相对真理，和作为相对真理自身形态而存在的情况比较，它有了新的含义。例如，牛顿力学理论中，狭义相对论是广义相对论的一个特例，不是理论的全部。相对真理在发展中不断完善，人的认识就由片面到全面，由相对真理向绝对真理，一步一步地迈进。

其次，为什么说绝对真理不能仅仅依靠抽象概括方法从相对真理中产生呢？所谓抽象法，是从相对静态的角度、相对静止的方面考察事物及事物属性时使用的方法，在一般的意义上，是指从个别的、具体的东西中抽取共同的属性形成概念的方法。这样抽象的结果，是相对于个别与特殊，形成一般与普遍的知识。所以，抽象法的使用仅是获得绝对真理的必要条件，获得绝对真理，得借助抽象方法；但仅用抽象方法，抓不住真理的内核，不能把人的认识从相对真理推进到绝对真理。绝对真理是在人类认识的无限发展过程中，通过相对真理之间的辩证否定过程实现的，必须运用辩证逻辑和辩证思维，才能理解相对真理和绝对真理的辩证联系。用恩格斯的原话说，思维的至上性是在一系列不至上的认识上实现的。"实现"强调了一个动态的、辩证发展的过程，绝对真理是在发展中实现的。它的发展形式就是通过辩证扬弃方式实现真理的发展。

最后，为什么绝对真理能够在发展中实现又必须在发展中实现呢？因为思维中存在矛盾，正是人类思维中存在的矛盾推动着思维运动和发展，推动着相对真理向绝对真理的转化。恩格斯揭示了人类思维中存在的这一矛盾：一方面，从人类的思维本性来讲，它追求认识客观世界的真理，也能够认识其客观真理；另一方面，人类的思维又是在有限的个人的思维中实现的。而这个矛盾只能在人类世代更迭的延续过程中去解决。所以，从这个意义上说，人的思维是至上的，又是不至上的。从人的认识能力来说，是无限的，从人认识的结果来说，又是有限的；按思维的本性、使命、可能和历史的终极目的来说，是至上的和无限的，但是，按它的个别实现和每次实现来说，又是有限的、不至上的。这个矛盾推动了思维运动，人对绝对真理的认识正是在这个过程中实现的。绝对真理不是终极真理。我们说绝对真理，是指认识的内容是客观的、客观真理；相对真理是指有条件的、客观真理性的认识。

综上所述，关于绝对真理和相对真理的辩证关系，我们认为，可以概括如下：相对真理是指真理的相对性；绝对真理是指真理的绝对性，它们是客观真理的两种属性。其一，两者是互为条件、相互依存的。相对真理之所以是相对的，因为其是以绝对真理为条件；绝对真理之所以存在，是以相对真理为条件的。其二，两者是相互包含的。绝对真理存在于相对真理之中，相对真理中包含着绝对真理的颗粒；相对真理本身就具有绝对的性质，每一个相对真理都在某种程度上表达了客观事物的本质与规律，其内容是客观的、绝对的。其三，相对真理是不断地向绝对真理辩证转化的。绝对真理既可以指称某一个具体真理的绝对性，也可以指称人类认识的总体性知识结构。任何一种相对真理，都是特定历史条件下的真理。一般来说，当人们提出某种真理性认知时，这种真理的边界条件并不是完全清楚的，它虽然是有条件的，但条件并不包含在真理的内容中，人们往往超出了真理的边界去理解真理。由此可见，相对真理就包含着谬误的因素。随着实践的发展，人们进一步明确了原来所认知的真理的边界，把边界条件包含在真理的内容中，就充分地体现了真理的绝对性。同时，作为一种相对真理，都是绝对真理体系中的一个环节，它既是以往实践和认识业已达到的终点，又是进一步迈向绝对真理的起点，是一个个承前启后的中间站，是一个个由相对真理向绝对真理转化的关节点。由无数相对真理所构成的绝对真理的总体性体系，永远不会停止在一个水平上。

（二）批判杜林"永恒真理"，论述人的认识的相对性

1. 承认永恒真理的存在，就等于取消了认识的任务

恩格斯首先从理论逻辑上揭露了永恒真理论自身的自相矛盾。恩格

斯指出，如果把一切科学认识都宣布为永恒真理，就封闭了认识的发展道路。所谓永恒真理，是指适用于一切历史时代、任何空间条件的真理，也就是终极真理。人如果认识了这个永恒的、终极真理就认识了一切，就取消了认识的任务。客观世界是无限的，因而关于客观世界的知识也是无限的，人不可能达到对终极真理的认识。假如对无限的客观世界的知识已经认识完了，就等于说，已经数出了永远也数不完的无限数，这是十分荒唐的。所以，没有适用于一切时代和条件的永恒真理或终极真理。

紧接着，恩格斯从哲学方法论上揭露杜林论证过程的错误："对简单的事物使用大字眼"，并且以偏概全，偷偷地运用"永恒真理"。

恩格斯指出，杜林为了论证永恒真理的存在，常用日常生活中简单的事例作为永恒真理存在的论据，例如，二乘二等于四，三角形内角和等于两个直角，巴黎在法国，人不吃饭就会饿死，等等。在当时的科学条件下，人们常常认为，这些是亘古不变的现象，这些现象正是杜林拿来作为永恒真理存在的有力支撑。在当时的科学条件下，恩格斯也不否认其正确性，但认为这是"对极简单的事物使用大字眼"。① 也就是说，对于真理的本质这类深刻的哲学问题，是不能用一些简单的个案作为其存在的根据。用简单的个案论证普遍性的哲学命题，是归纳法的滥用。什么是真理？真理是对客观事物及其规律的正确认识。人们获得这种规律性的认识是一个过程。也就是说，人们对真理的认识是一个从认识现象到认识本质、由低到高、由浅入深的过程，其认识过程不仅需要运用归纳方法，更需要用演绎方法，还必须做到归纳和演绎的统一，仅仅运用归纳方法是解决不了哲学问题的。恩格斯还进一步指出，杜林滥用归纳法的理论目的和企图。比如，"巴黎在法国"这是一个事实判断，它断定了"巴黎"在"法国"这样一个事实。同样，"人不吃饭会饿死"等诸如此类均是如此。但是，人们发现，存在"巴黎在法国"这类判断似乎是不变的，但也存在更多的经常变化的命题。恩格斯说：如果认为"人不吃饭就会饿死"这类话题是永恒真理的话，"然而决不是一切成果都是如此"②，恩格斯在批判中列举了大量的事实证明杜林概括的

---

① ［德］恩格斯：《反杜林论》，人民出版社 1999 年版，第 89 页。
② 同上。

片面性。如果谁想要概括两类相互冲突的判断，是得不出一个一般的判断的。杜林恰恰在两类冲突的现象中，只抓住一类现象进行概括，犯了以偏概全的低级错误！

2. 真理是事物本质规律的反映，不是感性现象的描述

那么，杜林为什么要不顾逻辑错误，非要抓住这类片面的事实作为论据呢？目的是证明永恒真理的存在。为此，还必须进一步讨论：什么是真理？真理有哪些特征？是不是对于某种现象的判断或对某一事物所具有某方面属性的断定，或对事物之间表层关系的断定所获得的认识就是真理？一句话，凡是观念中所存在的东西，客观上也是存在的，那么这样的观念就是真理，这种看法到底对不对呢？

首先，我们从真理的内容上来加以分析。人的认识有感性认识和理性认识的区分。理性认识是真理性认识的基础。真理是关于客观事物及其规律性的正确认识。人们探求世界、认识世界的目的是了解其规律性，把握了规律性，就从本质上、总体上认识了事物。只有到了理性认识阶段，人的认识才能把握事物的本质，了解事物运动的规律。只有对事物的认识达到理性认识阶段，我们才能说获得了关于事物及其规律性的真理性的认识。但感性认识是对事物的现象的认识、表面的认识、个别的认识、直接的认识。感性认识作为一种认识，也是以观念形态存在的，但不能说这些认识就是真理。另外，作为规律性的东西，作为本质，它是隐藏在现象中的东西，它是存在于许多个别的对象中的一般的东西，是从个别中抽象出来的，虽然它存在于个别之中，但并不等于个别。像"巴黎在法国"这样一种认识，它不仅是一种表面的认识，而且是对个别简单事物的认识。如果对世界本身的认识，仅仅停留在这些简单的事例上，是不能获得关于世界的本质性、规律性的认识的。而应当通过现象去寻找本质，通过大量个别的东西去寻找更为一般的东西，才能获得真理。

其次，我们从真理的形态上进行分析。真理是对客观事物及其规律的认识，它必然是具体的，不是抽象的。真理是从对事物各个侧面的认识、各个个别特性的认识的具体综合中形成的。人在认识真理时，经历了"感性具体—抽象规定—理性具体"这样三个环节。所谓感性具体，就是通过人的感官系统获得的生动而又具体的知觉表象。在感性具体阶段，人们还不认识事物各方面的本质规定和特性及其相互联系。要进一

步认识事物，必须经过思维的抽象，经过分析，把对象分解为各个部分，从每一个特殊的方面、特殊的角度去了解这一特殊方面的性质、本质。就是把事物分解为各个方面的特殊的、抽象的规定。这样的分析、抽象，把认识的对象肢解了，这时要全面地认识事物，真正达到对具体事物全面、具体的认识，还必须运用综合的方法把对事物各方面的本质、性质的认识联系起来，形成关于统一事物整体的认识。这种认识就是理性具体，是把事物本身所具有的多方面的规定统一起来，形成一个统一体。只有到了这一步，我们才把握了事物的真理，了解了其规律性。所以，真理是具体的，抽象的真理是不存在的。列宁曾对此有明确的表述：真理就是由现象、现实的一切方面的总和以及它们的相互关系构成的。在认识活动中，如果人们只是把握了现实的某一方面，尽管就这一方面来说已是正确的认识，但不等于说在总体上把握了具体的真理。"$2 \times 2 = 4$"，"三角形三内角之和等于两直角"这些命题都属于人们对于某种数量间关系和几何关系的认识，属于对某一方面的认识。如果说它本身是真理的话，也不是永恒的，而是有条件的。"$2 \times 2 = 4$"在实数范围内成立（在虚数中则不成立）；而"三角形三内角之和等于两直角"这个命题，在平面几何体系内成立，而在曲面几何中，三角形内角和可能大于 $180°$，也可能小于 $180°$。"巴黎在法国"也过于绝对，自有史以来国家的疆界是不断变动的。第二次世界大战期间，纳粹德国就曾经占领法国，这期间就纳粹德国人来说，"巴黎在法国"就不成立，尽管纳粹德国的侵略是非法的反动行为。

综上所述，真理性认识离不开感性认识，但感性认识本身不是真理；对客观事物某方面特性的认识是正确的，并不等于说就把握了对象本身的全部规定，故而也不是真理。因为真理是对客观事物的本质规律的把握。进行了这样的分析之后，再来理解恩格斯的原话，如果把简单的事物看成是真理，就是使用大字眼，把不反映事物本质规律的判断说成是真理，是犯了一个低级的错误。

3. 人类认识的发展证明真理是发展的，人类每阶段的认识只能是相对的

恩格斯用了大量的篇幅，从认识史和科学史的角度，列举了大量事实，从论据的层面驳斥永恒真理存在的观点。恩格斯从人类认识领域的三类科学的发展状况，来说明真理发展的特点及其相对性质。

第一类是关于非生物界的科学。以数学中的微积分为例做了重点说明。17 世纪以前，数学处于初等阶段。17 世纪以后，笛卡儿把变数引进了数学，从此辩证法进入了数学。数学不仅反映相对静止的状态，也反映了事物的运动变化的状态，使数学发生了质变，进而创立了微积分。恩格斯指出，包括数学、天文学、力学、物理学、化学在内的精密科学的发展都说明没有终极真理，人的一切认识都处于发展中，在这类科学中，"最后的终极的真理在这里随着时间的推移变得非常罕见了"。①

第二类是研究生物机体的各门学科。生物学、病理学的研究发现，每个已经解决的问题都引起无数的新问题，而且还发现，对客观世界的客观事物的各种相互联系做系统了解的需要，总是一再地迫使人们在所谓最后的、终极真理的周围造起茂密的假说之林，这一切也"迫使我们对生物学领域中以前已经确立了的一切最后终极的真理作全面的修正，并且把它们整堆地永远抛弃掉"。②

第三类是研究社会历史的科学。在这部分中，恩格斯用历史科学的发展进一步深刻地说明人的认识的相对性。并且尖锐地指出，在这类"历史科学中，永恒真理的情况还更糟"。③ 这是由于社会运动形式更为复杂，获得永恒真理就更不可能。

首先，社会历史现象和自然现象的根本不同在于社会历史现象不会重复发生。即使是同样一种事情在同一地方发生，也绝不会在完全同样的状况下发生。

其次，社会事物本身的规律性有一个展现的过程，当人们能够认识这个规律的时候，社会矛盾已经充分地展开，然而此时，这个社会已经到了要被新的社会形态代替的时候。恩格斯说："如果一旦例外地能够认识到某一时代的社会存在形式和政治存在形式的内在联系，那么这照例是发生在这些形式已经半衰退和濒于瓦解的时候。"④ 因为只有到了这个时候，社会阶级矛盾和阶级斗争的尖锐化，才能明显地暴露出来，才有可能为人们所认识。但是，当你能够认识到这个社会的本质时，这

① ［德］恩格斯：《反杜林论》，人民出版社 1999 年版，第 90 页。
② 同上书，第 90—91 页。
③ 同上书，第 91 页。
④ 同上。

个社会将要退出历史舞台。所以，人对社会的认识，只能是相对的，只是限于了解一定的社会形式和国家形式的联系及结果，而这一定的社会形式和国家形式存在于一定的时代、一定的民族中，而且按其本性来说，都是暂时存在的，在这里没有终极真理。

恩格斯利用大量的科学史与认识史证明不存在永恒真理以后，进一步指出了两点：第一，要在社会历史领域宣布永恒真理，其目的就是企图从永恒真理的存在做出在社会历史领域也存在永恒道德、永恒正义的结论。第二，杜林的这种做法是重复了资产阶级思想家的错误。17—18世纪，资产阶级思想家都把自己的社会观说成是永恒真理，并且极力咒骂以前一切永恒真理的制造者是骗子，只有他们自己，才是掌握着永恒真理的。这种情况已经出现很多次了，杜林还要再表演一番。

最后，恩格斯还以逻辑和辩证法这种研究人类思维规律的科学为例，说明所谓永恒真理的情况也不见得比上面所分析的三类科学领域中的情况好些。对于辩证法，杜林是不承认的，他认为，辩证法是无稽之谈，当然已经没有什么永恒真理可言。事实上，逻辑科学的发展表明，在这里也很少能够找到最后的终极真理。

（三）批判杜林真理和谬误对立的观点，论述真理和谬误的辩证关系

杜林承认永恒真理，认为真理是根本不变的。从这个前提出发的必然结论是，把科学发展中的相对真理看成是谬误，正因为是谬误的才是需要修正和纠正的。正确的东西是永恒的，那么错误的东西也是永恒的了。因此，杜林把真理和谬误看成是绝对对立的关系，恩格斯批判了这一形而上学的观点，阐明了真理和谬误的辩证关系。

1. 真理和谬误是有别的，是不容混淆的

真理和谬误之间有着确定的原则界限。凡是对客观事物及其规律的正确认识就是真理，而对客观事物及其规律的歪曲反映就是谬误。真理和谬误有着本质区别。但是，这里必须强调，真理的内容是包含条件在内的。在一定条件下，真理就是真理，谬误就是谬误，这是绝对不能混淆的。否认了真理和谬误的区别，就会真假莫辨，是非难分，从而陷入相对主义的泥淖。

2. 真理和谬误的对立是相对的，是依赖于一定的条件的

恩格斯说：“真理和谬误，正如一切在两极对立中运动的逻辑范畴

一样，只是在非常有限的领域内才具有绝对的意义。"① 即真理和谬误在一定条件、一定范围内是绝对对立的，超出了这个范围，离开了这个条件，就丧失了这种对立的绝对性，表现出相对性来。这告诉我们：任何真理都是在一定条件下对客观事物的正确认识。因此，任何真理都有它适用的条件和范围。超出了这个范围，真理就不再是真理，而走向反面，变成谬误。对此，列宁曾经有过生动的表述。列宁说："只要再多走一小步，仿佛是向同一方向迈的一小步，真理便会变成错误。"② 同样，谬误也可以转化为真理：一是批判错误，总结经验，吸取教训就能发展真理。二是使条件、范围恢复到原来的状貌，谬误就变成真理。恩格斯以波义耳定律为例，对真理和谬误的辩证关系做了进一步说明。英国化学家、物理学家波义耳发现了气体体积和压力之间，当温度不变时的定律，即波义耳定律：气体的体积和它所受的压力成反比。当 $T = T_0$ 时，$PV = K$（P 为压力；V 为体积；T_0 为日常温度；K 为常数）。在 19 世纪以前，它被认为是绝对正确的，但是到了 19 世纪中叶，法国物理学家和化学家雷尼奥经过对不同气体在不同压强下进行精确的实验测定，发现气体遵守波义耳定律有一定的温度和压力条件。例如，当气体压力增加到液化点时，波义耳定律就不适用了。雷尼奥指出：波义耳定律只是在一定的压力和温度范围内对一定的气体才有效。这就是说，波义耳定律只是近似的正确，只是相对真理，在一定范围内才是真理。如果超出了这一范围去运用它，那就是谬误。叙述了这一事例，恩格斯讲，如果按杜林的永恒真理说来对待雷尼奥的发现，就会把波义耳定律说成谬误。可是这样做的话，那是犯了更大的错误。但是，雷奥尼不是现实哲学家（杜林哲学）而是科学家，并没有那样做。雷尼奥对待波义耳定律的态度是正确的，在肯定波义耳定律真理性的同时，指出了它的适用范围。这是一种科学的态度。绝对真理本身就是相对真理。这个观点是从恩格斯进一步的论述中得出的必然结论。波义耳定律只是在一定的范围内，即气体开始液化之前的范围内才是正确的。这是绝对真理，因为它具备了其原理存在的条件，将条件包含于自身之内。为什么绝对真理本身又是相对真理呢？因为绝对真理是包含一定条件的真理。

---

① ［德］恩格斯：《反杜林论》，人民出版社 1999 年版，第 93 页。
② 《列宁选集》第 4 卷，人民出版社 1972 年版，第 257 页。

既然包含了条件，条件是可以变化的，所以，绝对真理本身就包含了发展的种子，作为包含前一种条件在内的绝对真理，对于后来的新的条件来说，就是相对真理了。

3. 真理是通过一系列相对的谬误实现的

恩格斯在阐明思维的至上性和非至上性的统一是通过人类的无限延续才能完全实现的时候，同时指出，拥有无条件的真理权的认识也是通过人类的无限延续，在一系列相对的谬误中实现的。这里所说的"无条件的真理权的那种认识"是指绝对真理，也就是真理的绝对性，即真理所反映的内容的客观性，它的内容是客观事物自身的客观规律，即无限延续的人类所达到的对世界体系的相对确切认识。这里的"一系列相对的谬误"是指具体的、相对真理性的认识中的不完善的因素，这些不完善的因素，与后人较完善的认识相比较来说，就是相对谬误。对于这句话，我们应当理解为：相对真理中包含着谬误的因素，这并不否定相对真理的真理性，而只是说相对真理的内容中包含有谬误的因素。相对真理的相对性是指其历史性与条件性。相对的谬误是指在特定历史条件下的认识结果，即使在当时条件下被人们确定为真理性内容，也包含着随时代和条件的变化被后人所修改的因素。

这就是说，在人类世代相继和无限延续过程中，作为人的思维，也就是人类的思维确实是至上的、无限的，人们对客观世界的认识在人类世代的延续过程中不断深化，由片面认识到对更多方面的认识。人在发展过程中是能够对世界体系做出确切认识的。但这仅就人类认识能力而言，而不是对认识结果而言的。如果就人类认识结果而言，也仅指认识结果的不断发展这一特性是绝对的、无限的，至于每一个时代的人的认识结果总是有限的、相对的。但是，人类的思维总是以一代又一代人的思维而存在的，在任何时代，个人的思维就其能力来说，总是受到限制的。最基本的限制就是寿命限制。就个人思维的结果而言，必然包含有不完善的地方、不完善的因素，这些因素相对于后人较完善的认识来说就是谬误。

三 批判杜林的永恒道德观，阐述马克思主义关于道德的基本观点

恩格斯揭露了杜林把永恒道德作为永恒真理存在的一个类型。恩格斯说，如果读者要问，杜林所说的永恒真理具体所指什么，其实，杜林就是把永恒道德作为永恒真理的典型范例。恩格斯指出，杜林在自己的所谓"现实哲学"中说："道德的真理，只要它们的最终的基础都已经被认识，就可以要求具有同数学的认识相似的适用性。"① 这就是说，道德的真理就是道德的终极基础，人们只要认识了道德的终极基础，就获得了道德的真理。由于道德真理具有终极的性质，所以，它具有普遍的适用性。既然是普遍适用的，又具有终极的性质，因而道德的真理是永恒的。这就是杜林的道德真理观。

恩格斯批判杜林的永恒道德观，阐明了道德的阶级性与历史性。

1. 从客观事实出发，指出道德不是永恒的，而是发展变化的

道德问题也就是善恶问题。恩格斯认为，如果杜林在真理和谬误问题上没有什么进步的话，那么，在道德问题上就更没有什么进步了。针对杜林的永恒道德的观念，恩格斯指出，人类的善恶观念是有民族的差别和时代变异的。"善恶观念从一个民族到另一个民族、从一个时代到另一个时代变更得这样厉害，以致它们常常是相互直接矛盾的。"②

但是，杜林认为，善和恶是绝对对立的，善不是恶，恶不是善；如果将善恶混淆，人们就没有共同的善恶标准，一切人都可以为所欲为了。恩格斯指出，如果善恶问题真是如此简单，那么就不会有关于善与恶的争论了。为此，恩格斯列举了大量的善恶争论与冲突的情况。例如，历史上传承并现存着的基督教的封建主义道德，这种道德又分成天主教的和新教的道德等，同时还存在现代资产阶级的道德和未来社会的无产阶级的道德。

---

① ［德］恩格斯：《反杜林论》，人民出版社 1999 年版，第 95 页。
② 同上。

2. 揭示了道德产生的经济根源和阶级实质

为什么不同的阶级会有不同的道德？这要从他们的经济基础和社会存在中去寻找根源。恩格斯指出："如果我们看到，现代社会的三个阶级即封建贵族、资产阶级和无产阶级都各有自己的特殊的道德，那么我们由此只能得出这样的结论：人们自觉地或不自觉地，归根到底总是从他们阶级地位所依据的实际关系中——从他们进行生产和交换的经济关系中，获得自己的伦理观念。"①

恩格斯明确指出，道德的产生有着深刻的经济根源和阶级实质。他说："我们断定，一切已往的道德论归根到底都是当时的社会经济状况的产物。而社会直到现在是在阶级对立中运动的，所以道德始终是阶级的道德；它或者为统治阶级的统治和利益辩护，或者当被压迫阶级变得足够强大时，代表被压迫者对这个统治的反抗和他们的未来利益。"②任何阶级的道德观念，都是在这一经济基础上产生的，并随着经济基础的变化而变化，不可能是永恒的。现代社会学的很多研究都证明，道德的标准不是一成不变的。如原始部落的食人族，并不认为吃人不道德，反而把它看成是亲人的生命在自己身上的延续。

恩格斯在批判永恒道德观的同时，进一步指出，历史唯物主义认为，道德具有阶级性，但并不否认道德的进步。恩格斯说："在道德方面也和人类认识的所有其他部门一样，总的说是有过进步的。但是我们还没有越出阶级的道德。"③ 对于人类道德的发展方向，恩格斯指出："只有在不仅消灭了阶级对立，而且在实际生活中也忘却了这种对立的社会发展阶段上，超越阶级对立和超越对这种对立回忆的、真正的人的道德才成为可能。"④ 也就是说，道德观念是社会存在的反映，只有到了未来共产主义社会才能形成共产主义的道德观念。而在此以前，人们由于还不能忘却阶级对立，也就不可能形成共产主义社会的道德观念。杜林的"永恒道德观"企图为未来的社会制定一个永恒的道德那只能是妄想！

---

① ［德］恩格斯：《反杜林论》，人民出版社 1999 年版，第 96 页。
② 同上书，第 97 页。
③ 同上。
④ 同上。

3. 分析了共同道德的本质和存在条件

恩格斯坚决地驳斥了道德的世界有凌驾于历史和民族差别之上的不变的原则，但是，恩格斯并没有完全否认共同道德的存在，而是对这种共同道德做了历史唯物主义的解释。

我们应当清楚，关于道德的永恒不变的原则是关于道德的本质和道德哲学的问题。存在不存在共同道德是一个道德事实判断的问题，而对共同道德的解释却是一个道德哲学问题。关于共同道德的存在性判断是一个实证社会科学的问题；关于共同道德为什么存在？何以存在？这是道德哲学问题。人们在关于共同道德的认识问题上，往往混淆了这两种认识的层次，往往用共同道德的存在否认道德的历史性与阶级性。

道德作为一种社会意识形态是对社会存在的反映，道德观念是随着社会历史的发展而变化的。杜林之流往往用共同道德论证永恒道德。恩格斯并不否认共同道德，但深刻地指出，共同道德依赖于社会历史条件，并且随着社会历史条件的变化而变化。恩格斯说，在封建贵族、资产阶级和无产阶级的三种不同的道德论中，还是有一些共同的东西。之所以如此，是因为这三种不同的道德论代表同一历史发展的三个阶段，有共同的历史背景。同一历史发展的共同历史背景是形成一些共同道德的社会历史基础。但是，它们又发展为不同的历史阶段，不同的历史阶段表现为不同的统治阶级，所以有不同阶级的道德观。对于不同的民族、阶级和国家，如果它们差不多处于同样的历史阶段上，也会有大致一致的道德论。恩格斯举例说，从私有制发展起来的时候起，在一切存在这种私有制的社会里，道德戒律一定是共同的：切勿偷盗。但是，当在偷盗的动机已被消除的社会里，谁来庄严地宣布一条永恒真理：切勿偷盗，他将会遭到嘲笑。其实，人们试想一下，在物质生活领域中也有类似的情形。在物质匮乏的时代，肉食食品是人们期盼的食物，但在物质丰裕的时代，肉食品却成为节食的对象。

所以，有没有共同道德，不能一概否认。但是，承认共同道德的存在，需要解释其何以存在，是因为有共同的社会存在结构和共同的社会历史基础。然而，不能从共同道德的存在推出永恒道德的存在。因为作为任何一种共同道德，其本身也要随社会的发展而变化。今天，我们在不同的国度里，发现有相近并接近一致的道德观念，是因为生活结构具有相同的特点。但是，从这一点并不能否认不同民族国家道德观念的阶级性和民族性。恩格斯关于永恒道德真理的批判和对共同道德现象的历史唯物主义分析,为我们今天在全球化时代认识复杂的道德现象提供了一把金钥匙。

第十章 "道德和法。平等"

承接上一章，恩格斯在本章针对杜林《哲学教程》第四篇第一章，即"道德的根本法则"，批判其平等观。从总体上讲，这一章概述了一般平等观产生和发展的历史过程，阐述了马克思主义平等观的实质。在这一章，恩格斯"首先是对杜林论证平等观的方法论原则进行批判，在指出杜林论证平等的先验主义本质的基础上，进一步揭露了杜林平等观的抽象实质"①，并在批判杜林平等观的同时，把消极的批判转变成了积极的批判，正面阐述了马克思主义平等观。

一 杜林在平等观上的谬论

杜林按照数学方法解决社会问题，他用机械论的还原论把社会分解为"最简单的要素"，再把简单的公理应用于这些要素，进而推出结论并宣称其为"永恒真理"。杜林认为，要想构成社会，至少要有两个人，要研究社会公理，就必须从这两个人入手，他从四个方面论述了他的平等观。

(一) 平等是两个人的意志的完全平等

杜林所说的平等是指两个抽象的人的意志完全平等，即"两个人的意志，就其本身而言，是彼此完全平等的，而且一方不能一开始就向另一方提出任何肯定的要求"。②

(二) 两个人的意志完全平等是解决历史领域问题的基本公理

杜林说："应当从单个的、简单的基本形式上，按照公理来解决，

---

① 王宏波、郑冬芳：《〈反杜林论〉中的平等观解读》，《思想理论教育导刊》2012 年第 2 期。

② ［德］恩格斯：《反杜林论》，人民出版社 1999 年版，第 100 页。

正如对待简单的……数学的基本形式一样。"① 表明了在历史领域，杜林将两个人的意志的完全平等作为解决一切问题的公理，就像恩格斯说的那样："只要有经济、政治等等的问题需要解决，这两个人就飞快地出动，而且立刻'按照公理'来解决问题。这是我们那位现实哲学家的卓越的、创造性的、创造体系的发现！"②

（三）在例外情况下不平等的存在是允许的

杜林认为，虽然两个人的意志应该是平等的，但由于自我规定的不足、道德和精神面貌的不同、科学与迷信发生的争执等，都可以成为产生不平等的原因，这种情况下的不平等是允许的，他称为"可以允许的隶属关系"。③

（四）暴力是产生不平等的原因

社会之所以会出现不平等，是因为存在政治暴力，"两个意志中一方不能向另一方提出任何肯定的要求。如果一方竟然这样做了，并以暴力来实现他的要求，那就产生了非正义的状态，而杜林先生就是按照这一基本模式来说明非正义、暴力、奴役"的④，暴力是绝对的恶，过去的历史是暴力的历史，因而是不正义的、不合理的历史。

二 恩格斯对杜林的平等观的分析和批判

（一）批判杜林在社会历史领域的先验主义方法

恩格斯在本章开宗明义地指出，杜林在社会领域内所运用的研究方法，其实是一种先验主义的方法。即不从对象本身去认识对象的特性，而是从对象的概念中推论出概念的特征，不是概念和对象相适应，而是对象必须和概念相适应。杜林的方法实质上就是一种先验主义的方法，只不过他将先验主义方法中的"概念"换为"单纯的要素"。所以，杜林要"把每一类认识对象分解成它们的所谓最简单的要素，把同样简单的所谓不言而喻的公理应用于这些要素，然后再进一步运用这样得出

---

① [德] 恩格斯：《反杜林论》，人民出版社 1999 年版，第 98 页。
② 同上书，第 100—101 页。
③ 同上书，第 103 页。
④ 同上书，第 101 页。

的结论"①，在社会历史领域也是如此，"也应当从单个的、简单的基本形式上，按照公理来解决，正如对待简单的……数学的基本形式一样"。② 也就是说，他主张在社会生活领域诸如历史、道德、法等方面也要应用数学的方法，在这些领域或方面所获结果的真理性，也要像数学结果的确实性一样，可以被验证，并且具有不变的真理性，是永恒真理。

恩格斯评价说，杜林的这种思想并非新鲜的主张，不过是过去有人爱用的玄想的或者也称为先验主义的方法的另一种表现方式。"这一方法是：不是从对象本身去认识某一对象的特性，而是从对象的概念中逻辑地推论出这些特性。首先，从对象构成对象的概念；然后颠倒过来，用对象的映象即概念去衡量对象。这时，不是概念应当和对象相适应，而是对象应当和概念相适应了。在杜林先生那里，他所能得到的最简单的要素，终极的抽象，执行着概念的职能，可是这丝毫没有改变事情的实质；这种最简单的要素，最多只带有纯粹概念的性质。所以现实哲学在这里也是纯粹的玄想，它不是从现实本身推论出现实，而是从观念推论出现实。"③ 杜林对"人类社会"的理解，就是先把人类社会分解成最简单的要素，即"两个人"，这两个人是两个抽象的人，他们构成社会，平等就是这两个人的平等，用这两个人的平等模式去解决一切平等问题。

恩格斯指出，杜林不是从人们的现实社会关系中，而是从"社会"的概念或所谓最简单的要素中构造出道德和法。杜林推论所用的材料是什么？杜林组成概念的材料主要来源于：第一，"可能存在的现实内容的一点点残余"；④ 第二，杜林从他自己的意识中再次带入的内容。杜林的意识绝大部分是道德和法的观点，这些观点或多或少的是他所处的社会关系和政治关系的相应表现；从有关的道德和法的文件中抄来的；可能还有杜林个人的狂想。尽管杜林的方法是脱离现实的先验的东西，但他的道德和法绝不是完全脱离现实的先验的东西，"他从大门扔出去的历史现实，又从窗户进来了"。⑤

至此，我们可以看出，即便是唯心主义的社会学理论仍然是社会存

① ［德］恩格斯：《反杜林论》，人民出版社1999年版，第98页。
② 同上。
③ 同上书，第98—99页。
④ 同上书，第99页。
⑤ 同上。

在的反映，但是，它与唯物主义不同之处在于：它不是从现实的人及其社会关系出发研究社会的发展，而是用先验主义的方法去研究社会，因此，必然得出唯心主义的看法。所以，恩格斯说："当他以为自己制定了适用于一切世界和一切时代的伦理学说和法的学说的时候，他实际上是为他那个时代的保守潮流或革命潮流制作了一幅扭曲的（因为和它的现实的基础脱离）、像在凹面镜上反映出来的头足倒置的画像。"①

（二）抽象的平等理论不可能构成社会

杜林在社会历史领域的先验主义研究方法，就是把对象分解为最简单的要素，然后，去寻找这些简单要素之间的关系。对于人类社会，他认为，一个社会至少是由两个人组成，所以，社会的最简单的要素就是两个人。杜林就从公理出发，推出一个道德的基本公理："两个人的意志，就其本身而言，是彼此完全平等的，而且一方不能一开始就向另一方提出任何肯定的要求。"② 因此，道德上的正义、法律上的正义的基本形式也就被表述出来了——平等是永恒的正义，是真正的道德与法律的原则。他说："为了阐发法的基本概念，我们只要有两个人的十分简单的和基本的关系就够了。"③ 杜林就是这样企图用这种抽象的平等原则、简单的社会关系说明未来理想社会。

恩格斯认为，两个抽象的人的平等不仅不是公理，而且是过度的夸张，因为，现实并不存在这样的两个人的平等，"两个人或两个人的意志就其本身而言是彼此完全平等的——这不仅不是公理，而且甚至是过度的夸张"。④ 在现实生活中，人与人之间的差别不胜枚举，根本不可能有彼此完全的平等。首先，即便是在最简单的社会结构——一男一女组成的最简单和最初的形式——家庭里，在性别上，男女就是不平等的。其次，假定杜林的这两个人在性别上是一样的、平等的，即为两个男人，两个男人组成的社会，他们之间是完全平等的，但是，这样的社会一开始就注定要灭亡了。因为两个男人是不能承担繁衍后代的任务的。最后，如果我们设想他们是两个家长，那么，这种模式只是证明家长的平等，它不是证明人的平等。所以，抽象的平等不能构成社会。

---

① ［德］恩格斯：《反杜林论》，人民出版社1999年版，第99页。
② 同上书，第100页。
③ 同上。
④ 同上。

杜林平等公理的"两个人"是脱离一切现实的、不在任何社会关系中、没有任何个性和要求的人，是"十足的幽灵"，"他们摆脱了一切现实，摆脱了地球上发生的一切民族的、经济的、政治的和宗教的关系，摆脱了一切性别的和个人的特性，以致留在这两个人身上的除了人这个光秃秃的概念以外，再没有别的什么了，于是，他们当然是'完全平等'了。"①

（三）　杜林抽象的平等理论是对 18 世纪启蒙学者学说的错误抄袭

杜林在自然哲学中，用公理也存在于其他星球上的人之中作为理由，证明他的理论是永恒真理。在社会领域中，又总是用"两个人"来证明他的唯心史观。恩格斯指出：但遗憾的是，用"两个人"来解决社会问题并不是杜林的新发现，而是他从 18 世纪启蒙思想家那里抄来的，并进行了歪曲，卢梭等是用两个人论证不平等的，而杜林是论证完全平等的。卢梭的政治学、亚当·斯密和大卫·李嘉图的经济学都已经出现过这"两个人"。但是，他们得出了和杜林截然相反的结论。18世纪法国启蒙学者卢梭在《论人间不平等的起源和原因》一书中指出："正是通过两个人，同样是按照公理证明了相反的东西，这就是：在 A 和 B 两个人之中，A 不能用暴力来奴役 B，只能用使 B 处于非有 A 不可的境地这一办法来奴役 B；这对于杜林先生来说的确是一个已经过分唯物主义的观点。"② 卢梭假设有两个处于原始状态的人，从他们出发，论述不平等的起源。卢梭认为，在原始状态下，这两个人最初是平等的，由于生产力的发展产生了私有制，逐步产生了人类的不平等。亚当·斯密认为，每个人的天性是追求个人利益，因此，需要互相帮助。猎人和渔夫的工作不一样、不平等，他们必须交换自己的产品，才能获得自己所需。亚当·斯密和大卫·李嘉图的劳动价值说也是从两个平等的抽象的人出发的——猎人和渔夫。当这两个各自从事不同行业的人互换自己的产品的时候就是不平等的。但是，在卢梭、亚当·斯密和大卫·李嘉图的理论中，"两个人"的方法是举例说明问题的方法，杜林把它抄下来以后，却被"提升为一切社会科学的基本方法和一切历史形态的尺度"。③ 卢梭、亚当·斯密和大卫·李嘉图只是用抽象的两个人的历

---

① ［德］恩格斯：《反杜林论》，人民出版社 1999 年版，第 101 页。

② 同上书，第 102 页。

③ 同上书，第 101 页。

史唯心主义来解释现有的事实；而杜林却是要依据抽象的两个人的历史唯心主义推导出永恒的正义的原则，再由此推导出未来社会的原则！

恩格斯指出，杜林之所以会陷入自相矛盾的境地，是因为他所说的两个人是没有现实内容的、抽象的人。按照杜林的逻辑，平等指的是两个人以及他们的意志是彼此完全平等的，他们之间没有一方能命令另一方。恩格斯指出，这样的人就不可能是现实中的人。"这两个人应当是这样的：他们摆脱了一切现实，摆脱了地球上发生的一切民族的、经济的、政治的和宗教的关系，摆脱了一切性别的和个人的特性，以致留在这两个人身上的除了人这个光秃秃的概念以外，再没有别的什么了。"① 杜林把脱离社会的孤立的个人作为研究社会的出发点，试图"把'关于事物和人的严格科学的观念'变得简单些，肯定是做不到的"。②

（四）暴力导致不平等是不符合事实的

杜林认为，两个人彼此完全平等。"一方不能向另一方提出任何肯定的要求。如果一方竟然这样做了，并以暴力来实现他的要求，那就产生了非正义的状态，而杜林先生就是按照这一基本模式来说明非正义、暴力、奴役，一句话，说明全部以往应唾弃的历史的。"③ 杜林认为，暴力是产生不平等的原因，认为过去的历史都是充满暴力和奴役的令人唾弃的历史。

恩格斯在《反杜林论》政治经济学篇"暴力论"中集中批判了杜林的这一观点，指出，暴力在历史上无疑是有一定作用的，但暴力不是社会发展的最后的决定力量，一切社会变迁和政治变革的终极原因是社会生产力的推动。在这里，恩格斯只是简要地指出，仅有两个有意志的人，无须暴力就会走向奴役和不平等。

恩格斯用卢梭的两个人的模式来与杜林的模式作对比，说明杜林的理论的错误。卢梭认为，在贫富差距和私有财产的情况下，在 A 和 B 两个人中，富有的 A 不是用暴力来奴役穷困的 B，只能通过使穷困的 B 处于非有富人 A 不可的境地来奴役 B。即富人 A 用不着使用暴力，也能使穷人 B 接受 A 的奴役。所以，卢梭把不平等的原因归结为私有财产，

---

① ［德］恩格斯：《反杜林论》，人民出版社 1999 年版，第 101 页。

② 同上。

③ 同上书，第 101—102 页。

用经济原因来说明不平等，这种观点有历史唯物主义的因素。所以，与把不平等归结为暴力的杜林相对比，恩格斯说："这对于杜林先生来说的确是一个已经过分唯物主义的观点。"① 卢梭就是排除了外来的暴力，仅从两个人出发，就推导出奴役和不平等。人的生产能力不同，得到的剩余产品及数量也不同，私有制就是在这种差异中产生的。从纯粹的逻辑推理方面来看，"两个舟破落海的人，漂流到一个孤岛上，组成了社会。他们的意志在形式上是完全平等的，而这一点也是两个人都承认的。但是在素质上存在着巨大的不平等。A 果断而有毅力，B 优柔、懒惰和委靡不振；A 伶俐，B 愚笨。A 照例先是通过说服，以后就按照习惯，但始终是采取自愿的形式，把自己的意志强加给 B"②，就会形成不平等和奴役。如丹尼尔·笛福在《鲁宾逊漂流记》中塑造的鲁宾孙和星期五，没有暴力，两个人自愿形成一种主仆关系。从历史史实的角度来看，"甘受奴役的现象在整个中世纪都存在，在德国直到三十年战争后还可以看到。普鲁士在 1806 年和 1807 年战败之后，废除了依附农制，同时还取消了仁慈的领主照顾贫病老弱的依附农的义务，当时农民曾向国王请愿，请求让他们继续处于受奴役的地位——否则在他们遭到不幸的时候谁来照顾他们呢？"③ 由此可见，经济地位上的差异，决定了奴役和被奴役的地位，建立在经济不平等基础之上的意志平等是不可能的。所以，恩格斯说，"两个人的模式既'适用'于不平等和奴役，也同样'适用'于平等和互助"④，农奴为求庇护，主动请求受奴役，并且认为，世袭的农奴制是已经预先安排好了的制度。同样是有意志的人，怎么会产生这样的观念呢？这些实例说明一个问题：人的意志是不平等的，只有摆脱了一切社会关系、一切性别和个人特征的、完全抽象的意志，才是完全平等的。而拥有这样抽象的意志平等的人在现实中是没有的。恩格斯提到的上述历史事实，是针对杜林否认经济关系的决定作用，认为政治暴力是产生不平等的唯一原因而讲的，并不是想证明"自愿"受奴役是正当的。无论是否经由暴力，但却绝对不能改变奴役与受奴役、人与人不平等的现实，"无论自愿的形式是受到维护，还是

---

① ［德］恩格斯：《反杜林论》，人民出版社 1999 年版，第 102 页。
② 同上。
③ 同上。
④ 同上。

遭到践踏,奴役依旧是奴役"。① 所以,不平等现象的产生不是杜林所说的暴力的结果,单从暴力出发研究不平等,只能掩盖造成不平等和奴役的真正原因。

(五) 杜林的平等理论是自相矛盾的

恩格斯把杜林的"两个意志完全平等"的学说和施蒂纳的"唯一者"进行了比较。施蒂纳认为,"自我意识"是唯一的存在者,但与杜林的"两个意志完全平等"所言的"一般人的自主权""个人的自主权"相比,"施蒂纳的拥有自己的所有物的'惟一者'相形见绌了"②,杜林似乎打败了施蒂纳,"让我们暂时把这一切放在一旁。我们假定杜林先生的公理论说服了我们,而且我们热衷于两个意志的完全平等的权利……这样,现在我们所有人都完全平等和独立了"。③ 但事实是这样吗? 恩格斯问道:"是所有人吗?"回答:"不,的确不是所有人。"杜林也看到了"两个人的意志平等"的缺陷,所以,就不断地"退却",用例外来弥补自己公理上的不足,使自己的平等理论陷入自相矛盾。

杜林的第一个自相矛盾即"退却"之一:生理上的差异允许不平等的存在。杜林说,两个意志的完全平等,不允许把一方的意志强加给另一方,"也存在着'可以允许的隶属关系'",但是它们存在的"原因不应当到两个意志本身的活动中,而应当到第三领域中去寻找,例如对儿童来说,就应当到他们的自我规定的不足中去寻找"④,所谓第三领域"是一个受压制的意志即一个不足的意志的具体规定性"。⑤ 儿童生理发育的不成熟使他们的自我规定性不足,于是造成了儿童的意志和成人意志的不平等。但第三个领域不是别的,恰恰就是意志,即使认为它是一个受压制的意志、一个不足的意志,但它毕竟还是一个意志、一个具有规定性的意志! 恩格斯讥讽地说,杜林把它看作意志之外的第三个领域,说明了"我们的现实哲学家同现实脱离得如此之远"⑥,其实,意志自我规定的足与不足是意志自身的领域,根本不是意志之外的

---

① [德] 恩格斯:《反杜林论》,人民出版社 1999 年版,第 102 页。
② 同上。
③ 同上。
④ 同上书,第 103 页。
⑤ 同上。
⑥ 同上。

"第三领域"。恩格斯指出，杜林为了建立他的抽象平等理论，就必须把任何意志的真实内容即意志本身特有的规定排斥到"第三领域"中去，使意志成为"抽象的、没有内容的空话"，即使这样，杜林也还要承认不平等的存在，即对于"自我规定不足"的意志来说，平等是无效的，这同他的完全平等的理论是自相矛盾的。

杜林的第二个自相矛盾即"退却"之二：道德上的差异允许不平等存在。杜林说，"在野兽和人混合在一个人身上的地方，人们可以以第二个具有完全的人性的人的名义提出问题：他的行为方式，是否应当像所谓只具有人性的人相互间所表现的那样呢……所以我们关于两个在道德上不平等的人——其中一个在某种意义上带有特有的兽性——的假定，就是依照这种区别而可能在人的集团之中和各个集团之间……出现的一切关系的典型的基本形式"。① 杜林把人分为两种人：一种人身上既有人性又有兽性，另一种人身上只有人性没有兽性，人与人之间存在道德上的不平等，不道德的人和道德的人不可能平等，不道德的人要隶属于道德的人，这是人的各种集团之间相互区别的"典型基本形式"。

杜林把人与人之间的矛盾、冲突说成是好人与恶人之间的敌对行为。他把人分为好人与恶人。认为好人是有人性的人，而恶人是带兽性的人。因此，在现实中，在坏人与好人之间必然存在着敌对行为，他们之间经常发生不可避免的争斗，而这种争斗有时会采取野蛮的暴力，有时会施展阴谋诡计和间接迫害。在这里，杜林忽视了一个问题，既然他把人分为好人和恶人、带人性的人和带兽性的人，那就意味着人在道德上是生来不平等的，也就是说，两种意志是不平等的。既然这样，平等自然就化为乌有了，他的第二个退却恰恰证明了人的意志是不平等的。

基督教把人分成善人和恶人、绵羊和山羊，目的是叫绵羊（善人）对山羊（恶人）行使审判管理之权。而杜林把基督教的理论搬到现实哲学中来，目的也是让人性的人对兽性的人行使审判管理之权，"杜林先生像一个耶稣会会士那样要花招，以便用决疑法②确定具有人性的人

① ［德］恩格斯：《反杜林论》，人民出版社1999年版，第103页。
② 决疑法是中世纪对所谓犯罪嫌疑人的"神意审判"法。法官把犯罪的农奴投入水中，如果他有罪水不会接收他，他将会浮起，那就会判处死刑；如果沉没，就被认为无罪，事实上也已淹死。或把嫌疑人的手伸入沸水或者手持烧红的烙铁走若干里路，三天之后被烫伤证明无罪，否则将判为有罪。

可以多么严厉地对付具有兽性的人，多么严厉地运用不信任、计谋、严酷的甚至恐怖的以及欺骗的手段来对付后者，而且这样做还丝毫不违背不变的道德"。①

但事实上，两个在道德上完全平等的人是根本没有的。"人来源于动物界这一事实已经决定人永远不能完全摆脱兽性，所以问题永远只能在于摆脱得多些或少些，在于兽性或人性的程度上的差异。"② 不能简单地认为，这个是人性的人，那个是兽性的人，更不能把人性和兽性作为奴役和压迫的理由。但是，杜林承认了人们之间道德上的不平等，他的平等再次化为乌有。

杜林的第三个自相矛盾即"退却"之三：精神上的差异允许不平等存在。

杜林说："如果一个人按照真理和科学行动，而另一个人按照某种迷信或偏见行动，那么……照例一定要发生相互争执……一定程度的无能、粗暴或恶癖，在任何情况下总要引起冲突……暴力不仅仅是对付儿童和疯人的最后手段。人的整个自然集团和文明阶级的本性，能够使得对它们的由于本身荒谬而成为敌对性的愿望进行的压服，即促使这种愿望向共同联系手段的还原，成为不可避免的必要。异己的意志在这里也被认为是有平等权利的；但是它由于它的危害活动和敌对活动的荒谬性，它就引起了恢复平衡的行动，如果它遭到暴力，那么它只是受到它自身的非正义的反作用而已。"③

恩格斯指出，按照杜林的理论，不仅道德上的不平等是合理的，而且精神上的不平等也是合理的。按照真理和科学行动的人，可以用暴力手段对付按照迷信和偏见行动的人。这样做并不是要否认野蛮人的意志有平等的权利，而是对他们由于迷信和偏见的行动所产生的危害和敌对活动进行惩罚，目的是实现平等化，在这里使用暴力，是绝对必要的。"按照这种道德，各文明掠夺国对落后民族所干的一切可耻行径，直到俄国人在突厥斯坦的暴行，都可以认为是正当的。"④ 因为被侵略者代表了"迷信和偏见"，侵略者对被侵略者的掠夺是为了使他们放弃"迷

① ［德］恩格斯：《反杜林论》，人民出版社 1999 年版，第 103 页。
② 同上书，第 104 页。
③ 同上。
④ 同上书，第 105 页。

信和偏见"。"1873 年夏天，当考夫曼将军下令进攻鞑靼部落的约穆德人，焚毁他们的帐篷，并且像在命令上所说的'按照真正高加索的习俗'屠杀他们的妇女和儿童时，他也断言：压服那种由于本身荒谬而成为敌对性的约穆德人的愿望，即促使这种愿望还原为共同联系手段，已经成为不可避免的必要，而且他所采用的手段是最合乎目的的；谁想要达到目的，谁也就必然要采用这种手段。"① 但是，尽管俄国人在突厥斯坦屠杀妇女和儿童的暴行令人发指，但是，他们也没有像杜林那样残酷地认为，屠杀他人是为了"恢复平衡"，是为了使被屠杀者享有平等的权利。"不过他还没有残酷到另外还去嘲弄约穆德人，说他屠杀他们是为了恢复平衡，他这样做正是承认他们的意志是有平等权利的。"② 所以，"所谓按照真理和科学行动的人，归根到底也就是现实哲学家"③ ——杜林们，他们可以随意地把一个人或一个民族说成是粗暴的，是按迷信和偏见行动的，是他们"决定什么是迷信、偏见、粗暴和恶癖，什么时候暴力和压服对于恢复平衡是必要的"。④

杜林主张用暴力压服不平等去建立意志的平等，把不平等的压服说成是给对方以平等的权利。恩格斯指出，杜林所谓"异己的意志"正是在通过暴力恢复平衡的行动被认为是有平等权利这句话，不过是对黑格尔学说的一种歪曲。黑格尔在《法哲学》中说，"刑罚被认为包含着罪犯本人的权利"，罪犯也是有意志的，刑罚就可以唤起罪犯的意志，使他明白犯了罪就应该受到惩罚，罪犯是被当作有理性者来尊重的，罪犯受罚是尊重意志自由的权利。抽象的平等论彻底破产了。所以，恩格斯评价说："平等现在就是通过暴力恢复平衡；而第二个意志被第一个意志通过压服而认为是有平等权利的。退却之三，在这里，这次退却简直堕落为可耻的逃跑。"⑤

恩格斯把以上的批判概括为："我们已经充分地看到：两个意志完全地平等，只是在这两个意志什么愿望也没有的时候才存在；一当它们不再是抽象的人的意志而转为现实的个人的意志，转为两个现实的人的

---

① ［德］恩格斯：《反杜林论》，人民出版社 1999 年版，第 105 页。
② 同上。
③ 同上。
④ 同上。
⑤ 同上。

意志的时候，平等就完结了。"①

因为平等与不平等是相对而言的。平等以不平等为前提。正如列宁在《国家与革命》一文中所讲到平等的权利时说："它同任何权利一样，是以不平等为前提的。任何权利都是把同一标准应用在不同的人身上，应用在事实上各不相同、各不同等的人身上，因而，'平等权利'就是不平等，就是不公平。"② 可见平等相对于不平等而存在，而杜林却误认为可以抛开不平等去谈论平等，所以，他的平等理论只能化为乌有了。

杜林根据两个人的模式建立起来的"完全平等"，被他的几次退却——破坏了。"两个意志完全平等"只有在完全抽象的人之间才存在，一旦转为现实的人的意志时，平等立刻就变成了不平等，杜林的"退却"不仅亲自推翻了自己的平等学说，而且完全推翻作为他社会学说基础的平等公理。所以，恩格斯说："我们可以就此结束。没有必要继续跟着杜林先生去一点一点地击破他如此按照公理建立起来的平等、一般人的自主权等等；没有必要去观察他如何用两个男人来组成社会，而为了建立国家又使用第三个人，因为简单地说，没有这第三个人就不可能有多数的决议，而没有这样的决议，因而也就没有多数对少数的统治，也就不能有国家存在；没有必要去看他往后如何逐步转入建立他那共同社会的未来国家的那条较为平静的航路——我们将来总有一天有幸在那里拜访他。"③

三　阐述马克思主义平等观

（一）平等观念的历史发展

恩格斯批判了杜林抽象的平等理论，但是并没有否认平等观念的客观存在。他认为，平等观念是一种客观存在的社会意识，并且在近代社会历史中起着进步作用，自由和平等是近代资产阶级革命的两面旗帜。只是杜林对平等概念做了错误的理解。恩格斯除指出杜林对平等观念的

---

① ［德］恩格斯：《反杜林论》，人民出版社 1999 年版，第 106 页。
② 《列宁选集》第三卷，人民出版社 1972 年版，第 250 页。
③ ［德］恩格斯：《反杜林论》，人民出版社 1999 年版，第 105—106 页。

误解之外，还对平等观念产生的社会、历史根源及其在社会发展过程中所起的作用进行了分析。所以，恩格斯说："虽然我们关于杜林先生对平等观念的浅薄而拙劣的论述已经谈完，但是我们对平等观念本身的论述没有因此结束。"① 他指出，平等观念在近代社会发展过程中曾起到三种作用：其一，这一观念，特别是通过卢梭起了一种理论的作用；其二，在大革命以及大革命之后起了一种实际的政治作用；其三，在马克思、恩格斯所处的时代，平等的观念在差不多所有国家的社会主义运动中起着巨大的鼓舞作用。平等观念是历史的产物，不同时代、不同社会，人们的平等观是不同的。平等观是随着社会的不断发展而不断变化的，从古代社会的平等观发展到资产阶级的平等观，是经过了几千年长期演变形成的。

恩格斯进一步指出，古老的平等观念只是追求：一切人，作为人来说都有某些共同点。如人都会有生老病死。在这个共同点所触及的范围之内，他们是平等的。但是，古老的平等观念的内容与现代平等观念的内容是根本不同的。现代的平等观念是从人就他们是人而言的这种平等中引申出来的人在国家和社会中的平等权利。"一切人，或至少是一个国家的一切公民，或一个社会的一切成员，都应当有平等的政治地位和社会地位。"② 人类关于平等的观念，从原始的平等观念到"平等是正义的表现"历经了几千年的历史。平等观念是历史发展的产物。恩格斯追溯历史发展的历程，分析了古代公社、罗马帝国时期、基督教中的平等观念以及中世纪封建社会时期社会中的情况。

1. 古代公社的平等观

对于古代的平等观，恩格斯说："一切人，作为人来说，都有某些共同点，在这些共同点所及的范围内，他们是平等的。"③ 这是一种相对的平等观。在古代公社中，公社成员之间是平等的，平等观念是人具有共同点意义上的平等。也就是说，人们在人之为人具有的某些共同点上是平等的。这种平等观的产生是由于当时生产力水平十分低下，生产的东西不能满足成员的需要。到了原始社会末期，由于生产力的发展，

---

① ［德］恩格斯：《反杜林论》，人民出版社 1999 年版，第 106 页。

② 同上。

③ 同上。

就出现了不平等，男子在生产中的地位突出了，平等的范围有限了，原始公社成员之间的平等实际上成了男社员之间的平等。妇女和外地人根本没有平等。

2. 奴隶社会的平等观

随着生产力的发展，进入了奴隶社会，不平等加剧了，平等只是自由民与自由民之间的平等。奴隶和奴隶主之间根本没有平等。"在希腊人和罗马人那里，人们的不平等的作用比任何平等要大得多。如果认为希腊人和野蛮人、自由民和奴隶、公民和被保护民、罗马的公民和罗马的臣民，都可以要求平等的政治地位，那么这在古代人看来必定是发了疯。在罗马帝国时期，所有这些区别，除自由民和奴隶的区别外，都逐渐消失了；这样，至少对自由民来说产生了私人的平等，在这种平等的基础上罗马法发展起来了，它是我们所知道的以私有制为基础的法的最完备形式。但是只要自由民和奴隶之间的对立还存在，就谈不上来自一般人的平等的法的结论，这一点我们不久前在北美的合众国各蓄奴州里还可以看得到。"① 随着阶级的产生，原始的平等观已经不存在了，社会分裂为不同的阶级，平等就具有阶级的内容。在古希腊，希腊人和野蛮人、自由民和奴隶、公民和被保护民、罗马的公民和罗马的臣民在政治地位上有着天壤之别。在古代奥林匹克运动会中，妇女、奴隶都是不允许参加的。即使在罗马时期，在自由民中逐渐有了私人的平等，但是，自由民和奴隶的区别仍然存在，根本就没有来自一般人的平等的法的结论。在美国1860年资产阶级革命以前的蓄奴州情况也是如此。

3. 基督教的平等观

对于基督教所言的平等，恩格斯评价道，"基督教只承认一切人的一种平等，即原罪的平等，这同它曾经作为奴隶和被压迫者的宗教的性质是完全适合的。此外，基督教至多还承认上帝的选民的平等"②，而"在新宗教的最初阶段同样可以发现财产共有的痕迹，这与其说是来源于真正的平等观念，不如说是来源于被迫害者的团结"。③ 但是，就是这样的平等也随着僧侣特权地位的确立，"僧侣和俗人对立的确立，很

---

① ［德］恩格斯：《反杜林论》，人民出版社1999年版，第107页。
② 同上。
③ 同上。

快就使这种基督教平等的萌芽也归于消失"①，基督教的平等观念也消
失了。

4. 封建社会的平等观

欧洲进入封建社会后，形成了复杂的等级制度，在这种制度下，不
同阶级的人享有不同的权利，不同的阶层没有平等可言，平等的观念几
乎被消灭了。"日耳曼人在西欧的横行，逐渐建立了空前复杂的社会的
和政治的等级制度，从而在几个世纪内消除了一切平等观念。"② 等级
制度的建立在西欧历史上有它的进步意义。随着日耳曼人的入侵和封建
制度的建立，西欧出现了一系列的民族国家，欧洲的经济文化得到了发
展，并建立了一个牢固的文化区域，逐步形成了一些相互影响、相互防
范的民族国家及其所形成的国家体系。"西欧和中欧卷入了历史的运
动，在那里第一次创造了一个牢固的文化区域，并在这个区域内第一次
建立了一个由互相影响和互相防范的、主要是民族国家所组成的体系。
这样就准备了一个基础，后来只是在这个基础上才有可能谈人的平等和
人权的问题。"③

5. 资产阶级平等观

恩格斯指出，随着社会的发展，在封建的中世纪内部产生了市民等
级（资产阶级），它是现代平等要求的代表者。恩格斯分析了从封建社
会中成长起来的资本主义生产关系在经济和政治方面的基本要求，以及
这些基本要求与封建制度的冲突及平等观念的产生。

市民等级本身是一个封建等级，它是封建社会内部靠手工业生产和
产品交换为生的特殊等级。最初，市民等级从事手工业生产，在很狭小
的范围内活动。15 世纪末，海上航路的大发现为他们开辟了一个更加
广阔的活动场所，拓宽了市场，促进了商品生产和交换的进一步发展。
市民等级所从事的贸易冲破了国与国之间的疆域甚至在洲与洲之间进
行，"它使封建社会内部的主要靠手工进行的工业和产品交换发展到比
较高的水平。欧洲以外的、以前只在意大利和列万特之间进行的贸易，
这时已经扩大到了美洲和印度，就重要性来说，很快就超过了欧洲各国

---

① ［德］恩格斯：《反杜林论》，人民出版社 1999 年版，第 107 页。
② 同上。
③ 同上。

之间的和每个国家内部的交换。美洲的黄金和白银在欧洲泛滥起来，它好似一种瓦解因素渗入封建社会的一切罅隙、裂缝和细孔。"① 这时手工业已经不能再满足商业日益发展的需要，在最先进国家的主要工业部门里，手工业被工场手工业代替，封建的自然经济的生产方式转变成了资本主义性质的生产方式。这些发展为资本主义平等观的提出准备了历史条件和经济基础。资产阶级急需自己的平等权利如自由贸易的平等权利、自由雇用工人的权利、等价交换的平等权利等。

但是，当时社会政治结构并没有随着社会经济生活条件的剧烈变革而变革。"当社会日益成为资产阶级社会的时候，国家制度仍然是封建的"②，经济基础和上层建筑的矛盾日益突出。在经济生活领域、大规模的国际贸易中，要求有自由的、在行动上不受限制的商品所有者，在平等的基础上进行商品交换；手工业向工场手工业转变要求有可以自由支配自己劳动力的工场工人，"他们可以和厂主订立契约出租他们的劳动力"③，这些工人作为缔约的一方和厂主的权利是平等的。

在这样的社会中，"一切人类劳动由于而且只是由于都是一般人类劳动而具有等同性和同等意义"④，所以，要求商品的价值要由它所包含的社会必要劳动来计量。平等成为当时时代最强的呼声！而在当时，所有这一切，在"经济关系要求自由和平等权利的地方，政治制度却每一步都以行会束缚和各种特权同它对抗"。⑤ 地方特权、级差关税以及各种各样的特别法令等都成为阻碍工场手工业发展的壁垒。如在当时的一些新兴城市里，有一类城市被称为"受监护的城市"，是封建国家巩固了自身的地位以后用暴力或其他方法使城市屈于自己的控制。如欧洲的哈布斯堡王朝、教皇领地、德意志王公和法国国王都曾用这种方式使城市服从自己的统治。17 世纪，在法国大公的宫廷主宰佛罗伦萨，他们掌握包括钱财、兵权以及颁发勋位权在内的一切大权。即使是在享有市政特权和多种税收豁免权的城市，这些城市对国王也是俯首帖耳。以巴黎为例，国王政府在 1647 年 12 月 21 日宣布加倍征收入市税，并

① ［德］恩格斯：《反杜林论》，人民出版社 1999 年版，第 108 页。
② 同上。
③ 同上。
④ 同上书，第 108—109 页。
⑤ 同上书，第 109 页。

规定此项收入的一半应上缴国库。金额庞大的所谓市政债券也在巴黎发行。在西班牙，由国王派出的总督管理城市。① 所以，"无论在哪里，道路都不是自由通行的，对资产阶级竞争者来说机会都不是平等的——而自由通行和机会平等是首要的和愈益迫切的要求"。② 不仅资产阶级迫切需要摆脱封建桎梏和消除封建不平等，广大农民也同样提出了平等的要求。当时，农民遭受着从十足的农奴制开始的各种程度的奴役，他们被迫无偿劳作，此外，还得向领主和国家交繁重的供税。封建特惠、贵族免税权以及个别等级的政治特权都成为压在农民身上沉重的枷锁。所以，资产阶级把自己的平等自由宣布为"人权"，似乎这种平等是超阶级的，适用于每个社会阶级的。但人权只是一种形式上的解放，恩格斯说："这种人权的特殊资产阶级性质的典型表现是美国宪法，它最先承认了人权，同时确认了存在于美国的有色人种奴隶制：阶级特权不受法律保护，种族特权被神圣化。"③

资产阶级的平等观，是资本主义生产关系的反映，资产阶级的所谓人权是资产阶级的所有权，资产阶级自由和平等的权利，不过是资产阶级雇用工人、剥削工人的自由和在市场上贸易的平等。

（二）无产阶级的平等观及其本质

恩格斯指出："从资产阶级由封建时代的市民等级破茧而出的时候起，从中世纪的等级转变为现代的阶级的时候起，资产阶级就由它的影子即无产阶级不可避免地一直伴随着。同样地，资产阶级的平等要求也由无产阶级的平等要求伴随着。"④ 作为资产阶级的对立面，无产阶级是随着资本主义和资产阶级的发展而发展起来的，伴随着资产阶级提出自己平等要求的同时，无产阶级不仅提出了自己的平等要求，并且"今天在差不多在所有的国家的社会主义运动中仍然起着巨大的鼓动作用"。⑤ 随着资产阶级的平等要求，也就有了无产阶级的平等要求。但是，这两种平等要求的内容在当时是截然不同的。资产阶级的平等针对

---

① 参见［法］布罗代尔《15 至 18 世纪的物质文明、经济和资本主义》（1），施康强、顾良译，生活·读书·新知三联书店 1993 年版，第 617—618 页。
② ［德］恩格斯：《反杜林论》，人民出版社 1999 年版，第 109 页。
③ 同上书，第 109—110 页。
④ 同上书，第 110 页。
⑤ 同上书，第 106 页。

的是阶级特权，它要求消灭阶级特权，实现政治平等；而无产阶级的平等要求针对的是阶级本身，他要求的是社会的、经济的平等。

1. 无产阶级平等要求的两种形式

消灭阶级的无产阶级的平等要求，在发展过程中曾经过两种形式：最初的形式是宗教的形式，"采取宗教的形式，借助于原始基督教"。① 如 16 世纪德国农民起义领导人托马斯·闵采尔，从早期基督教关于在上帝面前人人平等的教义中引申出建立财产公有、人人平等的"人间天国"的要求。恩格斯指出："闵采尔所了解的天国不是别的，只不过是没有阶级差别，没有私有财产，没有高高在上和社会成员作对的国家政权的一种社会而已。"② 随着资产阶级的平等要求的提出和发展，无产阶级的平等观就以资产阶级的平等论本身为依据了，因而，另外一种形式是"以资产阶级的平等论本身为依据了"③，后来，法国大革命时期的巴贝夫就提出了消灭私有制、消灭阶级，建立人人平等的平均主义主张。无产阶级抓住了资产阶级的话柄："平等应当不仅是表面的，不仅在国家的领域中实行，它还应当是实际的，还应当在社会的、经济的领域中实行。尤其是从法国资产阶级自大革命开始把公民的平等提到重要地位以来，法国无产阶级就针锋相对地提出社会的、经济的平等的要求，这种平等成了法国无产阶级所特有的战斗口号。"④ 这些主张影响着后来各国的无产阶级革命运动。

2. 无产阶级平等观的双重意义

无论采用何种形式，"无产阶级所提出的平等要求有双重意义。或者它是对明显的社会不平等，对富人和穷人之间、主人和奴隶之间、骄奢淫逸者和饥饿者之间的对立的自发反应——特别是在初期，例如在农民战争中，情况就是这样；它作为这种自发反应，只是革命本能的表现，它在这里，而且仅仅在这里找到自己被提出的理由。或者它是从对资产阶级平等要求的反应中产生的，它从这种平等要求中吸取了或多或少正当的、可以进一步发展的要求，成了用资本家本身的主张发动工人

---

① ［德］恩格斯：《反杜林论》，人民出版社 1999 年版，第 110 页。
② 《马克思恩格斯全集》第 7 卷，人民出版社 1959 年版，第 414 页。
③ ［德］恩格斯：《反杜林论》，人民出版社 1999 年版，第 110 页。
④ 同上。

起来反对资本家的鼓动手段"。①

　　无产阶级要求和资产阶级不同的平等，那就是消灭阶级。无产阶级平等观不仅要求消灭阶级特权，而且要消灭阶级本身，"无产阶级平等要求的实际内容都是消灭阶级的要求。任何超出这个范围的平等要求，都必然要流于荒谬"。② 平等是相对于不平等而存在的，当资产阶级消灭以后，阶级也消灭了，无产阶级的平等要求，"是和资产阶级平等本身共存亡的"。③

　　恩格斯得出结论，平等观是一种历史的产物，"平等的观念，无论以资产阶级的形式出现，还是以无产阶级的形式出现，本身都是一种历史的产物，这一观念的形成，需要一定的历史条件，而这种历史条件本身又以长期的以往的历史为前提"。④ 平等观念是历史的，也必然是变化发展的。所以，"这样的平等观念说它是什么都行，就不能说是永恒的真理"。⑤ "如果它现在对广大公众来说——在这种或那种意义上——是不言而喻的，如果它像马克思所说的，'已经成为国民的牢固的成见'，那么这不是由于它具有公理式的真理性，而是由于 18 世纪的思想得到普遍传播和仍然合乎时宜。因此，如果杜林先生能够直截了当地让他的有名的两个男人在平等的基础上料理家务，那是由于这对国民的成见来说是十分自然的。"⑥ 随着历史的发展，平等观也会继续向前发展。

---

① ［德］恩格斯：《反杜林论》，人民出版社 1999 年版，第 110 页。
② 同上。
③ 同上。
④ 同上书，第 111 页。
⑤ 同上。
⑥ 同上。

第十一章 "道德和法。自由和必然"

　　"自由"① 一词起源于拉丁文 liber。在英文中，有两个单词表示自由的含义，这两个单词是 Freedom 和 Liberty，这两个单词的字根都含有"解除"的意思，所以，西方所谓的自由主要是指"从某种约束、束缚中解放出来"。在自由问题上，学界也存在一种观点，认为马克思、恩格斯在自由观上是有分歧甚至是对立的。恩格斯将自由放在和必然的关系中进行理解，而这种必然主要是自然界的必然，自由是对必然的认识，这就意味着人对必然的顺应和服从，缺少了人的能动性。而马克思"不是在自然必然性而是在社会领域内谈自由"②，马克思所谓的自由是相对于"异化""异化劳动"而言的，是局限于社会领域的，当异化和异化劳动被克服后，人就获得了自由。

　　恩格斯对自由的看法，尤其是对自由和必然关系的看法，主要体现在《反杜林中》的"道德和法。自由和必然"一章中，恩格斯的自由观和马克思的自由观是否存在矛盾呢？这是本章必须要解决的一个重要问题。

　　本章是前两章的继续，主要针对杜林《哲学教程》第四篇第二章"天然的法律观念"、第五篇第二章"历史观与文明"和第六篇"生活的个人化和生活价值的提高"而言的，是对杜林"人的学说"的继续批判，在批判杜林观点的同时，恩格斯阐述了马克思主义对自由和必然关系的认识。

---

　　① 由于中西文化的差异性，中国古代更多的是在贬义上使用"自由"一词的，严复说过，"中义自由，常含放诞、恣肆、无忌惮诸劣义"。五四以后，西方的自由观念进入中国。

　　② 李敬革、张广照：《真正的自由王国"在必然王国的彼岸"——兼论马克思恩格斯自由观的根本不同》，《宝鸡文理学院学报》（社会科学版）2010 年第 3 期。

一　杜林在法学研究中的观点

（一）杜林在法学问题上的观点

杜林宣称："对于政治和法律的领域，本教程中所阐述的原则是以最深入的专门研究为基础的。所以……出发点必然是：这里的问题……在于前后一贯地陈述法学和国家学领域中的成果。我最初的专门研究正好是法学，我在这上面不仅用了大学理论准备通常所需的三年时间，而且在往后审判实践的三年中，继续致力于研究，特别是旨在加深它的科学内容的研究……如果对私法关系和相应的法律缺陷的批判不善于像了解这门学科的优点那样了解它的一切缺点，那么，这种批判肯定也不能以同样的自信心发表出来。"①

杜林自认为在大学曾专攻法律专业，且有三年的审判实践经验，自信对法学优点的了解，就像对它的缺点的了解那样，是同样透彻的，他的研究和"马克思先生以往对法所作的自己也承认是粗枝大叶的研究"不同，他在法学科学研究方面有充分的发言权。

（1）成文的民法是非正义，因为它确认基于暴力的所有制。

（2）刑法的自然根据是复仇。

"'在科学性上，法学……前进得不远'；成文的民法是非正义，因为它确认基于暴力的所有制；刑法的'自然根据'是复仇。"②

（3）"地方法、省法和邦法杂乱地混合在一起"③，没有固定的形式，是一种无秩序、矛盾的状态，不具有普遍性。

（4）法庭上采用集体决断的方式会掩盖"个人的自然责任"，看不到每一个成员的参与。

（5）教会在生、死、婚嫁等方面的强制性干预。杜林认为，人的一切感觉和一切"生活方式的更深刻的实质，都是以各种状态的差异为基础的"，"完全的生活"应当是多变的、有差异的，应当是不断地

---

① ［德］恩格斯：《反杜林论》，人民出版社1999年版，第111页。
② 同上书，第112页。
③ 同上书，第114页。

"从一种生活状态到另一种生活状态的转变"。①

（二）杜林在自由和必然问题上的基本观点

杜林对自由的界定主要包括两个方面的含义：

（1）自由是合理的认识和本能冲动的合力。自由"一方面是理性的认识，另方面是本能的冲动，双方似乎联成一个合力"。②

（2）自由完全是受客观规律支配的。"自由在我们看来，只不过是按照先天的和后天的知性对自觉动机的感受"，这些动机"总是以不可避免的自然规律性起着作用"。③

二　恩格斯对杜林自我吹嘘的批判

恩格斯认为，杜林之所以这样自信地炫耀自己，无非就是为了取得人们对他的信任，同时也是为了贬低马克思，抬高自己。恩格斯对此进行了揭露和批判。

（一）杜林在法学研究方面表现出的无知

1. 杜林对民法和刑法实质的无知

杜林认为，"在科学性上，法学……前进得不远"；成文的民法是非正义，因为它确认基于暴力的所有制；刑法的"自然根据"是复仇。

恩格斯指出，如此自信的杜林在法学的科学性上除了颠倒事实，除了"'自然根据'这件神秘的外衣外，并没有提出什么新东西，如杜林认为成文的民法是非正义，因为它确认基于暴力的所有制。"杜林显然颠倒了事实。

第一，不是私有制以暴力为基础，而是暴力以私有制为基础。私有制的形成是经济发展的结果，随着经济的发展，出现了剩余产品，剩余产品的不断增加，使不再杀害战争中的战俘，而是让战俘从事生产，以便生产剩余产品，随着剩余产品的不断增加和氏族首领将剩余产品据为己有，私有制产生，进而产生国家。私有制和国家都是经济发展的产

---

① ［德］恩格斯：《反杜林论》，人民出版社1999年版，第120页。

② 同上书，第117页。

③ 同上。

物，而非暴力作用的结果。

第二，法律不是从来就有的，而是社会发展到一定阶段的产物。法律是社会分裂为两大对立阶级以后的产物。法律以强制性暴力为后盾，是伴随着国家的产生而产生的，离开了国家强制力，便没有法律。暴力总是阶级的暴力，它有着鲜明的阶级性，杜林对暴力不加分析地一概否定，特别是把它作为所有制的基础加以反对，就掩盖了暴力的阶级实质。

第三，民法是商品经济的产物，是以法律形式保护私有财产的。商品经济是交换经济，而交换是以财产所有权为前提的，所以，民法首先要确认财产所有权，没有个人的财产，也就不会有民法。从当时的具体情形看，民法就是保护私有制的。但私有制并不是暴力的结果，而是生产力发展到一定阶段上的产物。杜林的"民法确认了暴力为基础的所有制"的观点恰恰颠倒了上层建筑与经济基础的关系。在《反杜林论》"经济学编"中，恩格斯用不小的篇幅批判了杜林的"暴力论"，恩格斯指出："私有财产在历史上的出现，决不是掠夺和暴力的结果。"① 相反，是由于经济的原因产生的。"在这里，暴力根本没有起任何作用。显然，在掠夺者能够占有他人的财物以前，私有财产的制度必须是已经存在了；因此，暴力虽然可以改变占有状况，但是不能创造私有财产本身。"② 暴力的胜利是以武器的生产为基础的，而武器的生产又是以整个社会的生产水平为基础的，因而是以经济力量、经济情况、"暴力所拥有的物质资料为基础的"。

第四，刑法已远离"复仇"，其基本内容是对犯罪与刑罚的规定，用刑罚来惩治犯罪。血族复仇存在于原始氏族公社，那时还没有法，当然也没有刑法，包括刑法在内的法是随着国家的出现而出现的。但是，有了国家，有了刑法之后，刑罚就取代了血亲复仇。刑法成为阶级统治的重要手段之一。刑法是"公法"，不允许受害人及亲属对施害者实施报复，施害者是否有罪、如何量刑由法律规定和认定，刑法所要做的，不是复仇而是否定私人复仇。

杜林自称自己在民法和刑法的研究中，前后一贯地陈述了法学和国

---

① ［德］恩格斯：《反杜林论》，人民出版社 1999 年版，第 168 页。
② 同上书，第 169 页。

家领域中的成果，但他的"民法以暴力为基础，刑法以复仇为自然基础"的观点，正好表明了他对法的无知，难怪恩格斯会认为，杜林的说法只有"自然基础"这个神秘的外衣是新东西。

2. 杜林对近代资产阶级法律的无知

杜林认为，自己对法学有过专门的深入的研究，加上三年的审判实践，所以，对自己的法律方面的能力很自信。但通过恩格斯所引用的杜林的一系列言论，恰恰体现出了杜林对近代资产阶级法律的无知。

（1）对"拉萨尔案"的评述显示了杜林对法兰西法的无知。法兰西法即《拿破仑法典》，1804—1810 年，拿破仑一世统治时期通过了五部法典——《民法典》《民事诉讼法典》《商业法典》《刑法典》和《刑事诉讼法典》。恩格斯评价它是以法国大革命的社会成果为依据并把这些成果转化为法律的唯一的《现代民法典》，并把它称为典型的资产阶级社会的法典，它是 19 世纪"世界各地编纂一切新法典时当作基础来使用的法典"。① 这些法典曾沿用于拿破仑法国所占领的德国西部和西南部，莱茵省 1815 年归还普鲁士以后继续在该省有效。

"拉萨尔案"发生在 1848 年，拉萨尔是哈茨费尔特伯爵夫人离婚案的辩护律师，为了探明哈茨费尔特是否将他的一切财产赠送给他的情妇——迈因道尔男爵夫人，拉萨尔让人在科伦的一个旅馆中盗窃了迈因道尔男爵夫人的首饰匣，拉萨尔因此被捕。同年 8 月 5—11 日，莱茵省的科伦陪审法庭审理此案，宣判拉萨尔无罪。杜林在评论"拉萨尔案"时说："他是'由于策动盗窃首饰匣未遂'而被控告的，'但是没有作出判决，因为那时还容许所谓由法院宣告无罪……这种半宣告无罪'。"②

莱茵省在 1807 年被法国占领，1815 年，俄国、英国、普士、奥地利四国联军击败法国以后，莱茵省归还给普鲁士，但莱茵省仍然通行法兰西法。莱茵省收回以后，普鲁士政府也曾试图在该省推行普鲁士邦法，由于资产阶级的抵制没有成功，结果只是对政治上的违法和犯罪才适用普鲁士邦法。而就是这种适用，也于 1848 年 4 月被取消，因此，"拉萨尔案"仍然是依据法兰西法审判的。法兰西法根本没有像普鲁士

① 《马克思恩格斯选集》第 4 卷，人民出版社 1995 年版，第 702 页。
② ［德］恩格斯：《反杜林论》，人民出版社 1999 年版，第 112 页。

邦法中所说的"策动"犯罪这种不确切的范畴，更不用说什么策动犯罪未遂了。"法兰西法只有教唆犯罪，而这只有在'通过送礼、许愿、威胁、滥用威望或权力、狡猾的挑拨或该受惩罚的诡计'来进行时才可以判罪"。同时，法兰西法也根本没有"半宣告无罪"这个介于判罪与宣告无罪之间的判决。"只有对法兰西现代法领域完全无知的人，才敢断言法国的刑事诉讼可以允许普鲁士邦法所说的由法院宣告无罪，这种半宣告无罪；法兰西现代法在刑事诉讼中只有判罪或宣告无罪，而没有介于两者之间的判决。"

所以，恩格斯说："我们不得不说，如果杜林先生手头有过一本拿破仑法典，那么，他肯定不能以同样的自信心对拉萨尔作出这种'具有伟大风格的历史记述'。因此，我们必须断定，杜林先生对于以法国大革命的社会成果为依据并把这些成果转化为法律的惟一的现代民法典，即法兰西现代法，是完全无知的。"①

（2）对陪审员制度的评论显示了杜林对英吉利法的无知。杜林批判整个欧洲大陆实行的由陪审员的多数票做出判决的方法，承诺在他将要创立的未来美好社会，要实行陪审员一致意见做出判决的制度，认为这是世界上最好的制度。要得到陪审员的一致意见才能做出判决，有反对票就不能判决，这只能在"完美的共同体"中才能实现，"在完美的共同体中，有反对票的判罪应当属于不可能的制度……但是，这种极其严肃的和思想深刻的理解方式，正像上面已经说过的，对传统的形式看来是不适当的，因为对这种形式来说，它是太好了。"②

英国的普通法，即不成文的习惯法，在刑法和民法中，都采用陪审员一致同意的制度。恩格斯评价说，杜林所说的只有在"完美的共同体"中才能实现的判决方式，早在14世纪以来通行的英国的普通法中就已经开始使用了。"杜林先生又一次不懂得，按照英国的普通法，即从远古以来至少是从14世纪以来就通行的不成文的习惯法，陪审员的一致，不仅在刑事判罪上，而且是在民事诉讼的判决上都是绝对必要的。"

杜林主张的判决方式并不是什么新东西，不但早在中世纪英国及其

---

① ［德］恩格斯：《反杜林论》，人民出版社1999年版，第113页。
② 同上。

殖民地就实行过，后来又从英国推广到爱尔兰、美国及英国的殖民地，它流行的区域远远大于普鲁士邦法。杜林对陪审员制度的看法，说明"杜林先生不但对唯一的现代法即法兰西法完全无知，而且他对直到现在仍然独立于法律权威罗马法之外而向前发展的、传播于世界各大洲的惟一的日耳曼法，即英吉利法，也同样无知。"杜林为什么不知道英吉利法呢，杜林辩解说，一是因为英国式的法律思维方式"面对按罗马古典法学家的纯粹概念在德国土地上实施的那种训练，总是站不住脚的"；二是因为"同我们天然的语言形式比较起来，讲幼稚的混合语言的英语世界算得了什么呢？"针对杜林的狡辩，恩格斯指出，无知不能作为狡辩的理由。"从这里我们只能得出这样的结论：杜林先生的最深入的专门研究是在于他用了三年时间在理论方面钻研了民法大全，以后又用了三年时间在实践中钻研了高贵的普鲁士邦法。这方面的功底肯定已经十分可嘉了，也足以当一个极可尊敬的旧普鲁士地方法官或律师了。"①

（3）对法律的一系列不满显示，杜林的法学知识仅限于普鲁士部分地区。

首先，杜林认为，当代的法杂乱而无秩序，地方法、省法、邦法相互矛盾又不统一，使人无法形成清楚的法的意识。"地方法、省法和邦法杂乱地混合在一起，它们以非常随意的方式，时而作为习惯法，时而作为成文法（经常使最重要的事务具有纯粹的规章形式），按迥然不同的方向交叉起来，这种无秩序和矛盾的样本——其中个别使一般无效，而有时一般又使特殊无效，——的确不适于在任何人那里……造成清楚的法的意识。"②

恩格斯指出："这种混乱状态存在于什么地方呢？又是在通行普鲁士邦法的地域内，那里，在这种邦法的旁边、上面或者下面，还有省法、地方法令，有些地方还有普通法以及其他乱七八糟的东西，它们都具有各种各样的不同程度的效力，并且使一切实践的法学家发出杜林先生在这里满怀同情地一再重复的呼救声。他根本不需要离开他心爱的普鲁士，他只要到莱茵省走一趟，就可以确信，在那里70年来这一切都

---

① ［德］恩格斯：《反杜林论》，人民出版社1999年版，第114页。
② 同上书，第114—115页。

已经根本不提了，至于其他文明国家不用说了，这些国家早已消除了这类过时状态。"① 法律不统一的地方不是别处，正是普鲁士的一部分地区，即旧普鲁士的东部六省。普鲁士的其他地区，如莱茵省，这种情况早在 19 世纪 70 年代就消除了，杜林对此却是一无所知。可见，杜林的法学知识贫乏到只能适用于普鲁士的一部分地区，而不适用于整个普鲁士，更不用说其他国家了。

其次，杜林不满法官集体决议的方式显示，他的法学知识只限于普鲁士。杜林认为，"集议机构或其他行政机构的秘密的、因而是不记名的集体决断和集体行动对个人的自然责任的掩盖，是以不太尖锐的形式表现出来的，这种集体决断和集体行动把每一个成员的个人参与隐藏起来了"。"在我们目前的情况下，要是不愿意让集议机构遮盖和掩饰个人的责任，那么，这将被认为是一种惊人的和极端苛刻的要求。"② 集议机构用秘密的、不记名的集体决议的方式进行判决，这就掩盖了法官个人的责任和意志。可是，在目前的情况下，取消这种方式就是一种惊人的和极端苛刻的要求。

恩格斯指出，不经过选举、不公开审理和不公开表决的行政集议机构，主要是普鲁士的制度。"如果我们告诉杜林先生：在通行英吉利法的地区，审判员集议机构的每一个成员必须在公开开庭时单独提出自己的判决并陈述其理由；不经过选举、不公开进行审理和表决的行政集议机构，主要是普鲁士的制度，在大多数其他国家里是没有的，所以他的要求只有在普鲁士才可能被认为是惊人的和极端苛刻的，那么，对他来说，这也许是一件惊人的消息。" 杜林的法学知识又没有超出普鲁士的范围。

最后，杜林对教会的抱怨显示，他的法学知识限于普鲁士 70 年代以前的水平。杜林认为，教会不应强行干预出生、结婚、死亡的殡葬等事务，这些干预都应予以取消。而这一要求只有在未来的"共同社会"，即杜林的社会主义社会里才能实现。

恩格斯指出，杜林说的教会干预生死婚葬的事情只存在于 1874 年前的普鲁士，其他资本主义国家并不存在这种现象，而且 1874 年以后

---

① ［德］恩格斯：《反杜林论》，人民出版社 1999 年版，第 115 页。

② 同上。

普鲁士也没有这种现象了。因为 1874 年 3 月普鲁士批准了俾斯麦创议的强制实行出生、结婚和死亡等的民事登记法律，剥夺了教会登记户籍的权利。1875 年 3 月，俾斯麦又向全德意志帝国颁布了同样的法律，杜林的法学知识，只局限于 1874 年以前的普鲁士邦法。"他对教会在出生、结婚、死亡和殡葬方面的强制性干预的抱怨，就所有比较大的文明国家来说，也只适合于普鲁士，而且自从采用了户籍簿以来，甚至对普鲁士也不适合了。杜林先生认为只有通过'共同社会'的未来制度才能实现的事情，俾斯麦目前甚至凭一个简单的法律就完成了。"① 看来俾斯麦的"帝国"比杜林的"未来社会"更能解决问题，更先进！

杜林对渊博的法学知识的炫耀，顶多也只是以一个最普通的旧普鲁士法学家的最平常的专门知识作为根据的，除每个法学家都熟悉的、目前甚至在英国也为人所十分熟悉的罗马法以外，他的法律知识仅仅限于普鲁士邦法这部开明的宗法专制制度的法典，这部法典是用德语写的，似乎杜林先生就是从中开始识字的，这部带有道德性的注释、法律上的不确定性和不稳固性、以鞭挞作为刑讯和处罚手段的法典，还完全是属于革命以前的时代。除此之外的东西，无论是现代的法兰西民法，还是英吉利法，在杜林先生看来都是邪恶的。

通过分析，恩格斯指出，杜林所熟知的普鲁士邦法只是一部"宗法专制制度的法典"，一部"带有道德性的注释、法律上的不确定性和不稳固性、以鞭挞作为刑讯和处罚手段的法典，还完全是属于革命以前的时代的"。② 而伴随着资产阶级革命，反映资产阶级权益的法兰西法和保障个人自由的英吉利法，在杜林看来是邪恶的。可见，杜林的法学还只是资产阶级革命以前封建时代的法学。

杜林声称，他的哲学"不承认任何仅仅是假象的地平线，而是在自己强有力地进行改革的运动中，揭示外部自然和内部自然的地和天"。恩格斯讽刺杜林真正的地平线就是旧普鲁士东部六省，最多还包括其他几块实行普鲁士邦法的地区。"在这个地平线以外，它既没有揭示地也没有揭示天，既没有揭示外部自然也没有揭示内部自然，而只是揭示了

① ［德］恩格斯：《反杜林论》，人民出版社 1999 年版，第 115—116 页。
② 同上书，第 116 页。

对世界其他地方所发生的事情的极端无知的景象。"① 杜林声称，创造了一切天体上个人的和公共的生活必须遵循的一种模式，实际上，什么也没有揭示，"这种对渊博的法学知识的炫耀，顶多也只是以一个最普通的旧普鲁士法学家的最平常的专门知识作为根据的"②，只是暴露了自己的无知。

（二）杜林在自由和必然问题上的形而上学性

恩格斯批判杜林的法学观点，为什么要引入自由和必然的范畴？杜林在道德与法问题上的一系列谬误都同他对自由与必然的关系歪曲有关。恩格斯指出："如果不谈谈所谓自由意志、人的责任、必然和自由的关系等问题，就不能很好地议论道德和法的问题。"③ 在恩格斯看来，自由和必然的关系是研究道德和法这两个范畴必然要涉及的问题，因为无论是道德问题还是法律问题，都不是人们随心所欲的事情，而是必须符合一定规律，即符合一定必然性的要求，否则就会陷入唯心主义。只有正确解决自由和必然的关系问题，才能建立起关于道德和法的学说。

1. 杜林自由观点的相互矛盾性

杜林认为，以往的一切自由学说都是伪自由学说，而他自己发现了一种从经验出发，可以把过去几千年来有关自由的愚蠢幻想彻底扫除的、积极科学的自由理论。他给自由下了两个定义，第一个定义认为，自由是合理的认识和本能冲动的合力，自由"一方面是理性的认识，另方面是本能的冲动，双方似乎联成一个合力。"恩格斯将其总结为："根据这种看法，自由是在于：理性的认识把人拉向右边，非理性的冲动把人拉向左边，而在这样的力的平行四边形中，真正的运动就按对角线的方向进行。这样说来，自由就是认识和冲动、知性和非知性之间的平均值，而在每一个人身上，这种自由的程度，用天文学的术语来说，可以根据经验用'人差'来确定。"④ 这个定义是把力学定律强加在自由问题上，根据力的平行四边形定律，合理的认识和不合理的冲动是两个分力，自由则是合力，是认识和冲动、悟性和非悟性的平均数。自由是由"人差"即心理、生理的特点来确定，是以人的心理状态为转

---

① ［德］恩格斯：《反杜林论》，人民出版社 1999 年版，第 117 页。

② 同上书，第 116 页。

③ 同上书，第 117 页。

④ 同上。

移的。

杜林认为，只有他的关于自由的理论是科学的，但杜林所谓的自由观却是矛盾的，第一个关于自由的定义——"自由是认识和冲动、悟性和非理性之间的平均值"——是主观主义的自由观，自由成为人可以摆脱客观规律的束缚、为所欲为的东西，是从形而上学的思维方式出发的。杜林同时认为，自由的合力是可以凭人的心理和生理的特点来确定的，而每个人的心理和生理特点都不一样，因此，进一步加强了自由观的主观主义。第二个关于自由的定义——"我们把道德责任建立在自由上面，但是这种自由在我们看来，只不过是按照先天的和后天的知性对自觉动机的感受。所有这样的动机，尽管会觉察到行动中可能出现对立，总是以不可回避的自然规律性起着作用；但是，当我们应用道德杠杆时，我们正是估计到了这种不可回避的强制。"① 自由就是悟性对客观必然性所规定的自觉动机的完全被动的感受——自由是完全受必然性支配的，这是客观主义的自由观，第二个关于自由的定义与第一个关于自由的定义是自相矛盾的，恩格斯说，杜林"第二个关于自由的定义随随便便地就给了第一个定义一记耳光"。②

2. 杜林自由的第二个定义是对黑格尔观念的庸俗化

恩格斯说，杜林关于自由的第二个定义"又只是对黑格尔观念的极端庸俗化"。"黑格尔第一个正确地叙述了自由和必然之间的关系。在他看来，自由是对必然的认识。'必然只是在它没有被了解的时候才是盲目的'。"③ 黑格尔在唯心主义的基础上正确地叙述了自由和必然的关系，自由和必然既是相互对立的，又是相互联系、相互转化的。黑格尔批判了唯意志论的自由观和机械论的自由观，认为"不包含必然性的自由，或者一种没有自由的单纯必然性，只是一些抽象而不真实的观点"④，"必然性的真理就是自由"。杜林关于自由的第二个定义涉及必然性，但杜林不仅没有认识到自由和必然间的辩证关系，反而将自由和必然放置于对立的两极中，认为自由受制于必然性，没有任何主动性而言，所以，恩格斯才说，杜林的自由观不过是对黑格尔观念的极端庸俗

① ［德］恩格斯：《反杜林论》，人民出版社 1999 年版，第 117 页。
② 同上书，第 118 页。
③ 同上。
④ ［德］黑格尔：《小逻辑》，商务印书馆 1980 年版，第 105 页。

化。而杜林对自由和必然的关系的两个不同的回答则体现了杜林在自由问题上的自相矛盾。

3. 杜林历史虚无主义的自相矛盾

杜林不是把人类历史看作从必然王国向自由王国发展的历史，而是将以往历史看作是无知的、野蛮的、暴力和奴役的历史。杜林之所以对以往历史采取这种蔑视的态度，是因为在他看来，"人类作为整体来说，还很年轻，如果有朝一日科学的回忆不是以千年而是以万年来计算，那么，我们的制度在精神上不成熟的幼稚状态……将被视为太古时代"。① 几千年的人类发展历史"是没有多大意义的"的历史，所以，以往的直到今天的历史都应该被否定掉。

杜林把历史分为两个阶段："从物质的自身等同状态到法国革命"时期和"从法国革命到杜林先生"时期。杜林认为，19世纪的历史在精神方面"比十八世纪还反动"，但又说19世纪蕴含着社会主义的思想萌芽，这其实是在暗指自己是社会主义思想萌芽的先驱。作为"社会主义改革家"的他，将拯救18世纪和19世纪的历史，开辟人类历史发展的新纪元。

恩格斯批判了杜林的历史虚无主义，指出，杜林关于过往历史和今天时代是毫无意义的观点是荒谬的。人类历史包括过往史和现代历史，它们是人类整个历史发展过程中不可或缺的有机组成部分，过往历史和当代对人类的发展具有极其重要的意义，人类历史的发展是一个过程，前一过程为后一过程提供了必需的条件，正是以往和当今的发展为人类历史向更高的迈进奠定了基础。

杜林一方面把现时代称作是不成熟的、幼稚的"太古时代"；另一方面又试图"利用在我们这个十分'落后'和'退步'的世纪的精神上不成熟的幼稚状态的基础上所发现的最后的终极的真理、不变的真理和根底深厚的概念，来为这些未来的千年制定种种规范"，表露了杜林的自相矛盾。恩格斯讽刺杜林热衷于自我吹嘘的程度，可以和德国作曲家理查·瓦格纳媲美，但却缺乏理查·瓦格纳那样的才能。

4. 杜林的"差异规律"是一种庸人哲学

人的幸福和快乐，人的冷漠、兴趣的熄灭的原因何在？在《哲学教

---

① ［德］恩格斯：《反杜林论》，人民出版社1999年版，第119页。

程》"生活的个人化和生活价值的提高"中，杜林论述了其中的原因，杜林认为，这些都是由"差异规律"决定的。

所谓"差异规律"，是指"一切感觉的因而也是一切主观生活方式的更深刻的实质，都是以各种状态的差异为基础的"。完全的生活"不是固定不变的状况，而是从一种生活状态到另一种生活状态的转变，这样，生活的感情才得以提高，具有决定意义的刺激才得以发展"，生活才会变得越来越有趣味。反之，如果生活处于"某种冷漠而无关紧要的、同死的状态没有特殊区别"，"无聊的痛苦作为一种消极的生活冲动……停滞的生活"状态，"对于个人和人民来说，对存在的一切热情和一切兴趣都会熄灭"①，生活就变得痛苦消极，生活也就没有了意义。

杜林认为，年龄的增长及随之而来的生活条件的变化，为"差异规律"的正确性提供了例证。"年龄期的更替以及与此相联系的生活条件的变化，为说明我们的差异原则提供了一个非常明显的例子。儿童、少年、青年和成年人对他们各自的生活感情的力量的体验，在他们所处的已经固定的状态中所得到的，要少于在一种状态向另一种状态转变时期所得到的"。

在杜林看来，"差异规律"是普遍存在的，对此不应有任何的质疑，因为"重复已经验证的或者已经做过的事情是没有任何吸引力的"。②

"差异规律"对于生活质量的评价和提高在理论上和在实践中都具有重大的意义。为此，在生活中必须运用"差异规律"，而要使它在现实生活中得到应用，人们就必须遵循"生活准则"。他的生活准则就是"保持旺盛的总体生活兴趣"，而要做到这一点，第一，"使得整体所由构成的个别的、可说是元素般的兴趣，按照自然的时间尺度发展或相互更替"。第二，"利用较高的和效力较持久的刺激去逐渐代替较低的和较易满足的刺激，以避免完全丧失了兴趣的空隙的产生"。第三，"还应当防止以任意的方式积累和强迫实现那些自然产生的或在社会存在的正常进程中产生的紧张，或者防止出现相反的扭曲"，不应该给自己提

① ［德］恩格斯：《反杜林论》，人民出版社1999年版，第120—121页。
② 同上书，第121页。

出不能解决的任务。第四，应该禁止吸烟和饮酒，以排斥"吸烟所造成的不洁"和酒精"具有令人厌恶的或为比较精细的感觉所排斥的那些特性"。

恩格斯指出，虽然杜林自认为"关于生活的个人化和生活价值的提高那一篇"是"新的根底深厚的科学中最突出的部分之一"①，但事实上，这些东西不过是用现实哲学的语言表述的"神谕式的老生常谈"。因为"这是多年来在任何生理学手册中都可以读到的，而且是任何庸人根据自己的经验都知道的。杜林先生刚把这些老生常谈译为现实哲学的语言，刚给这种陈词滥调套上'一切感觉的更深刻的实质都是以各种状态的差异为基础的'这一神秘的形式，这种陈词滥调就已经转变为'我们的差异规律'"。② 但这种差异规律"甚至对最平凡的庸人的理解力来说也是完全不需要说明的，而且没有因援引所谓的差异规律而清楚一丝一毫。"③"差异规律"是任何读者都可以凭借自己个人的生活经验就可以领悟得到的常识，对于一个常识高谈阔论，杜林"以为读者是纯粹的蠢驴或庸人"。谁要是按杜林的生活准则去安排自己的生活，那他就会陷入忙碌和紧张，会没有丝毫自由时间来享受。

杜林的"差异规律"是庸人哲学，而他的禁酒令和他在《经济学教程》中赞美烧酒酿造业是自相矛盾的。因此，我们只能这样理解他的禁酒令：只禁止喝葡萄酒和啤酒，不禁止喝烧酒。杜林一不许人们吸烟，二不许人们喝酒，如果再加上不许人们吃肉，"就可以把现实哲学提升……纯粹儿戏的高度"。

恩格斯总结道："杜林先生对于酒精饮料可能会稍为宽容一些。一个自己承认还一直不能找到从静到动的桥的人，如果碰到一个可怜的家伙一时过于贪杯，因而在寻找从动到静的桥的方面同样白费了力气，那么，他肯定有一切理由以宽容的态度去进行评断。"④ 一个醉汉在醉梦里寻找"从动到静的桥"显然会是徒劳的，而承认自己一直找不到"从静到动的桥"的杜林，应该对醉汉采取宽容的态度。

---

① ［德］恩格斯：《反杜林论》，人民出版社 1999 年版，第 120 页。
② 同上书，第 121 页。
③ 同上。
④ 同上书，第 123 页。

三 恩格斯阐述自由和必然的关系

自由和必然是揭示人类活动与客观规律之间相互关系的哲学范畴。在哲学史上，由于不同的哲学立场和思维方式，哲学家对两者之间关系的理解并不是完全相同的。形而上学者认为，自由和必然是对立的；唯意志论者强调人的自由，认为人的意志可以摆脱任何必然性的束缚，达到绝对自由；宿命论者认为，人完全受规律的支配，在规律面前无任何主动性。马克思主义在吸收前人思想合理性的基础上，从辩证唯物主义出发，阐述自由和必然的关系，既承认历史发展的必然性，又承认人的意志的主观能动性，认为自由和必然是辩证统一的。

恩格斯认为，"黑格尔第一个正确地叙述了自由和必然之间的关系"，"自由是对必然的认识"，"自由本质上是具体的，它永远自己决定自己，因此，同时又是必然的"，自由以必然为前提，包含必然性在内，由必然到自由是一个发展过程。当然，黑格尔是从纯概念的角度出发阐述自由和必然关系的，恩格斯则是从现实的角度论述自由和必然的关系的。

恩格斯指出："自由不在于幻想中摆脱自然规律而独立，而在于认识这些规律，从而能够有计划地使自然规律为一定的目的服务。"①

（一）必然性是人意志自由的前提

必然性是指事物发展过程中内在的、确定不移的发展趋势，它不以人的主观意志为转移。必然性揭示的是事物之间本质的、内在的联系，必然和规律是同一层次的概念。

自由是人掌握事物发展的必然性后，可以自觉地使规律按照自己的意愿发生作用的活动。

必然性是第一性的，必然性是自由的前提。自由不能脱离客观世界的必然性而独立存在，自由必须以客观的必然性为前提。物质世界是客观的，是第一性的，作为物质世界的运动规律，即必然性也是客观的、第一性的，当我们还没有认识必然性的时候，必然性在我们的意识之外

---

① ［德］恩格斯：《反杜林论》，人民出版社 1999 年版，第 118 页。

独立存在并起着作用。一旦认识了自然界和社会的规律性与必然性，我们就获得了自由，所以，人们对必然性的认识和认识必然性后所获得的自由，是第二性的。

（二）自由是对必然的认识和对世界的改造

自由是对必然的认识。"意志自由只是借助于对事物的认识来作出决定的能力。因此，人对一定问题的判断越是自由，这个判断的内容所具有的必然性就越大；而犹豫不决是以不知为基础的，它看来好像是在许多不同的和相互矛盾的可能的决定中任意进行选择，但恰好由此证明它的不自由，证明它被正好应该由它支配的对象所支配。"[①] 自由是以客观必然性的认识为基础的，只有认识了事物的客观必然性，才能把握必然性适用的范围，否则，人的认识和改造活动就不是自由的，就是盲目的。所以，自由的大小取决于对必然性认识的程度，人对必然性的认识越深刻，人自由的程度就越大。

自由不仅是对必然性的认识，而且是在对必然性认识的基础上，积极运用必然性改造主观和客观世界。自由是根据对必然的认识，并通过实践进行改造世界的活动，人们认识规律的目的，就是运用规律指导人们改造世界的实践，实现人的自由，所以，恩格斯说，"自由就在于根据对自然界的必然性的认识来支配我们自己和外部自然"。[②]

（三）自由是历史发展的产物

自由是随着人类对必然性认识的发展而发展的，是一个过程。"最初的、从动物界分离出来的人，在一切本质方面是和动物本身一样不自由的；但是文化上的每一个进步，都是迈向自由的一步。"[③] 恩格斯以人类发展史上两个伟大的发明——摩擦生火和蒸汽机的发明——为例说明自由的历史发展。

从机械运动到热的转化，从热到机械运动的转化，都是对必然规律的认识和运用。在人类历史的初期，由于人类对自然规律知之甚少，人类的活动主要受自然规律和客观必然性的制约，自由程度是极其有限的。直到人类学会了摩擦生火，实现了从机械运动到热的转化，情况才

---

① ［德］恩格斯：《反杜林论》，人民出版社 1999 年版，第 118 页。
② 同上。
③ 同上。

发生了变化。摩擦生火使人第一次支配了一种自然力，从而使人从动物界分离出来，人类也第一次真正认识了自然界，并利用自然规律为人类服务。火的使用使人的活动范围扩大了，而扩大了的活动范围使人的社会交往更为广泛，人类的自由程度也相应地得到了提高。

　　"从热到机械运动的转化，即蒸汽机"的发明，是所有那些以它为凭借的巨大生产力的代表，是创造现代资本主义社会的一种力量，以蒸汽机为基础建立了一种巨大的生产力，使人类在支配生产力方面获得了更大的自由。

第十二章 "辩证法。量和质"

杜林的《哲学教程》虽然没有专门讲述辩证法的篇章，但《哲学教程》却处处渗透着对辩证法的反对和攻击。因而，"辩证法"部分不是针对杜林的《哲学教程》某编某章的，而是针对整个《哲学教程》、针对杜林的形而上学世界观的。

"辩证法"总标题下分为两章，"量和质"和"否定的否定"。"量和质"的中心思想是批判杜林对矛盾规律和质量互变规律的歪曲与攻击，阐明马克思主义矛盾规律和量变质变规律的基本原理。

一 批判杜林否认事物矛盾的谬论，论述事物发展的矛盾规律

（一）杜林关于矛盾的主要观点

杜林在《哲学教程》说："关于存在的基本逻辑特性的第一个命题，而且是最重要的命题，就是矛盾的排除。矛盾的东西是一个范畴，这个范畴只能归属于思想组合，而不能归属于现实。在事物中没有任何矛盾，或者换句话说，设定为真实的矛盾本身是背理的顶点……按相反方向互相抗衡的力的对抗，甚至是世界及其生物的存在中的一切活动的基本形式。但是，诸要素和诸个体的力的方向的这种抗衡，和矛盾荒谬性的思想是远远不相符合的……在这里我们能感到满意的是：通常从臆想的逻辑奥秘中升起的迷雾，被真实矛盾的真正荒谬性的清晰景象驱散了；人们有时对于矛盾辩证法这个木偶——用来代替对抗的世界模式论的和雕刻得极其粗糙的木偶——的焚香顶礼，被证明是无益的了。"[1]

---

① ［德］恩格斯：《反杜林论》，人民出版社1999年版，第123页。

恩格斯在"量和质"开篇就引用了杜林的这段话，而且恩格斯还强调说："这差不多就是《哲学教程》中关于辩证法所说的一切。"① 这段话反映了杜林对矛盾的态度：否认矛盾的现实存在。

1. 存在是没有矛盾的

"关于存在的基本逻辑特性的第一个命题，而且是最重要的命题，就是矛盾的排除。"事物是没有任何矛盾的，谁要是认为事物中有矛盾，那就是"背理的顶点"。黑格尔把矛盾看成是"客观地存在于事物和过程本身中，而且可以说是见诸形体的"的观点，不但是错误的，而且这一观点并非是黑格尔的新发现，而是"从天启神学和神秘主义中抄来的箴言"。

2. 矛盾"属于思想组合"

在杜林看来，"矛盾只是一个范畴，这个范畴只能归属于思想组合，而不能归属于现实"，矛盾是主观范畴，事物中没有任何矛盾，认为矛盾是真实存在的是荒谬的。

3. "力的对抗"绝不是矛盾

杜林非常青睐"机械运动"，他承认事物中有"相反方向互相抗衡的力的对抗"，但"力的对抗"只是世界及其生物存在的一切活动的基本形式，同矛盾是两个根本不同的问题，矛盾是荒谬的思想，客观存在的是"力的对抗"而非矛盾。

通过如此这般的分析，杜林得出结论，矛盾的辩证法是"从所谓的逻辑的神秘中升起的迷雾"，"是用来代替对抗的世界模式论的和雕刻得极其粗糙的木偶"。相反，他对矛盾不是真实存在的看法，不但说清了问题，而且驱散了"从臆想的逻辑奥秘中升起的迷雾"。所以，恩格斯总结道，杜林的话"可以归结为一个命题：矛盾＝背理，因而它在现实世界中是不能出现的"。②

（二）恩格斯对杜林矛盾观点的批判

对于杜林"矛盾＝背理"的观点，恩格斯从以下三个方面进行批判。

1. 常识不等于科学

恩格斯将杜林对待矛盾的态度首先概括为杜林是用常识思维看待矛

---

① ［德］恩格斯：《反杜林论》，人民出版社 1999 年版，第 123 页。
② 同上书，第 124 页。

盾的，但是，常识并不等于科学。“矛盾＝背理”“对于通常相当有常识的人来说，这个命题也许像直不能是曲、曲不能是直这一命题一样，是不言而喻的”，直线和曲线不相等是人所共知的事实，但这只是问题的一个方面，它们还有相等的一面。从微分学来说，“直线和曲线在一定条件下相等”，如把一个圆周分成无限小的弧段，则每一个无限小的弧段就无限接近于它所对应的弦。这种情况下，可以认为，两者是相等的。以此类推，就可以把整个圆周看作是由直线段构成的了。因而，直线和曲线在微积分的条件下是可以被视作是相等的。用微积分的方法使曲线和直线相等而求出初等数学解决不了的问题，微积分“达到那坚持直线和曲线等同是背理的常识所永远不能达到的成果”。所以，不能只从常识出发讲直线和曲线，要看到它们是对立统一的矛盾关系，直线和曲线既有不相等性，又有相等性，这就是矛盾。正是矛盾的辩证法打破了人们的一般常识观念，揭露了客观矛盾，揭露了事物的对立统一关系。

2. 要反对矛盾辩证法不能仅靠“一个断言和许多谩骂”

矛盾辩证法并不是现代人的创造，它是“从古代希腊人起直到目前为止的哲学中”一直“起重大作用”的思维方式。若要反对辩证法，就得提出强有力的证据，而不能像杜林一样，用“雕刻得极其粗糙的木偶”，“从臆想的逻辑奥妙中升起的迷雾”等谩骂的形式，粗暴地否定它，或简单地断言将矛盾“归属于思想组合”、矛盾就是“背理”等方式来反驳矛盾的客观存在，矛盾辩证法靠歪曲和谩骂是驳不倒的。

3. 杜林否认矛盾的思想根源在于形而上学的思维方式

杜林为什么会否认矛盾的客观存在？主要根源于杜林形而上学的思维方式。“当我们把事物看作是静止而没有生命的，各自独立、相互并列或先后相继的时候，我们在事物中确实碰不到任何矛盾”，当静止看待事物的时候，“它们内部并不包含任何矛盾”。① 当然，形而上学的思维方式也能看到事物的某些特性，这些特性，一部分是相同的，一部分是相异的，甚至是互相矛盾的。但是，由于它把事物看成是彼此孤立的，没有任何关系的，这些特性就分属于不同事物，所以，它最多只能见到区别，看不见矛盾，如果“限于这样的考察范围，我们用通常的

---

① ［德］恩格斯：《反杜林论》，人民出版社 1999 年版，第 124 页。

形而上学的思维方式也就行了",而杜林恰恰用的就是形而上学的思维方式。"但是一当我们从事物的运动、变化、生命和彼此相互作用方面去考察事物时,情形就完全不同了。在这里我们立刻陷入矛盾。"① 也就是说,只有运用辩证思维的方式,才能看到矛盾的客观性,而以静止的形而上学观点看事物是不会遇到矛盾的。杜林根本不懂辩证法,他用形而上学的思维方式看问题,承认绝对静止的"自身等同状态",把运动和静止绝对对立起来,"在合理的力学中不存在介乎严格的静和动之间的桥"。杜林之所以找不到从静到动的桥,就是因为他否认了运动和静止的矛盾,而运动又是和矛盾不可分割的,因此就无法找到由静到动的桥。把运动看成是排斥静止的运动,把静止看成是排斥运动的静止,不懂得在一定的条件下,运动会转化为静止,静止也会转化为运动,把两者绝对对立起来,结果陷入了不动论,杜林无法看到事物中的矛盾,因此才会把矛盾归于"思维组合",才会认为"矛盾 = 背理"。杜林同时又认为,运动是不可理解的,那就意味着他"违反自身的意志而承认了这种矛盾的存在,因而就是承认:有一种客观地存在于事物和过程本身中的矛盾而且这是一种实际的力量"。恩格斯据此在揭露杜林的理论荒谬的同时,也论证了矛盾的客观性。

(三) 恩格斯对矛盾的态度

1. 运动本身就是矛盾

恩格斯在揭露杜林否认矛盾根源的基础上,提出了"运动本身就是矛盾"的论断。矛盾是事物运动变化的源泉和动力,事物的运动是由事物内部的矛盾引起的,事物内部的矛盾是事物运动发展的根本原因。运动是由矛盾引起的,运动也是通过矛盾表现出来的,运动就是矛盾的不断产生和解决的过程。杜林之所以找不到从静到动的桥,就在于他割裂了运动和矛盾的关系,不能用矛盾的观点考察运动。正如恩格斯所说:"形而上学地思维的知性绝对不能从静止的思想转到运动的思想,因为上述矛盾在这里挡着它的路。对它来说,运动是完全不可理解的,因为运动是矛盾。"②"简单的机械的位移之所以能够实现,也只是因为物体在同一瞬间既在一个地方又在另一个地方,既在同一个地方又不在

---

① [德] 恩格斯:《反杜林论》,人民出版社 1999 年版,第 124 页。
② 同上书,第 125 页。

同一个地方。这种矛盾的连续产生和同时解决正好就是运动"。① 最简单的机械运动都充满着矛盾，那么，其他复杂的事物的变化和发展就更有矛盾了。所以，对于矛盾是不是"见诸于形体的"，是不是客观的，不能采用形而上学的思维方式，而应运用辩证思维方式。

2. 矛盾具有客观性和普遍性

恩格斯认为，矛盾的存在是客观的和普遍的。"有一种客观地存在于事物和过程本身种的矛盾，而且这是一种实际的力量"。② 恩格斯列举了多种运动形式存在的矛盾，证明矛盾普遍存在于自然、社会、人类思维领域中。

（1）任何物质运动形式自始至终都存在矛盾。在恩格斯看来，既然简单的机械的位移本身已经包含着矛盾，那么物质的更高级的运动形式，特别是有机生命及其发展，就更加包含着矛盾。恩格斯以生命体为例说明矛盾的存在。根据恩格斯的观点，生命是蛋白体的存在方式，其本质就在于蛋白体化学组成部分的不断自我更新，由于生命内部不断更新，它在每一瞬间是它自身，同时又是别的东西，这个矛盾是生命本身所固有的，它不断地自行产生并自行解决，一旦新陈代谢停止，生命也就随之消亡。所以，恩格斯说："生命首先正是在于：生物在每一瞬间是它自身，同时又是别的东西。所以，生命也是存在于物体和过程本身中的不断地自行产生并自行解决的矛盾；矛盾一停止，生命也就停止，死亡就到来。"没有矛盾就没有生命。

（2）人类的思维领域存在着矛盾。在"永恒真理"一章中，恩格斯曾论述过思维的至上性和非至上性的矛盾，恩格斯在这里说："在思维的领域中我们也不能避免矛盾，例如，人的内部无限的认识能力和这种认识能力仅仅在外部受限制的而且认识上也受限制的各个人身上的实际存在这两者之间的矛盾，是在至少对我们来说实际上是无穷无尽的、连绵不断的世代中解决的，是在无穷无尽的前进运动中解决的。"人的认识能力从思维能反映存在来说具有无限性，但无限的认识能力又受客观条件和主观条件的局限，从而使无限的认识能力又是在有限的认识中实现的，没有这个矛盾运动，就不会有人的认识过程，人类的认识，就

---

① ［德］恩格斯：《反杜林论》，人民出版社 1999 年版，第 124 页。

② 同上书，第 125 页。

是一个充满矛盾的无限发展过程。

（3）数学领域充满着矛盾。首先是高等数学存在的矛盾。前面已经提到，"高等数学的主要基础之一是这样一个矛盾：在一定条件下直线和曲线应当是一回事"，除此之外，"高等数学还有另一个矛盾：在我们眼前相交的线，只要离开交点五六厘米，就应当认为是平行的、即使无限延长也不会相交的线。可是高等数学利用这些和其他一些更加尖锐的矛盾获得了不仅是正确的、而且是初等数学所完全不能达到的成果"。这些在初等数学中被认为是荒谬的，但在高等数学中，它们被证明是正确的，而且人们还利用这些看似矛盾的理论解决了很多初等数学所无法解决的问题。

不但高等数学充满着矛盾，连初等数学也充满着矛盾。例如，A的根应当是A的幂，这就是矛盾，可是毕竟，负数应当是某数的平方，这也是矛盾，因为任何一个负数自乘得出的是正的平方。因此，−1的平方根不仅是矛盾，而且甚至是荒谬的矛盾，是真正的背理。可是，在许多情况下，毕竟是正确的数学运算的必然结果。

恩格斯进一步指出，数学因变数的出现而进入了辩证法领域，而正是辩证哲学家笛卡儿使数学有了这种历史性的进步。当然，这并不意味着数学家接受了变数就接受了辩证法，"这丝毫不妨碍大多数数学家只在数学领域中承认辩证法，也不妨碍他们中相当多的人完全按照旧的、有局限性的形而上学方式去进一步运用通过辩证道路所得到的方法"。[1]但不管数学家是否承认辩证法，只要研究变数，就不得不运用辩证的方法。但在数学研究外，他们仍然是形而上学的。既说明了虽然辩证法是客观存在的，但并不意味着人们会自觉意识到并接受辩证法，又说明了辩证法的矛盾规律是客观事物本身具有的，不管是自觉的还是不自觉的，人们都在运用辩证法研究问题。

恩格斯指出，杜林虽然承认力的对抗，但这并不代表他承认了矛盾的存在及其作用。杜林用"力的对抗"或"对抗的世界模式论"代替矛盾学说，他只谈论机械运动中力的对抗，并没有承认矛盾的普遍性。"无论在世界模式论中，或是在自然哲学中，一次也没有向我们表明这种对抗是在起作用的，这就再好没有地供认了：杜林先生根本不能用这

① ［德］恩格斯：《反杜林论》，人民出版社1999年版，第126页。

种'世界及其生物的存在中的一切活动的基本形式'得出任何肯定的东西来。"① 而且，杜林把黑格尔关于矛盾运动的观点歪曲为"力的对抗"的同时说黑格尔是"老生常谈"，杜林这种既抄袭又攻击的手法，本身就是矛盾的，但杜林却口口声声否认矛盾的普遍性。所以，恩格斯讽刺杜林："那么确实最好是避免对这套老生常谈做任何运用。"②

二 驳斥杜林对马克思《资本论》的攻击

（一）杜林对《资本论》的攻击

1. 对《资本论》内容的否定

杜林说，马克思的《资本论》"缺乏自然的和可以理解的逻辑"，"是辩证法的一团混乱及其观念的混乱的阿拉伯式花纹""神秘杂货摊"和"平庸理论"，是"根据逻各斯学说的准则复制（马克思）一团混乱"，马克思的方法只是"为自己的信徒创造辩证法的奇迹"。③ 他不用再读马克思《资本论》后两卷就可以知道它的"结局"如何，所以，他不会自寻烦恼，到马克思的辩证法那里去探索深奥的智慧。

2. 否定《资本论》运用的个别和一般的辩证方法

杜林对《资本论》运用的个别和一般的辩证方法的理解是，"一切可以在每一个东西中寻找，而每一个东西可以在一切中寻找"，并说，"按照这个混乱而错误的观念，归根到底一切都是一个东西"。④ 在杜林看来，辩证法的特点就是混乱性，只是一种"哲学偏见"。

（二）恩格斯反驳杜林对《资本论》的攻击

针对杜林对《资本论》的攻击，恩格斯从以下四个方面进行了反驳。

1. 杜林在对待一般与个别的辩证关系上存在混乱

马克思的研究方法是从具体到抽象、又从抽象到理性具体的辩证方法，杜林自己不懂辩证法，不可能理解一般与个别的对立统一的辩证关

---

① ［德］恩格斯：《反杜林论》，人民出版社 1999 年版，第 126 页。

② 同上书，第 127 页。

③ 同上。

④ 同上。

系原理，所以，他把马克思这种研究问题的方法歪曲为"一切都是一个东西"。

但事实上，杜林对一般与个别的态度是矛盾的。他认为，这种方法缺乏自然的和可以理解的逻辑，按照这个逻辑，他可以预言马克思经济学的"结局"是什么。但他又说："在往后的两卷中，……究竟还应当包含些什么，实在是看不透。"前面是"可预言"，后面是"看不透"，表明了杜林的自相矛盾性，恩格斯嘲笑说："杜林先生的著作在我们面前表明它们属于具有'客观地存在着，而且可以说是见诸形体的矛盾'的'事物'，这已经不是第一次了。"① 杜林是一贯把他篡改的荒诞的东西强加给别人的。

《资本论》中运用了一般和个别的辩证法，但马克思根本没说过"归根到底一切都是一个东西"的话。"一切都是一个东西"是杜林强加给马克思的。恩格斯说，按照杜林的说法，资本家和雇佣工人，封建主义的、资本主义的、社会主义的生产方式就都是一个东西了，到了最后，马克思和杜林都完全是一样的了。但事实上，在马克思那里，原始社会、奴隶社会、封建社会、资本主义和社会主义社会的生产方式是有本质区别的，它们各有自己的特征，这在《资本论》中讲得十分清楚，只有杜林才认为它们"都是一个东西"。杜林怎么会有这么混乱的思维？"要说明怎么能做出这样简单的蠢事，只能设想：仅仅'辩证法'这个字眼就已经使杜林先生陷入一种神经错乱而无能负责的状态，以致对他来说，由于某种混乱的和错误的观念，无论他说的和做的是什么，归根到底'都是一个东西'。"②

2. 杜林将马克思的辩证法和黑格尔的辩证法混为一谈

黑格尔认为，量的变化达到一定的点（关节点）就发生质的变化，于是，量变就转化为质变。而新的质会有新的量，又会开始新的量变。杜林将黑格尔的量和质互相转化歪曲成是"关于量转变为质这个混乱的模糊概念"，这只是表明了杜林对黑格尔思想的不了解。

我们知道，黑格尔的质和量相互转化是绝对观念的运动和变化，是唯心主义的，但又包含合理的因素。马克思吸取了黑格尔关于量和质相

---

① ［德］恩格斯：《反杜林论》，人民出版社 1999 年版，第 127 页。
② 同上书，第 128 页。

互转化思想的合理部分。"这种辩证法不是仅仅为了建立一个完备的理论体系，而是通过辩证法，坚信人类历史的自我否定与超越，从而开启出一条无产阶级、人类解放真正的现实之路来。这是两种辩证法之目的的根本差异。"① 马克思在唯物主义的基础上对其加以阐述，总结出了唯物主义的质量互变规律。

但杜林完全不了解马克思的辩证法和黑格尔辩证法的区别。他说："按照黑格尔的逻辑学，或确切些说，按照逻各斯学说，矛盾的东西决不是存在于按本性来说只能被看作主观的和自觉的思维中，而是客观地存在于事物和过程本身中，而且可以说是见诸形体的，这样，背理就不再是不可想象的思想组合，而是成为一种实际的力量。"② 硬将黑格尔的主观辩证法说成是客观辩证法，而且不顾一切地将马克思的辩证法等同于黑格尔的辩证法，所以他才会说，由于马克思的辩证法引用了黑格尔的"模糊概念"，因此马克思才会说，"预付达到一定界线时就会单单由于这种量的增加而成为资本"。

《资本论》从商品社会里最简单、最普遍、最基本的商品和商品交换开始，分析了资本主义社会的固有矛盾，最后得出了社会主义必然代替资本主义的结论。马克思分析所运用的方法，就是从个别到一般，再从一般到个别的辩证方法。马克思说："在形式上，叙述方法必须与研究方法不同。研究必须充分地占有材料，分析它的各种发展形式，探寻这些形式的内在联系，只有这项工作完成以后，现实的运动才能适当地叙述出来。这点一旦做到，材料的生命一旦观念地反映出来，呈现在我们面前的就好像是一个先验的结构了。"③ 马克思的辩证法是来源于现实的，但杜林却将马克思的辩证法与黑格尔辩证法混为一谈。认为马克思主义辩证法承认矛盾的现实性，是从黑格尔的逻辑和非逻辑统一的观点中引申出来的，就是"越矛盾就越真实……越荒谬就越可信……是从启示神学和神秘主义中抄来的箴言"。④

① 杨楹：《论马克思生活辩证法的理论个性及其当代在场》，《学术研究》2014 年第 7 期。
② ［德］恩格斯：《反杜林论》，人民出版社 1999 年版，第 123—124 页。
③ 《马克思恩格斯全集》第 44 卷，人民出版社 2001 年版，第 21—22 页。
④ ［德］恩格斯：《反杜林论》，人民出版社 1999 年版，第 124 页。

3. 杜林的目的是推翻《资本论》的结论

《资本论》第一卷出版不久,杜林于 1867 年 12 月在《现代知识补充材料》第 3 卷第 3 期上发表了评论《资本论》的文章,恩格斯评价道:"在 1867 年(《补充材料》第 3 卷第 3 期)还能够对该书的内容作出对他那类思想家来说是比较合理的介绍",还具有把"方法和通过方法所获得的成果区别开来的能力"①,所以,"《资本论》的大多数读者只是现在靠了杜林先生才知道他们究竟读了些什么"。虽然那时杜林已经"把马克思的辩证法和黑格尔的辩证法等同起来"②,但是,他毕竟还没有完全丧失把研究方法和通过研究方法所得出的成果区别开来的能力,杜林那时还能理解:"笼统诋毁方法不等于把成果一一驳倒。"但是,现在杜林却丧失了这种分辨能力。之所以会有这样的转变,是因为当时杜林还没有全面地公开反对马克思主义,"还不急需把马克思的论述翻译成杜林的东西",但随着时间的推移,《资本论》影响力不断扩大,杜林为了推销自己的观点,就要反对《资本论》中得出的资本主义必然灭亡的结论,就只好攻击《资本论》的内容了。按照杜林"归根到底一切都是一个东西"的思维逻辑,那结果就是"资本家和雇佣工人,封建主义的、资本主义的和社会主义的生产方式'都是一个东西'",故意抹杀不同事物的差别性,以达到否认资本家和工人之间的阶级矛盾,否认封建的、资本主义的和社会主义的生产方式的本质区别,永远保留资本主义的生产方式的目的(这一点在《政治经济学编》中有更具体的描述)。

4. 杜林的攻击方法实质是一种歪曲和谩骂的方法

杜林自称他的论战方法是"总括的方法","这一总括方法考虑到类和型,并且决不会硬去通过细枝末节的揭露来礼遇被一个叫作休谟的人称为学界小人的那类货色"。这种方法是"只有具有崇高而尊贵的风格的方法",是"和完全真理的利益相容"的,是"和在摆脱了行会的公众面前所承担的义务相容"③的。杜林承认他的论战方法,只注意论战对方属于哪个"类和型",而不注意他们的"细枝末节",同时承认

---

① [德]恩格斯:《反杜林论》,人民出版社 1999 年版,第 128 页。

② 同上。

③ 同上。

在他眼里，论战对方属于"学界小人"，对他们不能"礼遇"。

恩格斯评价道，"这种具有伟大风格的历史记述和这种考虑到类和型的总括方法，对杜林先生实在是很方便的，因为这样一来他可以把一切确定的事实当作细枝末节忽略过去，使它们等于零，并且可以不去证明什么而只凭泛泛的空话来作出论断和简单地加以斥责"。杜林的"总括的方法"可以使他不用仔细研究别人的观点，可以不顾一切的事实，只在整体上对论战对方进行简单的歪曲和谩骂就可以了。恩格斯说，这种论战方法还有一个好处，"这就是它不给对方以任何实际的立足点，因而使对方几乎无法作出任何别的可能的回答，而只能同样以伟大风格和总括方法来进行论断，大讲其泛泛的空话"。① 这种"总括方法"我们已经在杜林先生对达尔文学说的评论中领教过了，杜林攻击达尔文的生存斗争观念源自马尔萨斯人口论。现在，杜林如法炮制，制造出一个虚幻的马克思，然后将自己的理解强加给这个虚幻的马克思，再发泄他对这个虚幻的马克思的不满，显示了杜林论战方法的简单粗暴。

三　批判杜林对质量互变规律的攻击，论述质量互变规律的客观性和普遍性

（一）杜林对质量互变规律的观点

杜林除否定矛盾的客观性和普遍性之外，还否定量和质的对立统一关系，特别是量变达到一定界限即度的关节点就会引起质变的规律。杜林说："由于引证了黑格尔关于量转变为质这个混乱的模糊概念，所以预付达到一定界限时就会单单由于这种量的增加而成为资本，——这显得多么滑稽！"歪曲马克思在关于货币和资本的关系的看法，并由此攻击质量互变规律。

（二）恩格斯批判杜林对马克思的歪曲

恩格斯说，"预付达到一定界限时就会单单由于这种量的增加而成为资本"② 是杜林对马克思观点的自我理解，是经杜林先生"清洗过

---

① ［德］恩格斯：《反杜林论》，人民出版社1999年版，第129页。

② 同上。

的",而经过杜林的"清洗",马克思的观点"确实显得相当离奇"。

事实是什么呢?恩格斯说,"让我们来看看马克思的原文是怎么说的"。恩格斯引用了《资本论》第二版第313页的内容,"马克思从前面关于不变资本和可变资本以及关于剩余价值的研究中得出结论:'不是任何一个货币额或价值额都可以转化为资本,相反地,这种转化的前提是货币所有者或商品所有者手中有一定的最低限额的货币或交换价值。'"。他举例说,假定在某个劳动部门里,工人为自己,就是说为生产自己的工资的价值,每天工作8小时,而其余的4小时则为资本家,为生产直接流入资本家腰包的剩余价值而劳动。这样,一个人要使每天装入腰包的剩余价值足以使他自己像他的一个工人那样生活,他就必须拥有使他能够供给两个工人以原料、劳动资料和工资的那种价值额。而因为资本主义生产的目的不是单纯维持生活,而是增殖财富,所以,我们那位有两个工人的人始终还不是资本家。因此,他要使自己的生活仅仅比普通工人好一倍,并把所生产的剩余价值的一半再转化为资本,他就必须有雇用8个工人的能力。也就是说,拥有4倍于上述价值额的价值额。只是在做了这些说明以后,马克思才指出:"在这里,也像在自然科学上一样,证明了黑格尔在他的《逻辑学》中所发现的下列规律的正确性,即单纯的量的变化到一定点时就会转化为质的差别。"①

马克思认为,货币和资本是不同的,货币是交换过程的产物,资本是给资本家带来剩余价值的价值,是商品经济高度发展的产物,由货币到资本是一个从量变到质变的飞跃过程,"不是任何一个微小的价值额都足以转化为资本,而是每一发展时期和每一工业部门为实现这一转化都有自己的一定的最低限额"。货币转化为资本还需要有一定的量变为基础。马克思的货币转化为资本的理论,是来源于经济事实的,不是用黑格尔的公式套出来的。杜林的所谓"崇高而尊贵的风格",就是把"那种同马克思实际所说的相反的话强加给马克思"。马克思在《资本论》中说得非常明确:"只有当价值额达到虽然因条件不同而有所不同但在每一个别场合都是一定的最低限量时,它才能转化为资本。"这一客观事实是"黑格尔规律的正确性的证明"。② 可是,杜林却硬把"证

---

① [德]恩格斯:《反杜林论》,人民出版社1999年版,第130页。
② 同上。

明了正确性",说成"因为根据黑格尔的规律,量转变为质","所以预付款项达到一定的界限时就……变为资本"。① 即先有黑格尔的质量互变规律,后才有"预付款项达到一定的界限时就变为资本"的事实,杜林所歪曲的恰恰和马克思的说法相反。

恩格斯认为,"在量变的一定点上骤然发生质变",这就是"度量关系的关节线"。当事物的量变达到度的"生命线"时事物是一定会发生质变,这是一条普遍的客观规律。"水在标准气压下,在0℃时从液态转变为固态,在100℃时从液态转变为气态,可见,在这两个转折点上,仅仅是温度的单纯的量变就可以引起水的状态的质变。"量变引起质变的形式是多样的。如量的空间排列顺序的变化引起质变。马克思在《资本论》中讲的"协作、分工和工厂手工业、机器和大工业的领域内",曾以"协作"为例,说明"许多人协作,许多力量结合为一个总的力量"就造成了新的力量,这同"它的一个个力量的总和有本质的差别"。②

(三) 恩格斯论证质量互变规律的客观普遍性

恩格斯认为,量变质变规律不是混乱模糊的概念,它是自然界和社会的普遍规律,"可以从自然界和人类社会中举出几百个这样的事实来证明这一规律"。

恩格斯除重复了"世界模式论"中的"水的聚集状态变化的例子"外,还从物理学、经济学、化学、军事学等方面列举实例论证质量互变规律的客观性和普遍性。

1. 在分工、协作等生产中存在大量"质量互变"情况

"马克思《资本论》的整个第四篇'相对剩余价值的生产',就在协作、分工和工场手工业、机器和大工业的领域内,谈到无数关于量变改变事物的质和质变同样也改变事物的量的情况,因此,这些情况,用杜林先生非常痛恨的字眼来说,就是量转化为质,质转化为量。例如谈到了这样的事实:许多人协作,许多力量结合为一个总的力量,用马克思的话来说,就造成'新的力量',这种力量和它的一个个力量的总和有本质的差别。"马克思曾经用制造马车的例子说明这个问题:几个人

---

① [德]恩格斯:《反杜林论》,人民出版社1999年版,第130页。

② 同上书,第131页。

在一起共同制造一架马车，就叫协作。再由此发展为不同的人只制造马车的几个部件，就叫分工。再把不同的部件集中到一起生产组装，就叫工厂手工业。这个过程表现为生产形式的改变，在劳动生产率的提高上，发生了质变。协作意味着把系统中的各个要素充分"激活"，这时的系统就产生了系统质，而这种系统质的能量大于各个要素能量的简单叠加。

2. 化学中存在大量质量互变的实例

杜林攻击马克思是"半科学和少许贫乏哲理"的人，是"扮成博学样子"，是"缺乏自然科学思维方式"的人，自称只有他的哲学是以"力学、物理学和化学的精确理解的主要成就"为基础的。但实际情形如何呢？

化学是研究物体由于量的构成的变化而发生的质变的科学，量变质变规律在这里得到了最充分的证明。在化学中，物质的元素数量的增加或减少，就会引起物质化学性质的改变。洛朗和热拉尔都是法国有机化学家，对分子论有重大贡献，他们认为，有机化合物中存在"同系物"，提出"同系列"的概念。马克思对此评价很高，不但在《资本论》中引证了分子论，而且还专门做了注释："现代化学上应用的、最早由洛朗和热拉尔科学地阐明的分子说，正是以这个规律作基础的。"[①]马克思用当时化学上的新成就，证明了质量互变规律的正确性。为了批驳杜林对马克思的歪曲，恩格斯认为，有必要"更详细地考察一下马克思在注释中所举的例子"。恩格斯写道，碳化物的同系列中"每一个都有自己的代数组成式。如果我们按化学上的通例，用 C 表示碳原子，用 H 表示氢原子，用 O 表示氧原子，用 n 表示每一个化合物中所包含的碳原子的数目，那么我们就可以把这些系列中某几个系列的分子式表示如下：

C_nH_{2n+2}——正烷属烃系列

$C_nH_{2n+2}O$——伯醇系列

$C_nH_{2n}O_2$——元脂肪酸系列

如果我们以最后一个系列为例，并依次假定 $n=1$，$n=2$，$n=3$，等等，那么我们就可得到下述结果（除去同分异构体）：

① ［德］恩格斯：《反杜林论》，人民出版社 1999 年版，第 132 页。

CH_2O_2——甲酸——沸点 100° 熔点 1°

$C_2H_4O_2$——乙酸——沸点 118° 熔点 17°

$C_3H_6O_2$——丙酸——沸点 140° 熔点——

$C_4H_8O_2$——丁酸——沸点 162° 熔点——

$C_5H_{10}O_2$——戊酸——沸点 175° 熔点——

等等，一直到 $C_{30}H_{60}O_2$ 三十烷酸，它到 80°才熔解，而且根本没有沸点，因为它要是不分解，就根本不能气化。

因此，这里我们看到了由于元素的单纯的数量增加——而且总是按同一比例——而形成的一系列在质上不同的物体。这种情况在化合物的一切元素都按同一比例改变它们的量的地方表现得最为纯粹，例如，在正烷属烃 C_nH_{2n+2} 中，最低的是甲烷 CH_4，是气体；已知的最高的是十六烷，$C_{16}H_{34}$，是一种形成无色结晶的固体，在 21°熔化，在 278°才沸腾。在两个系列中，每一个新的项都是由于把 CH_2，即一个碳原子和两个氢原子，加进前一项的分子式而形成的，分子式的这种量的变化，每一次都引起一个质上不同的物体的形成。"[1] 这些都是量变引起质变的结果。而且，"在化学中，差不多在任何地方，例如在氮的各种氧化物中，在磷或硫的各种含氧酸中，都可以看到'量转变为质'"。

量变质变规律不仅存在于有机化合物中，也存在于无机化合物中，它在化学中普遍起作用。被杜林说成是"混乱的模糊的观念"的质量互变规律在事物及其变化过程中随处可见。而第一个促使人们注意到化学领域中存在量转变为质的，正是马克思。杜林对马克思的恶意攻击，反而使我们看到他自己对化学主要成就的一无所知和对"自然科学思维方式的极其现代的教育因素"的缺乏。

3. 拿破仑骑兵战术的变化说明质量互变规律的客观性

拿破仑在他的《回忆录》中描写过骑术不精但有纪律的法国骑兵和当时无疑是最善于单兵格斗但没有纪律的骑兵——马木留克兵之间的战斗，他写道："2 个马木留克兵绝对能打赢 3 个法国兵；100 个法国兵与 100 个马木留克兵势均力敌；300 个法国兵大都能战胜 300 个马木留克兵，而 1000 个法国兵则总能打败 1500 个马木留克兵。"士兵数量的增加，在有组织的战斗力的作用的发挥上，起了由量变达到质变的作

---

[1] ［德］恩格斯：《反杜林论》，人民出版社 1999 年版，第 132—133 页。

用。在拿破仑看来，要使存在于密集队形和有纪律的部队中的战斗力表现出来，而且要使这样的队伍能够战胜马匹较好、骑术剑法较精、数量相等或数量较多的非正规骑兵，就必须有一定最低限度的数量的骑兵，法国兵虽然个体作战能力不如马木留克兵，但只要达到了一定的数量，他们善于整体作战的优势就会显示出来，就可以打败对手。量变一定要引起质变，这是不以人们的意志为转移的。

量变引起质变只有在量变达到一定的最低限度时才能发生，"要使交换价值额能转化为资本，就必须有虽然是可变化的然而是一定的最低限度的交换价值额"，如果达不到这个最低限度，就不可能发生质变，就不可能由"小业主"变成"资本家"。同样，要使人数少、骑术不精但有纪律的法国骑兵战胜马匹较好、骑术和剑法较精、勇敢至少相等而人数较多的马木留克骑兵，"就必须有一定的最低限度的骑兵的数量"，质变必须以一定的量的积累为前提。

杜林问："拿破仑在同欧洲的斗争中没有惨败过吗？他没有遭到一个接一个的失败吗？"既然他懂辩证法，为什么还有失败？恩格斯指出，拿破仑遭到失败，绝不像有些人想的"仅仅是因为他把黑格尔的混乱的模糊观念运用于骑兵战术之中"①，而是另有原因的。拿破仑的战败与他在同马木留克骑兵作战时战术中含有量转化为质的规律毫不相干。

"恩格斯在捍卫马克思主义的质量互变的辩证观点的同时，也告诫人们不要对辩证法的这一规律和其他规律做教条主义的理解。恩格斯强调指出，在各种具体条件下，这一规律的作用是有其质的特殊性的，并指出不可将所有辩证过程都归纳到辩证法这一规律或其他任何规律中去。"②

---

① ［德］恩格斯：《反杜林论》，人民出版社 1999 年版，第 134 页。
② ［苏联］H. C. 纳尔斯基：《〈反杜林论〉中的辩证法理论及其规律》，《世界哲学》1978 年第 6 期，第 57 页。

第十三章 "辩证法。否定的否定"

本章是上一章的继续，主要批判杜林对科学社会主义学说和唯物辩证法关系的歪曲，论述否定之否定是事物发展的普遍规律，分析辩证法的否定观和形而上学否定观的根本区别，阐述唯物辩证法是科学的世界观和方法论。

一 批判杜林对否定之否定规律的歪曲和攻击

（一）杜林否定"否定之否定"规律的观点

杜林是通过歪曲《资本论》来歪曲否定的否定规律的。杜林认为，马克思的《资本论》"由于缺乏较好的和较明白的方法，黑格尔的否定的否定不得不在这里执行助产婆的职能，靠它的帮助，未来便从过去的腹中产生出来。从 16 世纪以来通过上述方法实现的个人所有制的消灭，是第一个否定。随之而来的是第二个否定，它被称为否定的否定，因而被称为'个人所有制'的恢复，但这已经是以土地和劳动资料的公有为基础的高级形式了。既然这种新的'个人所有制'在马克思先生那里同时也称为'社会所有制'，那么这里正表现出黑格尔的更高的统一，在这种统一中，矛盾被扬弃，就是说按照这种文字游戏，矛盾既被克服又被保存……这样，剥夺剥夺者，便是历史现实在其外部物质条件中的仿佛自动的产物"，"马克思观念的混混沌沌的杂种，并不使这样的人感到惊奇，他知道什么东西能够同黑格尔辩证法这个科学基础合拍，或者不如说一定会出现无稽之谈"，"在黑格尔那里，第一个否定是教义问答中的原罪概念，而第二个否定则是引向赎罪的更高统一的概念。这种从宗教领域中抄袭来的荒唐类比，当然不能成为事实的逻辑的根据……马克思先生安于他那既是个人的又是社会的所有制的混沌世界，却让他的信徒们自己去解这个深奥的辩证法之谜。"①

1. 马克思所谓的公有制"既是个人的又是社会的所有制的混沌世界"

杜林认为，马克思把个人所有制的消灭，称为第一次否定；把个人所有制的恢复称作第二次否定。这样，马克思的所有制就既是个人所有制又是公有制，这正是黑格尔的"更高的统一"的一种文字游戏，马克思只是依靠这种文字游戏，得出了剥夺剥夺者的结论。马克思的公有制是"混沌世界"，是"混混沌沌的杂种"，但马克思"却叫他的信徒们自己去解这个深奥的辩证法之谜"。

2. 马克思的社会主义学说是依靠黑格尔否定的否定得出来的

杜林认为，马克思主义的科学社会主义学说是依靠"辩证法的拐杖"这个"助产婆的职务"推演出来的，是"全凭否定的否定这一类黑格尔遁词的信誉来确信土地和资本公有的必然性"。而黑格尔的否定的否定又是从宗教那里抄来的，第一个否定是教义问答中的原罪概念，而第二个否定则是引向赎罪的更高统一的概念。但是，马克思不仅看不到黑格尔对宗教否定的否定等的抄袭，而且在自己论证社会主义学说时照搬这一套。他在根据从宗教中抄袭来的这种荒唐类比创造自己的社会主义理论时，得出这样的结论：在未来的社会里，一种既是个人的又是社会的所有制，即黑格尔的被扬弃的矛盾的更高的统一，将占统治地位。

3. 唯物辩证法是单纯的证明工具

从杜林对马克思的攻击可以看出，杜林认为，马克思是把黑格尔的否定之否定规律作为自己的证明工具，辩证法在马克思那里就是单纯的证明工具。"马克思不依靠黑格尔的否定的否定，就无法证明社会革命的必然性，证明建立土地公有制和劳动所创造的生产资料的公有制的必然性。"②

（二）恩格斯对杜林关于否定之否定规律观点的批判

1. 揭露杜林对马克思社会主义公有制的歪曲

在所有制问题上，针对杜林认为马克思是"既是个人的又是公有的

① ［德］恩格斯：《反杜林论》，人民出版社 1999 年版，第 134—135 页。
② 同上。

所有制"的观点，恩格斯指出，这是杜林"为了完全真理的意义而把他一手炮制的东西硬加给马克思"，事实上，处于这种"混沌世界"的，不是马克思而是杜林本人，在杜林的"强加"下，"既是个人的又是公有的所有制"产生了。杜林"可以不大费力地按照黑格尔来纠正马克思，把马克思只字未提的什么所有制的更高的统一硬加给马克思"。①

马克思指出，这种否定重新建立个人所有制，"是在资本主义时代的成就的基础上，在自由劳动者的协作的基础上和他们对土地及靠劳动本身生产的生产资料的公有制上来重新建立。以自己劳动为基础的分散的个人私有制转变为资本主义私有制，同事实上已经以社会生产为基础的资本主义私有制转变为社会所有制比较起来，自然是一个长久得多、艰苦得多、困难得多的过程"，"靠剥夺剥夺者而建立起来的状态，被称为以土地和靠劳动本身生产的生产资料的社会所有制为基础的个人所有制的恢复。……这也就是说，社会所有制涉及土地和其他生产资料，个人所有制涉及产品，那就是涉及消费品"。马克思设想了一个"自由人联合体，他们用公共的生产资料进行劳动，并且自觉地把他们许多个人劳动力当作一个社会劳动力来使用"，也就是设想了一个"按社会主义原则组织起来的联合体"，"这个联合体的总产品是一个社会产品。这个产品的一部分重新用作生产资料。这一部分依旧是社会的。而另一部分则作为生活资料由联合体成员消费。因此，这一部分要在他们之间进行分配"。"以土地和靠劳动本身生产的生产资料的社会所有制为基础的个人所有制的恢复。"② 从表面看，似乎又回到了个人所有。实际上，这是一种新的生产关系，公有制包括土地和其他生产资料，个人所有制包括产品即消费品。

为了驳斥杜林对马克思思想的歪曲，恩格斯引证和解释了《资本论》中的有关思想，以说明马克思对社会主义社会中个人所有制的看法。

在资本主义之前，至少在英国，存在过以劳动者自己的生产资料私有制为基础的直接小生产者，资本的原始积累就是剥夺这些直接生产

---

① ［德］恩格斯：《反杜林论》，人民出版社 1999 年版，第 135 页。
② 同上书，第 135—136 页。

者，即消灭以自己的劳动为基础的私有制。这种消灭之所以成为可能，是因为这种小生产只能同生产和社会的狭隘的、自然产生的界限相容。"劳动者一旦转化为无产者，他们的劳动条件一旦转化为资本，资本主义生产方式一旦站稳脚跟，劳动的进一步社会化，土地和其他生产资料的进一步转化，从而对私有者的进一步的剥夺，都要采取新的形式。'现在要剥夺的已经不再是独立经营的劳动者，而是剥削许多工人的资本家了。这种剥夺是通过资本主义生产本身的内在规律的作用，即通过资本的集中进行的。一个资本家打倒许多资本家。随着这种集中或少数资本家对多数资本家的剥夺，规模不断扩大的劳动过程的协作形式日益发展，科学日益被自觉地应用于工艺方面，土地日益被有计划地共同利用，劳动资料日益转化为只能共同使用的劳动资料，一切生产资料因作为结合的社会劳动的共同生产资料使用而日益节省。随着那些掠夺和垄断这一转化过程的全部利益的资本巨头不断减少，贫困、压迫、奴役、退化和剥削的程度不断加深，而日益壮大的、由资本主义生产过程本身的机制所训练、联合和组织起来的工人阶级的反抗也在增长。资本的垄断成了与这种垄断一起并在这种垄断之下繁盛起来的生产方式的桎梏。生产资料的集中和劳动的社会化，达到了同它们的资本主义外壳不能相容的地步。这个外壳就要炸毁了。资本主义私有制的丧钟就要响了。剥夺者就要被剥夺了。'"① "以社会化大生产为基础的资本主义私有制"否定了之前的"以自己劳动为基础的分散的个人私有制"，这种否定不是瞬间完成的，而是经过了一个漫长的历史过程。社会主义公有制又是对资本主义私有制的否定，这一否定也是一个历史的过程。在未来的社会主义社会，生产出来的产品，一部分"重新用作生产资料，这一部分依旧是社会的"，而另一部分作为消费品要在人们之间进行分配，当然归个人所有，所以，"公有制包括土地和其他生产资料，个人所有制包括产品即消费品"，而不是杜林所说的"既是个人的又是公共的所有制"。

既然马克思没有说过社会主义公有制"既是个人的又是公有的所有制"，杜林为什么要把这一点强加给马克思呢？恩格斯认为，我们原本以为杜林这样做是因为对马克思的"错误引证"，"或者是基于他自己

---

① ［德］恩格斯：《反杜林论》，人民出版社1999年版，第138—139页。

的理解上的完全无能，或者是基于具有伟大风格的历史记述所特有的、通常称作草率马虎的只凭记忆来引证的习惯。"可是，他的一再"错误引证""已经达到在杜林先生那里量也转变为质的那一点"，"马克思书中的这个地方本身就十分清楚，而且同一书中还有其他决不可能引起任何误解的地方加以补充"①，杜林一再这样，难免让人生疑。

杜林1867年刊登在《现代知识补充材料》杂志上评论《资本论》的文章、1871年在《批判史》第一版对该书的批判中，都没有发现"既是个人的又是公共的所有制"这个"怪物"。为什么在1875年第二版中，即三读《资本论》时，才发现这个"怪物呢"？这完全是由杜林的目的决定的：推销其在"《哲学教程》中从经济上和法律上加以概述的经济公社"、推销他的以"经济公社"为基础的社会主义。所以，杜林先生"在这里是故意'有益地扩展'——对杜林先生有益的——马克思的思想的"②，为了抬高自己，杜林只能贬低马克思，贬低在工人中有影响的《资本论》的观点。

2. 批判杜林否认社会革命必然性的观点

杜林诬蔑马克思如果不依靠黑格尔的否定的否定，就无法证明社会革命的必然性，无法证明建立土地公有制和劳动所创造的生产资料的公有制的必然性。但事实上，马克思的公有制必然代替资本主义私有制的结论根本不是依靠"辩证法的拐杖"即否定之否定得出的，而是马克思"所作的关于所谓资本的原始积累的经济研究和历史研究的最后结果"。③ 马克思认为，社会有自己的发展规律，资本主义生产方式由于自身的矛盾性必然要导致自身的否定。资本的原始积累剥夺了过去"以劳动者自己的生产资料的私有制为基础的小生产"④，这种小生产只能同生产和社会的狭隘的、自然产生的界限相容，因而当它发展到一定程度时，就成为消灭自己的物质手段。

随着资本主义社会化大生产的发展，出现了资本的垄断，随之而来的是逐渐形成的"生产资料的集中和劳动的社会化"，随着社会生产力的进一步发展，生产资料的私人占有制和社会化大生产的矛盾运动达到

① ［德］恩格斯：《反杜林论》，人民出版社1999年版，第137页。
② 同上。
③ 同上书，第138页。
④ 同上。

了同"资本主义外壳不能相容的地步"。同时，在资本主义生产过程中，无产阶级日益壮大，资本主义的发展为自身准备好了灭亡的条件，"资本主义私有制的丧钟就要响了"，剥夺者就要被剥夺了。这是一个历史的必然过程："正像以往小生产由于自身的发展而必然造成消灭自身，即剥夺小私有者的条件一样，现在资本主义生产方式也自己造成使自己必然走向灭亡的物质条件。"① 资本主义的私有制是对个人私有制的否定。资本主义生产方式按其自身的发展规律必然要导致自己对自己的否定，这不是从黑格尔的否定之否定中推导出来的，而是对历史发展过程的如实反映。

马克思的"否定的否定"是对社会发展规律的理论概括，是在对资本主义社会发展规律的理论总结后得出的结论。当马克思把剥夺剥夺者、社会主义代替资本主义的过程称为否定的否定时，"他并没有想到要以此来证明这一过程是历史地必然的。相反地，他在历史地证明了这一过程部分地实际上已经实现，部分地还一定会实现以后，才又指出，这是一个按一定的辩证规律完成的过程"。② 说马克思是以黑格尔的否定的否定规律的三段论为"助产婆"，得出了社会制度变革的理论，又是杜林先生的纯粹的捏造。资本主义发展的历史过程只是进一步证明了否定之否定规律的正确性，而不是说由于否定之否定是一个客观规律，所以，资本主义一定要被社会主义否定，否定之否定规律并不是马克思研究的前提和出发点，而是在研究大量事实例子之后得出的结论。

二　辩证法不是简单的证明工具，而是科学的哲学世界观和方法论

杜林认为，唯物辩证法仅仅是"单纯的证明工具"，恩格斯引证马克思的原文，用大量事实证明，唯物辩证法不是简单的证明工具，而是科学的世界观和方法论，是关于自然、社会、历史发展的一般性的规律，是人们认识世界的科学方法。

① ［德］恩格斯:《反杜林论》，人民出版社 1999 年版，第 139 页。
② 同上书，第 139—140 页。

（一）形式逻辑不仅仅是单纯证明的工具

人们往往狭隘地把形式逻辑看成单纯证明的工具，这是片面的。形式逻辑以对象的相对稳定性为基础，把对象看成是暂时不动的，因此，它的概念也具有相对稳定性。形式逻辑的思维规律包括同一律、矛盾律、排中律、充足理由律等。人的思维和认识遵守了这些规律，就被认为是正确的；反之就被认为是错误的。在这个意义上可以说，形式逻辑是一种证明工具。形式逻辑有自身的局限性，它只研究思维的形式结构及其规律，不研究客观世界的联系、运动和发展，是一种带有一定局限性的初级的逻辑方法。但形式逻辑绝不是单纯的证明工具，它首先是寻求新结果的方法，是由已知进到未知的方法。在推论过程中，从已知的大前提、小前提，根据形式逻辑的规律和规则，可以推出结论，得到新的知识。

（二）数学是寻求新知识的研究方法，是人们认识世界和改造世界的工具

数学通常分为高等数学和初等数学。初等数学又叫常数数学，所谓常数就是其值保持固定不变，是个常量。这同形式逻辑把对象看成相对稳定的观点是一致的。初等数学是在形式逻辑范围内活动的，它虽然也有证明的作用，但它并不是单纯的证明工具，同时也是从已知进到未知的方法。

高等数学又叫变数数学，高等数学的研究对象是处于运动变化中的变量，所谓变数就是可以取不同值的量，数值是经常变化的，它同辩证法把认识对象看成运动变化的观点是一致的。变数的数学——其中最重要的部分是微积分——本质上不外乎是辩证法在数学方面的运用。

所以，我们可以认为，高等数学和初等数学的关系就像辩证法同形式逻辑的关系一样。高等数学是在初等数学基础上发展起来的，它包括初等数学的最基本的东西，如加减乘除的运算。但高等数学又打破了初等数学的界限，它的几乎所有的证明，在初等数学那里都是不可思议的。但事实证明，高等数学不仅不是错误的，而是开辟了一个新的领域，获得了初等数学从未获得过的知识。

正如人们用初等数学的方法去证明高等数学是错误的一样，人们要用形式逻辑去证明辩证法领域中获得的结果，也不可能是正确的。因为，在形而上学看来，辩证法的观点就是不可理解的，甚至是错误的。

对于杜林这样一个愚蠢的形而上学者来说，我们用辩证法能向他证明什么呢？"就正像莱布尼茨和他的学生向当时的数学家证明微积分定理一样，是白费气力的。"①

莱布尼茨（德国数学家，微积分的创始人之一）创立的微积分，遭到了当时许多数学家的反对。恩格斯以此为例，说明杜林对辩证法的态度，"微分在这些数学家当中引起的慌乱，正像否定的否定在杜林先生那里引起的慌乱一样"。② 微积分证明了否定的否定规律的正确性，那些当时极力反对微积分的数学家，"凡是当时还没有死去的，最后都嘟嘟哝哝地让步了，这并不是因为他们已经被说服，而是因为它所得到的结果总是正确的。杜林先生……也会有同样的经历"。③ 虽然在数学中也有单纯的证明，但是，"单纯的证明同这一方法在新的领域中多方面的运用相比较，显然退居次要地位"。④

（三）杜林把辩证法当成单纯证明的工具源于对辩证法的无知

形式逻辑在认识对象时，是以对象的相对稳定性为基础的，即把认识的对象当作固定不变的、脱离事物的内容，从相对独立和相对静止的角度研究思维形式，看不到事物的矛盾和变化，有很大的局限性和狭隘性。辩证法是比形式逻辑更高级的认识方法，辩证法从对象的运动、发展上，从事物的相互联系上，从矛盾的角度把握事物，能透过现象看到本质，从静止中看到运动，从个别中看到一般，从一个个孤立的事物看到它们之间的内在联系。"辩证法突破了形式逻辑的狭隘界限，所以它包含着更广的世界观的萌芽。"

辩证的否定规律，是黑格尔首先提出的。黑格尔的否定之否定，是"绝对精神"的辩证法，是概念的辩证法，他把一切发展过程，都归结为"正、反、合"三个阶段，反题否定了正题，合题又否定了反题。

黑格尔的辩证法虽然是唯心的，但包含着"合理的内核"，不是把否定看作简单的抛弃，而是看作"扬弃"，不是把否定看作来自外力的破坏，而是看作事物自我运动、自己发展的源泉，这是他的伟大贡献。

马克思和恩格斯批判地吸收了黑格尔辩证法中的合理思想，创立了

---

① ［德］恩格斯：《反杜林论》，人民出版社1999年版，第140页。
② 同上书，第140—141页。
③ 同上书，第141页。
④ 同上书，第140页。

唯物辩证法。可是，杜林却把马克思主义的唯物辩证法和黑格尔的唯心辩证法混为一谈，把马克思的否定之否定规律和黑格尔的"正、反、合的"三段式混为一谈。

辩证法的理论内容来自对现实世界的概括反映。列宁说："马克思和恩格斯称之为辩证方法（它与形而上学方法相反）的，不是别的，正是社会学中的科学方法，这个方法把社会看做处在经常发展中的活的机体……要研究这个机体就必须客观地分析组成该社会形态的生产关系，必须研究该社会形态的活动规律和发展规律。"① 马克思就是用这种科学方法，研究了资本主义社会的生产关系，发现了资本主义生产方式的基本矛盾，从而揭示了资本主义社会产生、发展、灭亡的必然性和社会主义代替资本主义的必然性。

（四）杜林反对辩证法的思想根源是其形而上学的世界观

杜林否认矛盾，否认运动，用孤立、片面、静止的形而上学的眼光看待世界，把形式逻辑和辩证法绝对对立起来，认为只有形式逻辑才能获得绝对真理，只有公理才能成为衡量一切的标准，而辩证法除造成混乱外，最好也不过起单纯证明工具的作用。"这个可怕的否定的否定使得杜林先生的生活充满烦恼，在杜林先生看来，它就像基督教中的亵渎圣灵罪一样，起着不可饶恕的犯罪的作用。"② 杜林之所以把辩证法当作单纯的证明工具，是因为他的世界观是形而上学的。他用形而上学的观点去看待辩证法，用形式逻辑去证明辩证法取得的结果，只能得出错误的结论。

辩证法是不可战胜的，漠视辩证法，必然要受辩证法的惩罚，这是一条客观规律。

三 论述否定之否定规律的普遍性和客观性

杜林认为，否定规律是"混乱而错误的观念""神秘的杂货摊""荒唐的类比"，是亵渎神灵的不可饶恕的罪行。针对此，恩格斯指出，

① 《列宁全集》第1卷，人民出版社1984年版，第135页。
② ［德］恩格斯：《反杜林论》，人民出版社1999年版，第141页。

否定之否定规律"是一个非常简单的、每日每地都在发生的过程，一旦清除了旧唯心主义哲学盖在它上面而且由杜林先生一类无可救药的形而上学者为了自身的利益继续盖在它上面的神秘的破烂，它是任何一个小孩都能够理解的"。① 事实上，否定之否定规律就是自然界、人类社会和思维发展的普遍规律。恩格斯列举了大量的实例，阐述了否定之否定规律的普遍性和客观性，揭示了它所具有的丰富内涵。

恩格斯从植物、动物、地质变化等自然界的事例，论证否定之否定规律在自然界的客观性和普遍性。

（一）否定之否定规律大量存在于植物界

对植物界的否定之否定，恩格斯主要以大麦的变化为例来说明。

"如果一颗大麦粒得到它所需要的正常的条件，落到适宜的土壤里，那么它在温度和湿度的影响下就发生特有的变化：发芽；而麦粒本身就消失了，被否定了，代替它的是从它生长起来的植物，即麦粒的否定。而这种植物的生命的正常进程是怎样的呢？它生长，开花，结实，最后又产生大麦粒，大麦粒一成熟，植株就渐渐死去，它本身被否定了。"② 大麦的生长过程，是一个由麦粒—大麦植物—（新的）麦粒的否定之否定的过程。将麦粒种到地里，在合适土壤、温度和湿度条件下，麦粒变成麦芽，麦芽慢慢地成长为植株，这是对麦粒的第一次否定。大麦植株生长、开花、结果，生产出更多的麦粒，这一过程的结果是大麦粒的成熟和大麦植株的逐渐死亡，这是第二次否定，即否定之否定。但否定之否定的结果的麦粒，已"不是一粒，而是加了 10 倍、20 倍或 30 倍"，这就是否定之否定的奇妙之处。由于"谷类的种变化得极其缓慢，所以今天的大麦差不多和 100 年以前的一样"。为此，恩格斯进一步以"一种可培育的观赏植物为例"来说明，"如大丽花或兰花，我们只要按照园艺家的技艺去处理种子和从种子长出的植物，那么我们得到的这个否定的否定的结果"，并强调，否定的否定的结果，"不仅是更多的种子，而且是品质改良了的、能开出更美丽的花朵的种子，这个过程的每一次重复，每一次新的否定的否定都向前推进这种完

---

① ［德］恩格斯：《反杜林论》，人民出版社 1999 年版，第 141 页。
② 同上。

善化"。①

（二）否定之否定现象普遍存在于动物界

否定之否定规律不仅存在于植物界，也存在于动物界中，恩格斯主要以蝴蝶为例说明动物界的否定之否定现象的存在。蝴蝶由卵—蝴蝶—卵的过程，就是一个否定之否定的过程。"蝴蝶通过卵的否定从卵中产生出来，经过各种变化而达到性的成熟，交配并且又被否定，就是说，一旦繁殖过程完成而且雌蝴蝶产了很多卵，它们就死亡了。"蝴蝶从受精卵中产生（经过幼虫、蛹达到成虫），这是蝴蝶对受精卵的否定，而随着蝴蝶性的成熟，雄性与雌性进行交配并产卵，而一般蝴蝶成虫交配产卵后在冬季到来之前死亡。这是第二次否定，即否定之否定。蝴蝶同样不是产一个卵，而是许多，从中新的蝴蝶（不是一个）就会产生。

在用大麦和蝴蝶说明否定之否定规律后，恩格斯说："其他植物和动物，这个过程的完成并不是这样简单，它们在死亡以前，不只是一次而是多次地结子、产卵或生育后代"，不同植物和动物的否定之否定的过程不是完全相同的，但这里的目的并不是讨论不同动植物的不同的否定之否定过程，所以，恩格斯说："在这里，我们只是要说明，否定的否定真实地发生于有机界的两大界中。"②

（三）否定之否定规律存在于地质的变化过程中

否定之否定规律不仅存在于植物和动物界中，也存在于地质的变化发展过程中。"全部地质学是一个被否定了的否定的系列，是旧岩层不断逐层毁坏和新岩层不断形成的系列。起初，由于液态物质冷却而产生的原始地壳，经过海洋、气象和大气化学的作用而碎裂，这些碎块一层层地沉积在海底。海底的局部隆出海面，又使这种最初的地层的一部分再次经受雨水、四季变化的温度、大气中的氧和碳酸的作用；从地心爆发出来的、然后再冷却的熔岩也经受同样的作用。这样，在几万万年间，新的地层不断地形成，而大部分又重新毁坏，又变为构成新地层的材料。但是结果是十分积极的：造成了由各种各样的化学元素混合而成的、通过力学作用变成粉末状的土壤，这就使极其丰富的和各式各样的

---

① ［德］恩格斯：《反杜林论》，人民出版社 1999 年版，第141—142 页。
② 同上书，第142 页。

植物可能生长起来。"① 地质的变化过程是一个"原始地壳—原始地壳被破坏—新的岩层"的否定之否定的过程。原始的海洋、气象和大气化学作用所破坏，变成碎块，这是第一次否定，这些碎块一层层的沉积到海底，使一些地方的海底又高出海面，它们在大自然的各种因素的作用下，形成新的底层，这是第二次否定，即否定之否定。

（四）数学领域存在否定之否定规律

否定之否定规律不仅存在于自然界中，也存在于人们的思维中，存在于数学领域中。无论是在初等数学中还是在高等数学中，否定之否定规律都存在。

在初等数学中，"我们试取任何一个代数值，例如 a，如果我们否定它，我们就得到 $-a$（负 a），如果我们否定这一否定，以 $-a$ 乘 $-a$，那么我们就得到 $+a^2$，就是说，得出了原来的正值，但是已经处在更高的阶段，即二次幂的阶段。至于我们可以通过正 a 自乘得出 a^2 的办法来得到同样的 a^2，在这里是无关紧要的。因为这种被否定了的否定如此牢固地存在于 a^2 中，使得 a^2 在任何情况都有两个平方根，即 $+a$ 和 $-a$。要摆脱被否定了的否定，摆脱平方中所包含的负根，是不可能的，这种情况，在二次方程式中已经具有极其明显的意义"。② 这里，$+a$ 被看作是肯定的，$-a$ 就是对它的否定，这是第一次否定。但 $-a$ 乘以 $-a$，就得到 a^2，这是第二次否定，在二次幂的时候又得到正数。虽然 $+a$ 乘以 $+a$ 同样可以得到 a^2，但这是无关紧要的。因为 a^2 本身就包含着 $+a$ 和 $-a$ 两个平方根，要摆脱平方中所包含的负根是不可能的。

在高等数学中，同样存在否定之否定。如"在高等分析中，即在杜林先生自己称为数学的最高运算而在普通人的语言中称为微积分的'求无限小之和的运算'中，否定的否定表现得更加明显"。"例如，我在某一课题中有两个变数 x 和 y，两者之中有一个变化，另一个也按照条件所规定的关系同时变化。我把 x 和 y 加以微分，就是说，我把 x 和 y 当作无限小，使得它们同任何一个无论多么小的实数比起来都趋于消失，使得 x 和 y 除了它们那种没有任何所谓物质基础的相互关系，即除了没有任何数量的数量关系，就什么也没有剩下。所以 $\frac{\mathrm{d}x}{\mathrm{d}y}$，即 x 和 y 的

---

① ［德］恩格斯：《反杜林论》，人民出版社 1999 年版，第 142 页。
② 同上书，第 142—143 页。

两个微分之间的关系 $= \dfrac{0}{0}$，可是这 $\dfrac{0}{0}$ 是 $\dfrac{y}{x}$ 的表现。我只附带指出，两个已经消失的数的这种关系，它们的消失被确定下来的一瞬间，本身就是一种矛盾；但是这种矛盾不可能妨碍我们，正像差不多 200 年来它根本没有妨碍过数学一样。那么除了否定 x 和 y 之外我不是什么也没有做吗？但是，我不是像形而上学者否定它们那样来否定它们，即不再顾及它们，而是根据同条件相符合的方式否定它们。这样，我在我面前的公式或方程式中得到的不是 x 和 y，而是 x 和 y 的否定，即 dx 和 dy。现在我继续用这些公式运算，把 dx 和 dy 当作实数——虽然是服从某些特殊规律的数，并且在某一点上我否定了否定，就是说，我把微分式加以积分，于是又重新得到实数 x 和 y 来代替 dx 和 dy，这样，我并不是又回到出发点，而是由此解决了普通的几何学和代数学也许碰得头破血流也无法解决的课题。"① 在微积分中，x 和 y 是肯定，dx 和 dy 对 x 和 y 的否定，即第一次否定，再对 dx 和 dy 加以积分，又得到了 x 和 y，这是第二次否定，即否定之否定。微分是积分的否定，积分又是微分的否定，但是，在一定条件下，两者又是统一的。但微积分的否定，并不是绝对的否定，并没有否定积分所做，也不是像形而上学的否定那样，一旦否定了它们就不再顾及它们了，而是根据适合于微积分的条件否定了它们。这样，我们在前面的公式中得到的不是 x 和 y，而是 x 和 y 的否定，即 dx 和 dy。这是第一次否定。我们按照微分和积分的规律，再对它进行积分，积分否定了微分，这是第二次否定，即否定之否定。于是，又重新得到实数 x 和 y。这样，"并不是又回到了出发点"，而是解决了初等数学解决不了的问题。

（五）否定之否定规律存在于人类社会的历史发展中

人类社会历史发展的否定之否定主要表现在人类社会形态的更迭过程中，人类社会的发展经历了从公有制到私有制的过程，而随着生产力的发展，私有制必定为更高形态的公有制否定。"一切文明民族都是从土地公有制开始的。在已经经历了某一原始阶段的一切民族那里，这种公有制在农业的发展进程中变成生产的桎梏。它被废除，被否定，经过了或短或长的中间阶段之后转变为私有制。但是在土地私有

---

① ［德］恩格斯：《反杜林论》，人民出版社 1999 年版，第 143 页。

制本身所导致的较高的农业发展阶段上，私有制又反过来成为生产的桎梏——目前无论小地产或大地产方面的情况都是这样。因此就必然地产生出把私有制同样地加以否定并把它重新变为公有制的要求。但是，这一要求并不是要恢复原始的公有制，而是要建立高级得多、发达得多的共同占有形式，后者远不会成为生产的障碍，相反地它才将使生产摆脱桎梏，并且将使现代化学上的发现和机械上的发明在生产中得到充分的利用。"①

原始社会土地公有制随着社会生产力的发展变成了生产发展的桎梏，奴隶社会否定了原始的土地公有制，建立了第一个私有制社会，这是对公有制的否定，是第一次否定，随着生产力的进一步发展，经过奴隶社会、封建社会到资本主义社会，私有制又成为生产发展的桎梏。这时，私有制也应该被否定了。因此，就必然地产生出把私有制同样加以否定并把它变为公有制的要求，这是第二次否定，即否定之否定。否定私有制的公有制绝不是恢复原始社会的土地公有制，而是要建立更高级的公有制。它不会成为生产发展的障碍，而且会自觉地全面地运用现代科学的一切成就，推动生产的发展。

（六）哲学的发展历史说明了否定之否定规律的存在

哲学的发展经历了唯物主义—唯心主义—现代唯物主义的否定之否定过程。"古希腊罗马的哲学是原始的自发的唯物主义"，它没有能力弄清思维对物质的关系。弄清这个问题的必要性，引出了关于可以和肉体分开的灵魂伪学说，然后引出了灵魂不死的论断，最后引出了一神教。这样，旧唯物主义就被唯心主义否定了。但是，在哲学的进一步发展中，唯心主义也站不住脚了，它被现代唯物主义所否定。现代唯物主义（否定之否定），"不是单纯地恢复旧唯物主义，而是把两千年来哲学和自然科学发展的全部思想内容以及这两千年的历史本身的全部思想内容加到旧唯物主义的永久性基础上"。② 唯心主义对古希腊唯物主义的否定，是第一次否定；现代唯物主义对唯心主义的否定，是第二次否定，即否定之否定。

现代唯物主义作为否定之否定的结果，不是单纯地恢复旧唯物主

---

① ［德］恩格斯：《反杜林论》，人民出版社 1999 年版，第 143—144 页。

② 同上书，第 144 页。

义，而是吸收了两千年来哲学、自然科学、历史科学的一切优秀成果，"已经根本不再是哲学，而只是世界观，它不应当在某种特殊的科学的科学中，而应当在各种现实的科学中得到证实和表现出来。因此，哲学在这里被'扬弃'了，就是说，'既被克服又被保存'；按其形式来说是被克服了，按其现实的内容来说是被保存了。因此，在杜林先生只看到'文字游戏'的地方，只要比较仔细地观察一下，就会发现某种现实的内容"。①

（七）用卢梭的平等理论说明否定之否定规律

卢梭（1712—1778 年），法国启蒙思想家、哲学家和教育学家，在其《论人类不平等的起源和原因》一书中，卢梭认为，人类的发展要经历一个"平等—不平等—新的平等"的过程。

杜林认为，"卢梭的平等说（杜林的平等说只是它的贫乏的和歪曲的复写）没有黑格尔式的否定的否定来执行助产婆的职能，也不能建立起来"，但恩格斯指出，卢梭的平等观"是黑格尔诞生前几乎 20 年的事。卢梭的学说远没有因此而觉得可耻，它在自己的最初的阐述中，几乎是堂而皇之地把自己的辩证起源的印记展示出来"。②

卢梭认为，"人在自然和野蛮的状态中是平等的"，人类和动物的不同，在于人具有"趋于完善化的能力，即往前发展的能力；而这种能力就成了不平等的原因"。不平等对平等的否定，这是第一次否定。卢梭把不平等的产生看作一种进步。但是，这种进步是对抗性的，它同时又是一种退步，恩格斯说："文明每前进一步，不平等也同时前进一步。随着文明而产生的社会为自己所建立的一切机构，都转变为它们原来的目的的反面。"③ 卢梭认为，随着国家的出现，"人民拥立国君是为了保护自己的自由，而不是为了毁灭自由"，人们拥立国君，建立社会机构，是为了保护自己的平等和自由。可是，人们建立的一切机构，都转化为它们的反面，"但是这些国君必然成为人民的压迫者，而且他们把压迫加重到这样的地步，使得登峰造极的不平等又重新转变为自己的反面，成为平等的原因：在暴君面前人人平等，就是说大家都等于

---

① ［德］恩格斯：《反杜林论》，人民出版社 1999 年版，第 144 页。
② 同上书，第 144—145 页。
③ 同上书，第 145 页。

零"。① 暴君之所以成为暴君，是因为他掌握了暴力，当人们消灭了暴力，就恢复到一个新的平等状态。不平等一旦达到登峰造极的程度，就要转化成自己的反面，成为新的平等，"不平等的极限，是封闭一个圆圈的终点，它和我们的出发点相遇"。② 不平等又重新转变为平等，但不是转变为原始人的旧的自发的平等，而是转变为更高级的社会契约的平等。压迫者被压迫，这是第二次否定，即否定之否定。

从卢梭对平等的论述中，我们"不仅已经可以看到那种和马克思《资本论》中所遵循的完全相同的思想进程，而且还在他的详细叙述中可以看到和马克思所使用的完全相同的整整一系列辩证的说法：按本性说是对抗的、包含着矛盾的过程，一个极端向它的反面的转化，最后，作为整个过程的核心的否定的否定"。卢梭的平等学说使用的方法和马克思《资本论》所使用的方法是一样的。卢梭的"平等—不平等—平等"和马克思的"公有制—私有制—公有制"的过程是一致的。这个过程都是按本性说是对抗的、包含着矛盾的过程，都要经历肯定—否定—否定之否定的过程，而在这里，"否定之否定"是整个过程的核心，只有达到"否定之否定"，才完成这个过程，也才能体现出事物发展的上升性和前进性。

卢梭虽然没有使用"否定之否定"的概念，但他对"平等"的论述，却明白无误地表达了否定之否定的思想。卢梭的《论人类不平等的起源和原因》写于 1754 年，早于黑格尔诞生 16 年。也就是说，没有黑格尔，仍有否定之否定，而杜林却说，马克思的社会主义必然代替资本主义的思想，是靠着黑格尔否定之否定的公式论证出来的，没有黑格尔的否定之否定，就不会有马克思的社会主义，如果以此为据，显然只能得出如下荒唐的结论，卢梭的"平等—不平等—新的平等"的否定之否定思想，也是靠黑格尔的否定之否定公式执行"助产婆"职务建立起来的。所以，恩格斯说："如果说在 1754 年卢梭还不能说黑格尔行话，那么，无论如何他在黑格尔诞生前 16 年就已经深深地被黑格尔瘟疫、矛盾辩证法、逻各斯学说、神学逻辑等等所侵蚀。"③ 说明否定之

---

① ［德］恩格斯：《反杜林论》，人民出版社 1999 年版，第 145—146 页。
② 同上书，第 146 页。
③ 同上。

否定是客观存在着的。

（八）以杜林对否定之否定的抄袭为例论证"否定的否定"规律的客观性

杜林贬低马克思，说马克思的否定之否定是对黑格尔的抄袭，黑格尔的否定之否定是马克思社会主义的"拐杖"。杜林也贬低黑格尔，说他的否定之否定不过是对宗教观念的变换。杜林在对马克思、对否定之否定不屑一顾的同时，又在偷偷地运用着否定之否定规律，不仅既说黑格尔的行话，而且说卢梭的行话，而不论他是否意识到或是否承认这一点。

恩格斯举例说，杜林的平等观其实不过是将卢梭的平等观"肤浅化"的结果。在《哲学教程》中，杜林一方面说，两个人在"原始状态"中是平等的，另一方面又认为，这种原始状态必然为"掠夺制度"所消灭，杜林自己所要做的，就是建立经济公社，而经济公社是以平等为基础的。所以，恩格斯评价道："当杜林先生为了把卢梭的平等论肤浅化而摆弄他的两个常胜的男人的时候，他已经落在一个斜坡上，无可挽救地滑进否定的否定的怀抱。"① 那种盛行两个男人的平等并且被描绘成理想状态的状态，在《哲学教程》第 271 页上被称为"原始状态"这是杜林的"肯定"，杜林认为，"这种原始状态必然为'掠夺制度'所消灭——这是第一个否定。但是，多亏现实哲学，我们现在才进到这样一步：我们废除掠夺制度，而代之以杜林先生发明的、以平等为基础的经济公社——这是否定的否定，更高阶段的平等"。和卢梭一样，杜林的平等也经历了"平等—不平等—平等"的过程，即否定之否定过程。杜林一方面反对否定之否定规律，另一方面又利用它论证自己的平等观，又一次体现了杜林在理论上的矛盾性，难怪恩格斯会调侃说，"杜林先生亲身犯下否定的否定的滔天罪行"。

四 唯物辩证法否定观的内容

在用大量的事例论证了否定之否定的客观性和普遍性后，恩格斯总

---

① ［德］恩格斯：《反杜林论》，人民出版社 1999 年版，第 146 页。

结道，否定之否定"是自然、历史和思维的一个极其普遍的、因而极其广泛地起作用的、重要的发展规律；这一规律，正如我们已经看到的，在动物界和植物界中，在地质学、数学、历史和哲学中起着作用；就是杜林先生自己，虽然他百般反对和抗拒，也总是不知不觉地按照自己的方式遵循着这一规律"。① 在论述辩证的否定是普遍规律的基础上，恩格斯进一步论述了唯物辩证法否定观的内容，并阐述了与形而上学否定观的区别。

（一）辩证否定的形式是多样的

恩格斯说："辩证法不过是关于自然、人类社会和思维的运动和发展的普遍规律的科学。"辩证的否定观认为，事物具有一般的、普遍的运动规律的同时，更承认"每一个个别的特殊过程的特点"，而形而上学要么用个别歪曲一般，要么用一般否定个别。

恩格斯强调"否定的否定"规律是客观事物发展的一个极其普遍的规律，但恩格斯同时也说："当我谈到所有这些过程，说它们是否定的否定的时候，我是用这惟一的运动规律来概括所有这些过程，正因为如此，我没有去注意每一个个别的特殊过程的特点。"② 表明了恩格斯对每一事物都有自己特殊矛盾、特殊过程的肯定。如果不研究每一事物的特殊发展过程，就无法认识该事物的本质，就会得出形而上学的荒谬结论：大麦粒从发芽起到结了实的植株逐渐死亡的特殊发展是否定之否定，积分也是否定之否定，社会主义也是否定之否定，因而"大麦植株的生活过程就是积分，或者，我也可以说这就是社会主义"。③ 杜林就是这样把个别与一般、特殊与普遍的关系歪曲为"一切都是一个东西"。辩证的否定观既承认个别和特殊的特点，又承认一般和普遍的运动规律；形而上学的否定观则将普遍和特殊、一般和个别绝对对立起来，否定之否定的客观性和普遍性并不等于说大麦就是积分，积分就是社会主义，而是说，它们有着共同的发展规律，恩格斯说："仅仅知道大麦植株和微积分属于否定的否定，既不能把大麦种好，也不能进行微分和积分，正如仅仅知道靠弦的长短粗细来定音的规律还不能演奏提琴

---

① ［德］恩格斯：《反杜林论》，人民出版社 1999 年版，第 147 页。
② 同上。
③ 同上。

一样。"① 要想真正了解事物，就不能满足于对事物一般性的了解，而要了解事物的特殊性，在否定方面也是如此，不能把否定之否定规律当成一个公式去生搬硬套，更不能"把否定的否定当做儿戏"，随意曲解否定之否定规律。否定之否定，首先取决于事物发展进程中的一般性质，其次取决于事物发展过程的特殊性质，事物的特殊性质，决定了否定的方式的多种性，微积分中的否定，不同于从负根得出正的乘方时的否定，麦粒中的否定也不同于微积分中的否定。否定之否定是共性和个性、一般性和特殊性的辩证统一。

（二）辩证法的否定观认为否定和肯定共同构成事物内在的矛盾

"在辩证法中，否定不是简单地说不，或宣布某一事物不存在，或用任何一种方法把它消灭。"② 恩格斯引用荷兰哲学家斯宾诺莎（1632—1677）的话，"斯宾诺莎早已说过：Omnis determinatio est negatio，即任何限定或规定同时就是否定"。"限定或规定"就是一事物就是其自身，就是肯定，限定同时又是否定，意味着在肯定中有否定。肯定和否定同时存在，肯定中有否定，否定中有肯定，既不存在纯粹的肯定，也不存在纯粹的否定，肯定和否定是对立统一的。辩证的否定是包含肯定的否定，是肯定中的否定。而形而上学的否定是绝对的否定，形而上学用孤立的、静止的、片面的观点看问题，"是就是，不是就是不是，除此以外都是鬼话"。形而上学的否定，将肯定和否定对立起来，认为肯定就是肯定，否定就是否定。否定就是抛弃，就是断然说"不"，"如果我把大麦粒磨碎，我也就否定了大麦粒；如果我把昆虫踩死，我也就否定了昆虫；如果我把整数 a 涂掉，我也就否定了整数 a"，而否定之否定，在形而上学看来，就是首先否定肯定，再把否定的结果否定，恢复到原来的起点，正如恩格斯所说的："我说玫瑰不是玫瑰，我就把玫瑰是玫瑰这句话否定了；如果我又否定这一否定，并且说玫瑰终究还是玫瑰，这样能得出什么结果来呢?"③ 辩证的否定认为，肯定和否定不是断然分开的，肯定在一定意义上就是否定；否定在一定意义上也是肯定。肯定之中有否定，否定之中也有肯定。

---

① ［德］恩格斯：《反杜林论》，人民出版社 1999 年版，第 148 页。

② 同上书，第 147 页。

③ 同上。

（三）辩证的否定是事物发展的环节

"辩证法是关于发展的学说，然而，马克思主义以前的哲学理论，却表现为两种片面的发展学说：一种是在经验、表象的层面上描述运动和变化，而不懂得'如何在概念的逻辑中'揭示运动的本质的旧唯物主义的'发展学说'，因而它所能达到的只是作为'实例的总和'的朴素的辩证法；另一种是在思维概念的层次上说明思维的辩证本性和描述概念的辩证运动的'发展学说'，因而它所能达到的只是作为'无人身的理性'的自我运动和自我认识的辩证法，这种辩证法既是自觉形态的辩证法，又是神秘形态的辩证法，而不是《资本论》的'合理形态'的辩证法。"① 而马克思主义哲学中的辩证法认为，辩证的否定是事物的自我否定，但是，恩格斯认为，把麦粒磨碎、昆虫踩死、把正数 a 涂掉等，并不是真正的否定，辩证的否定是指"我不仅应当否定，而且还应当重新扬弃这个否定。因此，我第一次否定的时候，就必须使第二次否定可能发生或者将有可能发生"。② 事物的自我否定，是事物运动全过程中的发展环节和联系环节，经过否定，每一个事物"同时就获得发展"。形而上学则认为，否定是外力的作用，任何事物的发展都离不开外在因素的作用，但事物发展的根据却在于事物自身，是事物自身所具有的一种否定性。正是这个缘故，马克思告诉人们："辩证法在对现存事物的肯定的理解中同时包含对现存事物否定的理解，即对现存事物的必然灭亡的理解；辩证法对每一种既成的形式都是从不断的运动中，因而也是从它的暂时性方面去理解；辩证法不崇拜任何东西，按其本质来说，它是批判的和革命的。"③ 第一次否定之后，新事物产生了，同时就具备了发生第二次否定的可能，即具备了新事物被否定的元素。磨碎麦粒，踩死昆虫，这样的否定虽然完成了第一次否定，却使第二次否定成为不可能的，这不是昆虫或麦粒自身发展中所要求的否定，而这是典型的形而上学的否定观。辩证的否定不是与旧事物一刀两断，而是既克服又保留，是"扬弃"，促使事物的发展。

恩格斯指出，由于杜林给辩证法加上了种种罪名，"因此，把我们

---

① 孙正聿：《列宁的"三者一致"的辩证法——〈逻辑学〉与〈资本论〉双重语境中的〈哲学笔记〉》，《中国社会科学》2012 年第 9 期。

② ［德］恩格斯：《反杜林论》，人民出版社 1999 年版，第 148 页。

③ ［德］马克思：《资本论》第一卷，人民出版社 1975 年版，第 24 页。

弄得莫名其妙的不是别人，又是杜林先生，他说什么否定的否定是黑格尔发明的、从宗教领域中抄袭来的、按照原罪和赎罪的故事作出的荒唐类比"。但事实上，"人们远在知道什么是辩证法以前，就已经辩证地思考了……否定的否定这个规律在自然界和历史中起着作用，而在它被认识以前，它也在我们头脑中不自觉地起着作用，它只是被黑格尔第一次明确地表述出来而已"。①

最后，恩格斯讽刺杜林，"如果杜林先生愿意自己悄悄地干这件事，而只是不能容忍这个名称，那么他可以找出一个更好的名称来。但是，如果他想从思维中排除这件事，那么请他先把它从自然界和历史中排除出去，并请他发明一种数学，在那里，$-a \times -a$ 不等于 $+a^2$，而微分和积分则严禁使用，违者必究"。②

① ［德］恩格斯：《反杜林论》，人民出版社 1999 年版，第 148—149 页。
② 同上书，第 149 页。

第十四章 "结论"

　　《反杜林论》"哲学编"写到"结论"一章，恩格斯对杜林《哲学教程》前六篇的批判就要告一段落了。"结论"是对以上内容的回顾和总结。该书第七篇"全部生活的社会化"、第八篇"新旧社会中的科学和哲学"，恩格斯说，它们是"关于未来的幻想"，因此就把它们放在《反杜林论》的"社会主义编"中批判。这一章是《反杜林论》"哲学编"的最后一部分，也是恩格斯对杜林《哲学教程》的总体评价与概括。

　　从结构上看，"结论"与"引论"中的《杜林先生许下了什么诺言》相互呼应，在"引论"中，恩格斯说，"现在我们来看看，杜林先生对我们许下了什么诺言，他又是怎样履行他的诺言的"。[①] 杜林宣称自己是当代和"可以预见的"未来的唯一真正的哲学家，自己的哲学是"现实的、从而以自然和生活的现实为目标的哲学的各个要素"，是"严格科学的世界观""创造体系的思想""最后的终极的真理"，等等，结果如何呢？他履行了哪些诺言呢？一个也没有。"他一切功绩只要我们一接触，就暴露出是纯粹的欺人之谈"。[②] 恩格斯总结了对杜林哲学各个部分批判的主要观点，对《反论林论》"哲学编"做了一个小结。

　　"结论"篇幅虽不长，但内容却极为丰富，主要是包括如下内容：与杜林争论的总问题；各个章节批判的实质；对杜林哲学的总评价，指明了杜林哲学的性质、历史地位及其价值，即全部批判的结论。这部分内容勾画了"哲学编"的基本线索，对正确理解全篇是十分重要的。

---

① ［德］恩格斯：《反杜林论》，人民出版社 1999 年版，第 26 页。
② 同上书，第 149 页。

一 对杜林哲学各部分的荒谬性的总结

杜林哲学主要有三个部分：世界模式论、关于自然原则的学说、关于人的学说。恩格斯通过对这三个方面的分析的总结，又一次指出了杜林哲学的荒谬性。

（一）世界模式论

"世界模式论"是杜林整个哲学体系的基础。杜林认为，他的"世界模式论""已经稳固地确立了存在的基本形式，而丝毫没有损害思想的深度"。① 他建立的唯物主义哲学范畴的体系是对世界、存在的终极的认识。

但事实上，仅从"世界模式论"就可以看出，杜林根本不懂得辩证法，不懂得普遍联系。在他的世界模式论中，各个范畴之间没有内在的联系，根本不能构成体系。而且他也不懂得思维的起源，从而无法正确说明哲学范畴、体系与存在的同一性，在哲学范畴体系的问题上，陷入了唯心主义先验论。所以，他的"世界模式论""的确是黑格尔逻辑学的一个肤浅得无以复加的复制品，而且和黑格尔的逻辑学一样陷入这样一种迷信：这些'基本形式'或逻辑范畴，在他们应当'运用于'其中的那个世界之前和世界之外已经在某个地方神秘地存在了"。②

（二）自然哲学

关于自然原则的学说是杜林哲学的第二部分，杜林在这里把过去自然哲学家和自然科学家看得一无是处，认为自己是拯救陷入混乱之中的自然哲学之人。但他的自然哲学讲了些什么呢？

杜林的机械唯物主义观点无法正确说明物质与运动、有限与无限、时间与变化、运动与静止的辩证关系，所以，处处陷入自相矛盾。杜林提出了以"物质自身等同的状态"为出发点的天体演化学。这种"物质自身等同的状态"，既不是静，也不是动，物质是怎么运动起来的呢？只能说是第一推动力，上帝给的了。所以，恩格斯说，"这种状态

---

① ［德］恩格斯：《反杜林论》，人民出版社 1999 年版，第 149 页。
② 同上。

只有借助关于物质和运动的联系的最无可救药的混乱观念才是可以想像的，此外，只有假定存在着一个惟一能帮助这种状态进入运动的、超越现实世界的、人格化的上帝，才是可以想像的"。①

有机界中，一方面，杜林斥责达尔文的生存斗争和自然选择是"一种与人性对抗的兽性"，对其加以否定；另一方面，又承认这两者在自然界中是有作用的，"虽然是次要的因素"。杜林的思想方法是形而上学的，他不懂得达尔文的进化论是对拉马克进化论的继承和发展，没有对这种前后相继关系的理解，促使他反对达尔文，却赞成拉马克，这就只能使拉马克的理论中所包含的自相矛盾更为混乱地公开暴露出来。所以，他的现实哲学开始是把达尔文的生存斗争和自然选择看作"一种与人性对抗的兽性"来否认。后来，随着自然科学的发展，特别是胚胎发育理论的普及，又不得不承认它们，把两者"作为在自然界中起作用的因素……从后门放了进来"。② 进化、发展已成为当时现实生活中不争的事实，而杜林还要反对"变化"，企图用"组合"来代替"发育"，重复早已过时了的预成论，在恩格斯看来，这种无知"自从人们不再忽视通俗科学演讲以来，即使在有教养阶层的少女，这种无知也必须打着灯笼去找"。

（三）关于人的学说

关于人的学说是杜林哲学体系的第三部分。在这一部分，杜林主要谈社会领域的问题，包括意识的要素、道德的学说、法哲学、国家的哲学、生活哲学等。

在道德问题上，杜林宣称找到了永恒真理，并制定了两个人"意志完全平等"的公理，认为它是"道德正义的基本形式"。但这些并不是杜林先生的独创，而是对卢梭的平等理论的庸俗化的抄袭。"现实哲学对卢梭的庸俗化，并不比前面对黑格尔的肤浅化更成功些。"③

在法学方面，杜林说自己在大学学习了三年法学知识，有三年的审判实践经验，想让人们相信他是法律方面的专家。但实际上，"在法学方面也是如此，虽然总是保证要提供相反的东西，还是表现了甚至在最

---

① ［德］恩格斯：《反杜林论》，人民出版社 1999 年版，第 149 页。
② 同上书，第 150 页。
③ 同上。

平庸的旧普鲁士法学家中也很少见的无知。'不承认任何纯属虚幻的地平线'的哲学，在法律上却满足于和普鲁士邦法的实施范围相重合的真实的地平线。这个哲学答允要在自己的强有力的变革运动中向我们揭示'外部自然和内部自然的地和天'，现在我们仍然在等待着，正像我们仍然在等待着'最后的终极的真理'和'绝对的基础'一样"。①

马克思主义的唯物史观，揭示了人类社会发展的规律和趋势。唯物史观认为，人类社会、人的思维等都是在人的实践活动进程中不断发展的。这种历史观扬弃了旧哲学中的永恒真理论，指出人的思想受环境和人的实践活动的影响，同时也影响着环境和实践活动。杜林不懂得人的思维与外部世界和人的活动的辩证关系，自称"排除主观上受限制的世界观"，在自己的强有力的变革运动中，揭示了"外部自然和内部自然的地和天"，可以得到"最后的、终极的真理"。这种观点只是启蒙学者理想原则的重复。正是因为杜林仍深陷形而上学永恒真理观的窠臼中，他不理解科学的发展，不能够辩证地看待当时自然科学的新成果。从而只能"把别人以前没有说过的、而是杜林先生一手制造的东西硬加给别人"。② 他说，马克思认为，"一切都是一个东西"，"社会主义所有制既是个人的又是公共的所有制"，等等，把别人没有说过的话强加给他，然后进行攻击。杜林对达尔文等人也是如此。在强加于人的同时，杜林经常剽窃别人的观点。他一方面说黑格尔的哲学是"热昏的胡话"，另一方面又一再抄袭这些"胡话"。而在抄袭时，又根据自己的需要断章取义，如对康德的二律悖反正题部分的抄袭就是如此。正如恩格斯指出，杜林是孜孜不倦地从康德的二律悖反中抄下对他有用的东西，而把其余的东西抛在一边。

杜林在《哲学教程》中，专门用了一编来论述生活的个人化和生活的价值的提高，这是杜林"新的根本性的科学中最突出的部分之一"。恩格斯通过分析，指出杜林的人生观充满了庸人的气味和无聊的陈词滥调。

---

① ［德］恩格斯：《反杜林论》，人民出版社 1999 年版，第 150 页。
② 同上。

二　对杜林思维方式的概括性总结

（一）杜林的思想并不是"排除主观上受限制的世界观"

杜林说，自己的思维是"排除主观上受限制的世界观"，但事实上，任何人的思想都不能不受世界观的支配，杜林更是"不仅由于他的已经被证实是极端贫乏的认识，由于他的狭隘的形而上学思维方式和他的滑稽可笑的自高自大，而且甚至由于他本人的幼稚的奇奇怪怪的想法而受到主观主义的限制。"① 杜林形而上学的思维方式，导致他无法理解诸如运动与静止、矛盾等很多问题。启蒙学者歌德在 18 世纪就通过《浮士德》表达出"恶就是否定"这一辩证法思想，而杜林却只看到"歌德把不道德的浮士德而不把严肃的现实哲学家瓦格纳当作主角。这是不可饶恕的"，自称现实哲学家的杜林实际上还不如歌德。

（二）杜林的哲学的性质和定位

杜林的自我吹嘘，创造了"新的思维方式""严格科学的观念""彻底独创的结论和观点""最后的终极的真理"，等等。但实际上，借用黑格尔的话，他的"现实哲学归根到底正是德国所谓启蒙学说最稀薄的清汤"，它的稀薄和一眼就能看透的平淡无奇只是由于搅拌了神谕的只言片语，才变得稠厚和浑浊起来。黑格尔在《哲学史讲演录》中讲："人们称为法国哲学的那种东西，即伏尔泰、孟德斯鸠、达朗贝、狄德罗，以及后来在德国作为启蒙思想出现的那种东西，也是被斥为无神论的。"② 对于 18 世纪法国唯物主义，黑格尔肯定了它的革命精神的。他说："法国的无神论、唯物主义和自然主义，从一方面说，是怀着深恶痛绝的感情反对各种毫无思想性的前提，反对宗教里的各种硬性规定的准则，这种硬性规定是通过各种法律规定和伦理规定以及民事设施而社会化了的。"③ 黑格尔对法国 18 世纪唯物主义的革命精神大加赞扬，称法国哲学著作中，值得佩服的是"那种反对现状、反对信仰、

---

① ［德］恩格斯:《反杜林论》，人民出版社 1999 年版，第 150 页。
② ［德］黑格尔:《哲学史讲演录》第 4 卷，商务印书馆 1978 年版，第 218—219 页。
③ 同上书，第 219 页。

反对数千年来的一切权威势力的惊人魄力","这是一切对理性真理的确信,这种理性真理与全部遥远的灵明世界较量,并且确信可以把它摧毁掉。它把各种成见统统打碎了,并且取得了对这些成见的胜利"。

在"德国启蒙学说"即莱布尼茨、沃尔夫之后,耶可比、康德之前的德国哲学,黑格尔认为,就没有这样的革命性了。黑格尔曾经评价启蒙思想在德国是以软弱无力的姿态出现的:是不要精神,单用理智的严格性和效用的原则来攻击理念。特别是毕希纳等把德国哲学庸俗化的小贩们,更是没有体现法国唯物主义的精神。那么,德国启蒙学说之后,经康德、费希特、谢林、黑格尔建立了唯心主义辩证法。杜林没有吸取其精华,反而去重复过了时的启蒙学说诋毁德国哲学,把前辈学者费希特、谢林、黑格尔称为江湖骗子,而把自己的哲学称为"新的思维方式""彻底独创的结论和观点""创造体系的思想",显然是不自量力。杜林批评达尔文的学说是"半诗"和"变态术",黑格尔是"江湖骗子",散布"热昏的胡话",傅立叶是神经错乱,到疯人院里去找的观念,马克思是"条理化能力薄弱,思想和文体不成样子"。恩格斯说:他"是一个硬把自己说成和教皇一样,没有谬误的很不寻常的人物",而他自己许下的"诺言"兑现了没有呢?恩格斯说:"当我们读完全书的时候,我们懂得的东西还是和以前的完全一样,而且不得不承认,'新的思维方式''完全独特的结论和观点'和'创造体系的思想'的确已经给我们提供了各种新的无稽之谈,可是没有一行字能够使我们学到什么东西。这个人吹号打鼓来吹嘘自己的手艺和商品,不亚于最下流的江湖骗子,而在他的那些大字眼后面却是空空如也,简直一无所有——这个人竟敢把费希特、谢林和黑格尔这样的人叫作江湖骗子,而他们当中最渺小的人和杜林先生比起来也还是巨人。确实有江湖骗子,但那是谁呢?"

主要参考文献

1. ［德］恩格斯：《反杜林论》，人民出版社 1999 年版。

2. 《马克思恩格斯文集》第三卷，人民出版社 2009 年版。

3. 《马克思恩格斯选集》第 1 卷，人民出版社 1995 年版。

4. 《马克思恩格斯选集》第 3 卷，人民出版社 1995 年版。

5. 《马克思恩格斯选集》第 4 卷，人民出版社 1995 年版。

6. 《马克思恩格斯全集》第 7 卷，人民出版社 1959 年版。

7. ［德］马克思：《资本论》第一卷，人民出版社 1975 年版。

8. 《马克思恩格斯全集》第 44 卷，人民出版社 2001 年版。

9. ［德］恩格斯：《自然辩证法》，人民出版社 1984 年版。

10. ［苏联］列宁：《哲学笔记》，人民出版社 1974 年版。

11. 《列宁全集》第 1 卷，人民出版社 1984 年版。

12. 《列宁全集》第 18 卷，人民出版社 1988 年版。

13. 《列宁选集》第三卷，人民出版社 1972 年版。

14. 《列宁选集》第四卷，人民出版社 1972 年版。

15. ［德］黑格尔：《哲学史讲演录》第 4 卷，商务印书馆 1978 年版。

16. ［英］吉登斯：《历史唯物主义的当代批判：权利、财产与国家》，郭忠华译，上海译文出版社 2010 年版。

17. ［美］艾伦·梅克辛斯·伍德约翰、［美］贝拉米·福斯特：《保卫历史：马克思主义与后现代主义》，郝名玮译，社会科学文献出版社 2009 年版。

18. ［英］戴维·麦克莱伦：《马克思以后的马克思主义》，李智译，中国人民大学出版社 2004 年版。

19. ［英］G. A. 柯亨：《卡尔·马克思的历史理论——一个辩护》，岳长玲译，重庆出版社 1989 年版。

20. ［匈牙利］捷尔吉·卢卡其：《卢卡其文选》，李鹏程编，人民出版社 2008 年版。

21. ［比利时］伊·普里高津、伊·斯唐热：《从混沌到有序——人与自然的新对话》，曾庆宏、沈小峰译，上海译文出版社 1987 年版。

22. ［美］恩斯特·迈尔：《进化是什么》，上海科学技术出版社 2009 年版。

23. ［法］布罗代尔：《15 至 18 世纪的物质文明、经济和资本主义》(1)，施康强、顾良译，生活·读书·新知三联书店 1993 年版。

24. ［德］康德：《宇宙发展史概论》，上海外国自然科学哲学著作编译组译，上海人民出版社 1972 年版。

25. 李秋玲：《康德著作全集》第 1 卷，中国人民大学出版社 2003 年版。

26. 上海市社会科学规划办公室上海社会科学院信息研究所编：《国外社会科学前沿》2006 年第 9 辑。

27. 万斌、张应杭：《马克思主义视域下的当代西方思潮》，浙江大学出版社 2006 年版。

28. 张一兵、胡大平：《西方马克思主义哲学的历史逻辑》，南京大学出版社 2003 年版。

29. 复旦大学哲学院编：《国外马克思主义研究报告（2007）》，人民出版社 2007 年版。

30. 李慎明主编：《美元霸权与经济危机》（下册），社会科学文献出版社 2009 年版。

31. 艾思奇主编：《辩证唯物主义和历史唯物主义》，人民出版社 1978 年版。

32. 王东：《马克思学新奠基——马克思哲学新解读的方法论导言》，北京大学出版社 2006 年版。

33. 曹玉文、曹林、马云鹏：《〈反杜林论〉哲学编讲义》，黑龙江人民出版社 1985 年版。

34. 李淮春：《马克思主义哲学全书》，中国人民大学出版社 1990 年版。

35. 解保军、陈玉霞编：《恩格斯〈反杜林论〉（哲学篇）解读》，哈尔滨工业大学出版社 2003 年版。

36. 俞可平：《马克思主义对西方社会科学的巨大影响》，《学习时报》1999 年 10 月 11 日。

37. ［苏联］H. C. 纳尔斯基：《〈反杜林论〉中的辩证法理论及其规律》，《世界哲学》1978 年第 6 期。

38. 王宏波、郑冬芳：《〈反杜林林论〉中的平等观解读》，《思想理论教育导刊》2012 年第 2 期。

39. 朱传启：《对百科全书式的科学巨著〈反杜林论〉的新研究——评〈反杜林论〉研究》，《武汉大学学报》1996 年第 3 期。

40. 王宏波、陈建兵：《马克思主义的世界影响和社会主义的生命力》，《山西大学学报》（哲学社会科学版）2008 年第 4 期。

41. 梅荣正、姚锡长：《每个觉醒工人必读的书籍（上）——恩格斯〈反杜林论〉对唯物历史观的科学论述》，《高校理论战线》2011 年第 4 期。

42. 王宏波、周永红：《简论实践物质观》，《思想理论教育导刊》2013 年第 5 期。

43. 李敬革、张广照：《真正的自由王国"在必然王国的彼岸"——兼论马克思恩格斯自由观的根本不同》，《宝鸡文理学院学报》（社会科学版）2010 年第 3 期。

44. 杨楹：《论马克思生活辩证法的理论个性及其当代在场》，《学术研究》2014 年第 7 期。

45. 孙正聿：《列宁的"三者一致"的辩证法——〈逻辑学〉与〈资本论〉双重语境中的〈哲学笔记〉》，《中国社会科学》2012 年第 9 期。

后　记

　　《反杜林论》是马克思主义的"百科全书",也是学习马克思主义理论必读的经典著作之一。本书是作者长期从事研究生《反杜林论》教学的心得和研究成果,由于作者水平有限,不当之处敬请专家和同行批评指正。

　　本书的出版得到了西安交通大学基本科研业务费专项科研项目的支持。

　　在本书的撰写过程中,我们参阅了不少学者的研究成果,这些成果给我们的写作提供了许多有益的启迪和帮助。对于参考的其他学者的研究成果,我们尽可能以注释和参考文献的方式予以标注。对于可能的的疏漏,表示诚挚的歉意。

　　感谢中国社会科学出版社卢小生主任等对本书出版付出的辛勤劳动。

　　《反杜林论》的研究是一个永无止境的课题,在今后的教学和科研中,我们会继续努力,争取奉献更好更高的研究成果。

作者
2019 年 6 月